汉字的故事

亲亲自然

谢 普 主编

九 州 出 版 社
JIUZHOUPRESS

图书在版编目（CIP）数据

汉字的故事：全六册 / 谢普主编 . -- 北京 ：九州出版社，2021.11
ISBN 978-7-5225-0332-5

Ⅰ．①汉… Ⅱ．①谢… Ⅲ．①汉字－青少年读物 Ⅳ．① H12-49

中国版本图书馆 CIP 数据核字 (2021) 第 149768 号

汉字的故事 : 全六册

作　　者　谢　普　主编
责任编辑　沧　桑
出版发行　九州出版社
地　　址　北京市西城区阜外大街甲 35 号 (100037)
发行电话　(010) 68992190/3/5/6
网　　址　www.jiuzhoupress.com
印　　刷　北京一鑫印务有限责任公司
开　　本　880 毫米×1230 毫米　32 开
印　　张　18
字　　数　300 千字
版　　次　2021 年 11 月第 1 版
印　　次　2021 年 11 月第 1 次印刷
书　　号　ISBN 978-7-5225-0332-5
定　　价　128.00 元（全 6 册）

前　言

　　人类历史仿佛一条涓涓细流，穿越漫长的历史时空，连接着过去、现在和未来。在奔流的过程中，文明产生、发展，并不断地趋于完善。站立起来的人，不再用动物般的方式沟通与交流时，语言产生了，随之而来的便是文字，它可以记录语言，交流信息。语言把人和动物区分开来，文字把人类社会的原始阶段和文明阶段区分开来。文字更打破了语言在时间上和空间上的限制，将语言传送到远方。

　　汉字是世界上最古老的文字之一，是记录汉语的书写符号，是华夏文明的根基，是中华数千年历史文化的载体。在久远悠长的文明中，汉字以它独有的艺术魅力和认识价值赢得了人们的赞赏和喜爱，再现了人类语言中最富有魅力的古典情怀。匀称的结构、简约的形象、美好的音韵、丰富的含义……汉字给人的美感是世界上其他任何的文字都无法比拟的，正如一位伟人说的那样："世界上有一个古老的国家，它的每一个字都是一幅美丽的画，一首优美

的诗……"

关于汉字的书写，历久弥新……汉字体系博大精深，缤纷动人，其所具有的魅力一直吸引着人们去探究、去领会。

在使用汉字的过程中，人们深刻挖掘它瑰丽的美感和深厚的文化内涵，形成了一种中国独有的充满智慧的表达方式。为了让青少年充分体悟汉字的美妙，领悟古人造字的智慧，本书精心选取了二百多个常用汉字，说明它们是如何来的；通过汉字的来龙去脉，具体地解释了每个字的发展历程；以一则则妙趣横生的故事，解析汉字间的异同；用一个个鲜为人知的逸闻趣事，带你领略汉字的瑰丽与神奇；同时，配以形象的图片，与你一同走进汉字的王国，回顾汉字的前世今生，解析汉字故事的背后通道。

本书在编撰过程中，力求避免学术性的枯燥，以故事为线索，充分挖掘汉字所蕴涵的文化信息，将青少年引入一个由汉字所带来的既博大精深又美丽动人的五彩世界。阅读本书，你不仅可以从中了解丰富的汉字知识和文化，而且能够感悟更多的人文关怀和民风民俗，从而丰富自己的知识与生活，做一个充满智慧的人。

目 录

"农"字智慧

　　"锄禾日当午，汗滴禾下土。谁知盘中餐，粒粒皆辛苦。"唐朝诗人李绅的《悯农》是人所共知的，其中所反映的农业活动构成了中华文明的农业史。俗话说，"民以食为天"，从传说中远古时代神农氏发明农业开始，中国历来以农业立国，农业是国民经济的基础，同时也是人民生活的根本。

　　甲骨文的"农"字，从"林"从"辰"，最初的农业是"刀耕火种"，要想耕作，必须先砍伐树木，所以"农"字从"林"，"辰"指耕器。整个字形表示拿着耕具从事耕作，是个会意字。金文中的"农"字，与甲骨文相比，上部多了个"田"，表示拿着耕具耕作于田间的

意思更为明显了。在金文的基础上，发展出了秦汉的小篆，以及繁体的楷书"农"字。

"农"字的本义为耕种，传说神农氏根据天时之宜，分地之利，创作了农具，教民耕作，使人民获得很大的好处，这就是农业的开始。有了农业就必然有从事农业生产的劳动者，这些劳动者就叫作"农民"，这样"农"字就有"农民"的意思。"农"在古代指代田官，"农"字还有勤勉的意义，如《左传·襄公十三年》云："小人农力以事其尚。"

汉字智慧

"农"业被称为是第一产业，位列第一，其重要性可见一斑。在社会不断进步的过程中，"农"亩之劳在国民经济中所占的比重越来越小，因而人们开始忽视那些"汗滴禾下土"的耕耘者。"存在即合理"，更何况是已经存在了千万年，为人类提供生存所需的农业，那些整日为粮食而辛勤劳作的人，才是我们真正的衣食父母。

"田"字智慧

传说苏东坡的妹妹苏小妹，才貌双全，嫁给了大词人秦观。一天，苏小妹对秦观说："我作了一则字谜，谜面是：两日齐相投，四山环一周，两王住一国，一口吞四口。"秦观许久也未能想出答案，便去向苏东坡求教。苏东坡听完事情的经过后，不禁大笑，叫厨子烧一盘西湖醋鱼端上来。席间，苏东坡动手将鱼的头和尾去掉，留下中段，然后指着鱼身说："这就是谜底。"秦观恍然大悟。原来，这个字便是"鱼"字去"头"去"尾"，即"田"。

"田"是个象形字，《说文解字·田部》云："田，陈也。树谷曰田。象形。十，阡陌之制也。"所谓"树谷曰田"，即"田"是种庄稼的土地，讲的是"田"的本义农田。甲骨文里的"田"多种多样，但"田"里的阡陌（田间的中路，南北的叫"阡"，东西向的叫"陌"）纵横，却是一致的。从金文起，"田"的外围便不是那么方方正正的了。以后，在小篆、隶书、楷书各种字体里，"田"字的构形都基本不变。除了其本义之外，因为"田"中纵横交错的小沟及一块块的土地排列整齐，因而"田"字便引申出"陈列""整齐"的意思。

现在我们把耕种用的土地，都叫作"田"，实际上最初"田"的产生与我国古代社会的井田制紧密相连的。井田制是我国古代社会的土地国有制度，商代和周初，道路和渠道纵横交错，把土地分隔成方块，形状像"井"字，因此称作"井田"。井田属周王所有，分配给庶民使用。天子把田赐封给贵族时，便以"田"作为计算赐地的单位。贵族不得买卖和转让井田，强迫庶民集体耕种井田，周边

为私田，中间为公田。井田制的实施，一定程度上促进了生产力的发展。春秋晚期，随着生产力的提高，井田制逐渐瓦解。

汉字智慧

汉字不仅是中华民族历史的记录工具，它的发展同时本身也是历史的呈现方式，先世的以其特有的智慧，将他们的所感、所知、所思、所想，用最生动形象地方式创造了神奇的汉字文化，同时这样的汉字文化又如同阡陌纵横的"田"字一样，网罗了人类发展的历史。

"刀"字智慧

原始的农耕方法为"刀耕火种",即农民砍去土地上的树木,放火把野草、灌木烧成灰,这种灰成了肥料,先民们便在这样的土地上翻耕、播种。其中的"刀"便指的是一种切割用的工具,同时也是用来翻土的农具。屈原在《国殇》里描写敌我攻战激烈厮杀的残酷场面时说,"车错毂兮短兵接"(即杀到车轮交错、短兵相搏)。这里的"短兵",便是矮小的刀剑。三国时关羽使用的青龙偃月刀,刀头形似半圆月,刀身雕刻着青龙。这里的"刀"便是一种兵器。那么"刀"究竟为何物?

原始时代的徽号文字里早就有了"刀"这个象形字,刀把、刀刃、刀身,无一不备。甲骨文中的"刀",承袭了图形文字的形体,开始变成线条化,并由此发展而为金文。但这个象形独体发展到小篆阶段时,原来的刀形已失,发展到楷书时，便更看不出原来的刀样了。

　　"刀"是先民的生产工具和生活用具，同时也是兵器。商周时代，因为把货币铸成刀形，所以古代的钱币也称"刀布"，又因为古代的小船外形似刀，所以"刀"也释为古代的小舟。"刀"字不只可以单用，还是部首之一，作偏旁时，写作"刂"，称"立刀旁"。凡是用"刀"或"刂"构成的字，都和"砍""杀""割""切""剖""剥"等义有关。

汉字智慧

　　历史是一个不断进步的过程，当神农氏亲自尝试百草的时候，他一定没有想到可以用化学药剂来检测草木是否有毒；当原始社会的先民们以"刀"耕火种来保障自己生存时，他们一定没有想到其实只要有地，机器也可以耕种、收割；当唐玄宗为了以荔枝博美人一笑，而累死了众多的宝马时，他一定没有想到现在从天南到海北不过是一抬腿的距离……历史在进步，同样的人也在进步，每天学习一点，别让自己落在了整个社会的后面。

"土""地"的智慧

从人类产生的时候开始，土地便是人类生存的根基与空间，经历了几千几万之后，人类仍然在同一方土地上延续着生命。土地为人类提供农耕的场所，为人类提供畜牧的地域，为人类提供了一种脚踏实地的真实感，即使人类早已掌握到飞翔于蓝天之上的技术，但最终还是必须要

回归到这一方土地上来。正因为土地与人类有着如此密切的关系，"土"与"地"便成了从先民开始便关注的对象。

"土"在甲骨文和金文中有很多种写法。无论是甲骨文还是金文，"土"字所要表达的含义是一样的，上面部分都是一堆土的形状，下面的一横代表的是地面，整个字形的意思就是地上的一堆土。金文中的上面的那堆土向左右延长变成了一条线，逐渐变成了小篆中的"土"字。这时的"土"字已与现代楷书中的"土"字形体相差无几了。《说文解字·土部》："土，地之吐生物者也。二像地之下，地之中。丨，物出形也。"意思就是，"二"中的第一横表示"地面"，第二横表示"土壤"，一竖表示"植物"。土地能够吐生万物。

与"土"字经常相连的汉字为"地","地"的造字与"土"字也很相似。《说文解字·土部》："地，万物所陈列也。从土，也声。""地"字最早见于小篆，在古人的观念里，人类的生殖与土地之间有着某种联系。"地"字的创制，源于古人对土地滋生万物的自然属性的充分认识，在先民眼里，土地不仅关系到农作物的生产，还由于它有旺盛的生产能力，所以被看作是生育的榜样，当作生殖力量的源泉。因而古人造"地"字时要用"土"加上"也"字构成，并将地尊之为"地母"。

汉字智慧

人们总是乐于把"土""地"称为是母亲，她为我们提供了生存的空间，嬉戏的场所。她是一个勤劳的母亲，为了子女耗尽了心血，自己却弄得千疮百孔，伤痕累累。古语有云，"人不孝其亲，不如禽与兽"，让我们用疼爱母亲的心去爱护这片养育我们的"土""地"，让她重新恢复昔日的光彩。

"牧"字智慧

北朝乐府中有一首著名的《敕勒歌》："敕勒川，阴山下。天似穹庐，笼盖四野。天苍苍，野茫茫，风吹草低见牛羊。"一副壮阔的塞外风情展现无遗，北方游牧民族那种直接与大自然亲密接触的快乐如画卷一般呈现在众人面前。这种从原始社会便已产生的牧业，直到现在仍然以其独特的展现着自己的魄力。

在早期的甲骨文中，"牧"字的中间部分为一头"牛"，右边部分是一个正在扬起的牧鞭，左边部分则是表示"行"和"止"的两个示动意符，整个字的意思合起来就是：挥动着牧鞭，驱赶着牛儿，慢慢地前行。"牧"字的构字结构充分地表现出了这个字的本义。发展到后来的甲骨文中，表"行"和"止"的两个

符号便省略掉了。而在金文中则牧鞭也发生了变化，开始出现了桠杈的"牧枝"，这种变化一直继续到小篆时期。但"牧"字变化最大的还是在隶书中，这时的"牧"字将"手"和"牧枝"合并为"攵"，直到今天的楷书中，"牧"字仍然是以"攵"为偏旁的会意字。

《说文解字·攴部》："牧，养牛人也。从攴，从牛。"许慎所提到的已经是"牧"的引申义了。"牧"的本义为放牛、放饲牲畜，后来才逐渐引申为牧人或牧地。管理统治人民，叫"牧民"，如晁错《论贵粟疏》："民者，在上所以牧之。"古时从商朝起便把一些地方官叫作"牧"，如"州牧"。

汉字智慧

一直以来都很向往那种放马"牧"羊的逍遥生活，一直很希望可以有机会去看看梦回千百次的大草原，去享受一下自由驰骋的潇洒。但现实却总是让人失望，越来越多的荒漠化的消息不时地传入耳中。或许我们无法为此而做些什么，但正如我们的人生一样，只要尽心尽力地去做了，事情一定会有所改观的，也希望那些不"牧"之地会逐渐变回肥美的草原。

"鼠"字智慧

在中国的民俗历史中，有一个特殊的日子是关于老鼠的，这一天是正月二十五。每年到了这天晚上，家家户户都不点灯，全家人坐在堂屋炕头，一声不响，摸黑吃着用面做的"老鼠爪爪"等食品，不出声音是为了给老鼠嫁女提供方便，以免得罪老鼠，来年给自家的生活带来隐患。

据科学研究发现，老鼠在第四纪冰川期就已经存在。在我国汉字的发展历史中，"鼠"字也有着悠久的历史。

"鼠"字早在甲骨文时期便已出现。小篆的"鼠"字和甲骨文中的形体相似，看上去都像鼠的侧形，上半部分像

鼠头，突出了它的牙齿（这也许是因为老鼠最厉害的一招就是用牙齿咬东西吧）；下半部分像鼠的足、腹、尾，像一只小老鼠张着嘴在咬东西。经过之后的线条化与方形化后，发展成为了今天楷书中的"鼠"字。

"鼠"原是穴居兽的总称，后来则专指老鼠。现在的一些动物名称如貂鼠、玃鼠等都称"鼠"，就是其作为总称的例证。提到老鼠人们总是首先会想到"老鼠过街，人人喊打"，它是盗粮能手，它总是与人类争食，因此人类对老鼠怀着无以名说的禁忌心理，去贬低它，唾弃它。如："鼠辈""鼠子"，是用来蔑视、辱骂别人的词。"鼠目寸光"形容一个人眼光短浅，只顾眼前利益，没有长远打算。成语"鼠窃狗盗"是指小偷小盗，"鼠肝虫臂"则是比喻微末卑贱，等等。

"鼠"作为十二生肖之首，与人类的关系非比寻常。在我国的古代文学作品中，就有许多人鼠相提并论的例子。《诗经》里有："相鼠有皮，人而无仪，人而无仪，不死何为。"这里，鼠还有皮，人却不讲面子，人不如鼠。《诗经》里《硕鼠》篇说："硕鼠硕鼠，无食我黍，三岁贯汝，莫我肯顾。"把统治者比作大老鼠，其贪得无厌的嘴脸跃然纸上。《七侠五义》中把五义士都冠之以"某某鼠"的雅称，则是对老鼠的机灵、敏捷推崇备至。不仅文学作品如此，就连民风民俗也是如此。民间有许多有关老鼠婚嫁的故事，而且场面与人无异。浙江东南部的方言里，把两个女孩子在一起叽叽咕咕说悄悄话说成是"像老鼠嫁女一样"。

汉字智慧

"鼠"如同它在十二生肖中所排的位置一般，已经深入到社会生活的各个领域，时而成为"人人喊打"的对象，因其贪婪、狡诈的本性，因其胆小懦弱与目光短浅；时而成为推崇备至的灵兽，因其精灵善变，《猫和老鼠》中聪慧敏捷的老鼠已成为典型的代表。"金无足赤，人无完人"，动物也一样，我们不必要求每一种动物都要尽善尽美。让我们摒除"鼠"的狡诈、胆小、目光短浅，而留下"鼠"的机灵、聪明、敏捷，这样的话，"鼠"仍然是可爱的。正是由于鼠的机灵睿智，才能一代代地繁衍下来，几乎在每个地球的角落都能找到它们的身影，这正是适者生存的写照。

"牛"字智慧

牛是人类最早驯养的家畜之一，养牛在我国具有悠久的历史。考古学家研究证明，早在旧石器时代，我们就已有牛存在；到了新石器时代晚期，先民便已开始饲养家牛。由于牛力大而温顺，古人常用牛来耕地或载物，牛和人类的关系非常密切。

出土的一个商代鼎身上，有些图腾时代的徽号文字，

其中，有个"牛"字，是个牛头。先民以牛与其他动物最大的区别之处——牛头的形象代替全牛，使人见局部即知整体。这个牛头，弯角、横耳、圆眼、宽鼻孔、大肋巴，牛的典型特征全部汇聚其中，构形精到、传神，而且还富于装饰美。为了书写的方便，把牛头从轮廓化实化、瘦化了，但牛头的形象依然看得出来。

"牛"这个象形字，进入文字阶段后，发生了很大的变化，这个字发展到甲骨文阶段，已变成线条化，描绘的是牛头的正面形象，上部两侧向上弯的是牛角，下部两侧向上斜的是牛耳，中间的一竖是牛面。金文将牛耳拉平，小篆以后逐步楷化，一直发展到现在楷书中的"牛"字。

"牛"的本义为用于耕种的反刍家畜。牛"吃的是草，挤出来的是奶"，"牛"为人类终年辛勤耕地、拉车，任劳任怨，古人常用牛来比喻任劳任怨的奉献精神，因而有了"孺子牛"的说法。鲁迅的"横眉冷对千夫指，俯首甘为孺子牛"的名句使"孺子牛"的精神得到升华和拓展，人们常用"孺子牛"来比喻心甘情愿为人民大众服务，无私奉献的人。

古代，人们常将"牛"作为祭牲，古人认为"牛"是最能娱神之物，文献中有许多古人以"牛"为质的祷祛病的事。除此之外，"牛"后来还派生出许多的引申义来，如"牛性"（喻倔强）、"牛毛"（喻多）、"牛饮"（喻狂饮）、"牛鬼蛇神"（形形色色的坏人）等。"牛"字除了本身可以独立使用外，还可以作偏旁，汉字中凡从牛之字都与牛、牛属动物及其动作行为有关，如牡、牟、犁等。

汉字智慧

　　"俯首甘为孺子牛"是鲁迅一首诗中的名句，这是对"牛"最恰当的阐释，而鲁迅先生又何尝不是一头在中国文化的田地中辛勤耕耘的"牛"呢？他寿命并不太长，只活了 56 岁，但他确为后人留下了三部小说集、十几部杂文散文集、翻译文集等将近千万字文学遗产，这真是"吃的是草，产的是奶"。作为一个社会的人，当我们有能力为这个社会做些什么的时候，又何必一定要以投资回报率来衡量自己的付出，不妨做一次甘愿俯首的孺子"牛"。

"虎"字智慧

轰动一时的"华南虎事件"终于尘埃落定了，那些令人胆战心惊的"百兽之王"，那个曾经被狡猾的狐狸利用的凶猛动物，如今正面临着灭绝的危险。长年生长在保护区里，它们的凶狠已不复存在，与"虎"字最初产生时的意义也相去甚远了。

"虎"的历史，至少也有三四千年。原始时代，威胁我们祖先生存与发展的猛兽之中，"虎"便是其中之一。《说文解字·虎部》："虎，山兽之君。从虍，虎足像人足。象形。"对于这"山兽之君"，先民早就熟悉了它的形性，所以很早就创造了"虎"字。图形文字和甲骨文的"虎"，像一只侧面虎的形状，以最简练的线条把虎的形貌特征勾勒出来的：大头、圆眼、巨口、锐齿、钩爪、卷尾、斑纹，样样俱全，惟妙惟肖，生动地展现了"虎"凶猛无比的样子，是个纯粹的象形字。

发展到后期甲骨文时，开始线条化，字的形体也大简特简了。到金文时，"虎"字的构形变化更大，虽然巨口

卷尾依稀可辨，但已渐失虎形。到了小篆时，"虎"又进一步讹变，所有虎的特征完全消失，尤其是"虎"字的下部，卷尾竟讹变为"几"了。发展到汉代隶书时，"虎"字已完全笔画化。至于楷书，则是从小篆的形体衍变过来的。

"虎"的本义就是"老虎"，是传说中的"百兽之王"。《风俗通义·祀典》："虎者阳物，百兽之长，能执搏挫锐，噬食鬼魅。"民间也有俗语，"山中无老虎，猴子称大王"，可见，在大多数人的观念里，"虎"便是动物界的"大王"。因其威武勇猛的形象，又派生出了不少的喻义。港澳地区曾风行过惊蛰日"祭白虎打小人"的习俗，之所以称"白虎"，就是因为人们认为白虎伤人最厉害，因而把"虎"作为害虫猛兽的代表。"虎"可以比喻威武勇猛，如"虎将"，喻指英勇善战的将军；"虎子"，喻指雄健而奋发有为的儿子；"虎踞"，形容威猛豪迈。虎在古代被人视作神兽，有镇邪驱鬼、保佑平安的作用。民间常将它用于小儿的"虎头帽""虎头鞋""虎枕"以及其他虎形的玩具上。小孩满月时，送布老虎是祝愿孩子长大后像老虎那样有力。古代还有一种用来调兵遣将的信物，称"虎符"，盛行于战国、秦、汉时期，用铜铸成虎形，分为两半，右半存朝廷，左半授予率兵的将帅。调动军队时，必须持符验证。

汉字智慧

"虎"无疑是勇猛的，因而获得了森林之王的美称。它的这一特质便成了其他动物争相模仿的对象。在人的心中，也总是希望自己可以成为自己想象中的那个人，但模仿并非都能成功，失败者便有了画"虎"类犬的笑话。

"兔"字智慧

"嫦娥应悔偷灵药,碧海青天夜夜心",在清冷的广寒宫中,孤寂的嫦娥了无所依,唯一能够长久地陪伴她的,恐怕就只有怀中的那只白兔子。这虽然只是一个传说,但却也因这只兔子的存在而少了些许的寂寞,这只在月亮上捣药的白兔,使原本就喜爱兔子的中国人,对它又多添了几分好感。

"兔"是个象形字,甲骨文中的"兔"字就如同一只兔子的侧像一般,而到了金文时期,"兔"字发生了很大的变化,由之前的侧像变为了正面的蹲踞样。在金文的基础上,小篆中的"兔"字逐渐线条化了,之后又经过长期的发展才演变成了现在楷书中的"兔"字。

"兔"的本义就是兔子,兔子有三大特点,一是上唇中间分裂,二是尾短而上翘,三是善于跳跃和奔跑。所以在汉语的一些含"兔"字的词语里对这些特点有所反映。如因为兔子上唇一分为二,故称人之唇裂者为"兔缺""兔唇";俗语中有"兔子的尾巴长不了",是借兔

子短尾的特点来告诫那些一时跋扈的人是横行不了几天的；以"兔脱"来比喻像兔子那样快速逃脱，极言行动敏捷、迅速。

因为传说中，月亮上有白兔在捣药，所以，"兔"也成了"月亮"的代名词。古代的诗词作品中就常用"玉兔""玄兔""兔轮""兔魄"等等作为月亮的别称，如卢照邻的《江中望月》诗中说："沈钩摇兔影，浮桂动丹芳。"这里的"兔影"就是月影；元稹的《梦上天》也有"西瞻若水兔轮低，东望蟠桃海波黑"的诗句，"兔轮"就是月轮，诸如此类的例子真是不胜枚举。

汉字智慧

"兔"，它的弱小难免会使人对其产生保护的欲望，殊不知，"兔"的自保能力也是我等应该学习的。破釜沉舟，是一种勇气，也是一种魄力，但更多的时候，我们需要为自己留一条退路，当自己被逼无奈的时候，最起码还可以有一个藏身之处。

"龙"字智慧

　　"龙"，是中国神话传说中的一种神物，它善变化、能兴云雨、利万物；它能兴云致雨，为众鳞虫之长，四灵（龙、凤、麒麟、龟）之首；它也是皇权的象征，历代帝王都自命为龙，使用器物也以龙为装饰。这种神物的起源，已经无从考究，很多人都认为，它是多种动物的综合体：骆头，蛇脖，鹿角，龟眼，鱼鳞，虎掌，鹰爪，牛耳，等等。这种复

合结构，意味着龙是万兽之首，万能之神，是原始社会形成的一种图腾崇拜的标志，同时，龙也成为了华夏民族的代表。

"龙"产生于传说，其字体来源也是根据传说的启发而创造出来的。早在三千多年前早期甲骨文里便已有"龙"字：有头有角，口大张，并露出锋利的牙齿，还有弯弯曲曲的身子。这跟传说中"龙"的形象是一致的，所以甲骨文的"龙"明显为象形字。这个字在周代早期便已从轮廓化变为实化，脊棘省掉了，龙角龙身开始变形了。到了金文阶段，又在龙背上恢复了三条脊棘。此后的楷书繁体便是在金文的基础上发展而来的。

到秦汉的小篆时期，已把龙头龙身讹变为左右两部分结构，"龙"字便基本成形了，一是构成"龙"的框架、要素、样式，秦汉时都基本具备了；二是"龙"是一个开放的、不断纳新的系统，它并不满足秦汉时的基本成形，之后的历朝历代，一直在不断地衍变和发展。在"龙"字的发展过程中，民间俗字里曾出现省掉左旁龙角龙头，只要龙身和一条脊棘的"龙"字，这便成了今天的简化汉字。

"龙"从产生之初，便是一种神异之物，历代"龙"

都是帝王的象征，皇帝均被称为是"真龙天子"。不仅如此，凡是与皇帝有关的事物都要冠以"龙"字。如"龙颜"，指皇帝的颜面；"龙床"，指皇帝的卧具等。

汉字智慧

　　几千年来，"龙"已渗透了中国社会的各个方面，成为一种文化的凝聚和积淀，成为一种文化符号，是中华民族的象征，是中国人精神上的领袖。对每一个炎黄子孙来说，龙的形象是一种符号、一种情绪、一种血肉相连的情感。

"蛇"字智慧

民间有句俗语，"一朝被蛇咬，十年怕井绳"，中国人历来对蛇这种动物都没有什么好感，它在地上蜿蜒前进的样子，它口中时不时吐出的血红的信子，它一张口便可夺人性命的狠毒，无人不令人产生不寒而栗之感。所以，很多属蛇的人在向他人介绍自己时，会说自己是属"小龙"的，以避讳令人反感的蛇字。不仅中国人不喜欢蛇，西方人对蛇也有同样的厌恶感。《圣经》故事里亚当和夏娃在蛇的引诱下偷吃了禁果。因此，蛇成了基督教中撒旦和魔鬼的化身，始终为人们所唾弃。

太古时期，先民便对这种爬行动物有了认识，所以，在很早的甲骨文里便有了这个字。"蛇"字的左旁是"它"字，右旁是"行"字的右边，说明蛇是逶迤爬行的。后来，为了方便书写，"蛇"字写成了"它"，"它"在甲骨文里有许多种异体，但都是一条三角头、大眼睛，两腮毒囊突出的蝮蛇的形状。蝮蛇游行迅速，谁被它追上咬着一口，就会有生命之忧。所以，"它"字的上部为"止"，代表

人的脚，像是在告诫人们：足下小心，千万别碰上"它"。

这个象形字发展到金文阶段，已渐失蛇的原形，但头部还保存了原来的迹象，至于弯长扭曲的蛇体却变得又大又短，尾巴也很短了。到了小篆时，"它"与"蛇"并用。《说文解字》中说："它（即"蛇"的异体），从虫而长，象冤曲垂尾形。"又说："蛇，它或从虫。"可见，当时"蛇""它"还没有严格区分开来。一直到隶书里，作为爬行动物的名称的"蛇"字才固定下来，后又变为今天楷书中的。

　　早在太古时代，"蛇"虫出没，便给先民们的生命安全造成了很大威胁。所以，"蛇"在当时是灾祸的象征之一。"无蛇"就是上上大吉，"有蛇"则大倒其霉。卜辞中就有许多关于"蛇"的占卜，不过此时的"蛇"已经由毒蛇之害引申扩大，泛指一切灾害不吉之事了。如此危害至深之物，却成为了十二生肖之一，实在是令人百思不得其解。

汉字智慧

　　社会生活里，充满阴谋诡计，像草丛中潜伏的毒蛇，时不时地有无辜者被伤害，正直者遭打击，只有阴谋被事先探明与揭露，才能保护无辜者与正直者。探明与揭露阴谋的最好方式，往往是打草惊蛇。当你有能力保护无辜者与正直者的时候，一定要充分利用你手中的"棍子"，将那些隐藏在草丛中的"蛇"，全数地驱赶出来，将其一网打尽，以为民除害。

"马"字智慧

18 世纪的法国作家布封在他的名篇《马》中提道："人类所曾做到的最高贵的征服，就是征服了这豪迈而剽悍的动物——马：它和人分担着疆场的劳苦，同享着战斗的光荣；它和它的主人一样，具有无畏的精神，它眼看着危急当前而慷慨以赴；它也和主人共欢乐：在射猎时，在演武时，在赛跑时，它也精神抖擞，耀武扬威……"马曾是古代农业生产、交通运输和军事等活动的主要动力。中国是最早开始驯化马匹的国家之一，从黄河下游的山东以及江苏等地的大汶口文化时期及仰韶文化时期遗址的遗物中，都证明距今 6000 年左右时几个野马变种已被驯化为家畜。

甲骨文中的"马"都是马的侧视形，就像一匹昂首长啸的马。仔细看一下便会发现，在这个描绘直立马姿的象形字中，马的头、眼、嘴、鬃、身、腿、蹄、尾，样样齐全，先民用简单易懂的凝练手法创造了这个字，使人一望便知是"马"。到了春秋战国时期的金文，字形与甲骨文基本相同，然保持大眼、修尾、长鬃的特点，只是简省了一些。

小篆中的"马"字，比较规范地描绘了马鬃、马腿和马尾，但却把马鬃和马头、马眼连成三横，下部变成四条腿，马尾也变成了秃尾。然而，"隶变"是古文字和今文字的分水岭，自从汉隶和楷书繁体把"马"字从古文字的线条化变为今文字的笔画化以后，四条腿就讹变为四点，形象地表现了马这种动物善于奔跑的特征，但"马"的形状却已不复存在了。魏晋时代出现了草书的"马"，于是，后来便把这草书化为今天我们所用的楷书"马"字。

甲骨文中"马"字的出现，说明公元前15世纪至公元前11世纪的殷商时代，我们的先民已有畜养马来应用于战争、农耕的习俗。《说文解字·马部》云："马，怒也，武也。

像马头髦尾四分之形。"而"马"字正好体现了"怒""武"的性格。所谓"怒""武",即马容易激怒,喜奔驰,具有无视对方、敢于勇往直前的特征。汉字中凡从"马"的字大多与马、马属动物及其动作、功能有关,如驰、驹、骆、骄等。

汉字智慧

　　"马"是一种很富灵性的动物,在世界所有的人群中,马都很有人缘,征战沙场的"汗马功劳",为国捐躯的"马革裹尸",甚至到如今的奥运比赛,"马"也是唯一一种进行比赛项目,与人类合作参与赛程的动物。作为人类的伙伴,它用动作的敏捷和准确来表达人的意愿,它毫无保留地贡献着自己的力量,它尽一切力量,甚至以超出自己的力量以登上更高的目标。

"羊"字智慧

"羊"在人的印象里成为温顺、听话、软弱、受欺的象征。无论是"小绵羊"的温顺，还是"替罪羊"的无奈，总给人一种软弱受欺的感觉。羊是一种家畜，自古以来称为六畜之一，早在母系氏族公社时期，生活在我国北方草原地区的原始居民，就已开始选择水草丰茂的沿河、沿湖地带牧羊狩猎。

"羊"是一种再常见不过的家畜了，它双角往下卷，平顶、大耳、有须，耷拉着又短又扁又平的尾巴。与其他动物相比，其最大的不同就是它的头部了，所以先民便用羊头来造字，以局部代表整体。"羊"从一开始便是一个象形字，在近世出土的殷商时代的"羊鼎"上的徽号文字"羊"，便是羊头部的正面特写：卷角、大耳、尖嘴、羊须，全都生动形

象地包括在这最简洁的图形里了。在甲骨文中，"羊"字已开始出现鼻梁（中间的一竖），且把双耳变成字中的一横，把羊头拉长，脸面部分也没有了，但还不很注意突出羊角向下弯的特征。金文中，羊角弯少了，羊下巴和胡子变成了"十"字。到了小篆时期，唯一所剩的往下卷的羊角也变直了。隶书的讹变最大，竟把羊角变成"前"字头，下巴变成一长横了。于是，讹变继续，最终把羊胡子和鼻梁变为"羊"中的一竖，变成如今楷书中的字。至此，"羊"的形体已经完全看不出来了。

"羊"的本义就是家畜的羊。由于羊性情温顺，被认为是美好之物，所以，汉字中以羊为偏旁的字均带有美好的意思。如美、善、鲜、羞（原为美味的意思）等。在古代社会，羊在生活中占着重要的位置，祭祀和日常生活都跟羊有密切关系。一个人、一个部族获得的羊越多，就越富有。同时，"羊"也如龙、凤一般，被当

作吉祥物来看待。《说文解字》云："羊，祥也。""羊"就是"祥"。从出土的汉代一些器物上也常可见"大吉羊"三字，意思就是我们今天说的"大吉大利"。中国古代，常把皇宫内供皇室人员用的一种小车叫作"羊车"，这儿的"羊"也是取"吉祥"之意。"羊车"就像"龙体""御笔"等词一样，是对皇室有关的东西的尊称。

汉字智慧

正因为"羊"温顺，所以很容易被"狼"劫走。正如亡"羊"补牢这个故事告诉我们的，知道错误时，就要迅速改正，免得再次损失了"羊"。孔子曾经说过："过而能改，善莫大焉。"面对已经犯下的错误，最应该做的是及时改正错误，并对发生错误的根源进行及时的补救。犯错总是在所难免的，关键在于当我们已经发现自己的错误时，应该以什么样的态度去面对。不要担心你是否已经犯下弥天大错，只要你用心地去弥补、去改正，永远都不会晚。就从现在这一刻开始吧。

"猴"字智慧

中国古代的四大名著中，有一只非常引人注目的猴子——孙悟空。它会七十二变，可以随意幻化成其他的事物；它有火眼金睛，可以看穿所有妖魔鬼怪的伪装伎俩；它使如意金箍棒，可大可小，降伏了许多的妖魔；它助唐僧取经，历经九九八十一难，最终修成正果。提起猴子，人们首先想到的便是机智、顽皮的孙悟空。他非常好地展示了猴子的特性。

猴子在中国，历来被视为是人类的近亲，身材体态与人最接近，个头比人小一号，所以人对猴就有一种天然的亲近感，所以，汉语里就留下了许多猴子的痕迹。《说文解字·犬部》云："猴，夒也。从犬侯声。""猴"，远古时候为"夒"，是个象形字。

甲骨文和金文中，"夒"的字形差异不大，像是一只正要搔首弄姿的猴子，先民用最生动的形象创造了"夒"字。到了小篆时期，"夒"字已经看不出猴子的形象了，但却还留有象形的影子，最上面的部分像是猴子的头部，中间部分像是猴子的手、足、尾。

因"夒"字实在太繁杂，便出现了一个形声字"猱"，取代它。而"猴"字则是在小篆时期才产生的另一个形声字。正如许慎所说："从犬侯声。"小篆中的"猴"字，可以明显地看得出这一点，左边部分为一个"犬"，右边部分则是表音的"侯"。在小篆的基础上，经过长期的演变之后，最终发展成了今天楷书中的字。

人们在长期的社会生活中，总是会将目光频繁地投向被认为是人类近亲的"猴"身上，"猴"在人们的心目中是聪明、机智的，正如孙悟空一般；在方言中，"猴"是乖巧、机灵的，会用一句"他是猴子托生的"来说明小孩

38

子的机灵；"猴"也是好动的，它总是上蹿下跳的，难怪有些人将顽皮、多动的孩子叫作"皮猴"。

汉字智慧

多动的猴子，仿佛总是会让人有不知所措之感，而杀鸡儆"猴"无疑是一种智慧。世界上总有一些聪明人，能干出些一箭双雕的事，杀了一只小鸡，却能把狡猾的猴子吓得屁滚尿流。这种迂回曲折的办事方法，是一种艺术。这种艺术的关键，就在于如何找到那只触犯法则的"鸡"，如何在众人面前做一场秀，达到威慑所有相关人士的目的。

"鸡"字智慧

山东曲阜一带流传着一个故事：传说在远古的时候，有一种飞禽，它的名字叫"吉"。它羽毛美艳，很得玉帝青睐，被派专门负责给人间降吉祥的重任，是一种"吉祥鸟"。后来"吉"私自降福于曲阜，因其触犯了天条，而被罚下凡界。"吉"就在曲阜一带落了户，当地的人把"吉"看作是吉祥的象征，并取"吉"的谐音，把它称作"鸡"。

鸡与人们的日常生活关系密切，古时

更是如此。早在三四千年前的商代，我们民族就已经有人将捕猎的活野鸡用绳子捆住驯养，使其变为家禽的一种了。

"鸡"，繁体作"鷄""雞"，都是形声字，但在古文中，"鸡"还有象形字的构形。

甲骨文中，"鸡"就有好多种写法，"鸡"为象形字，完全就是一只活灵活现的鸡的形象；而"鸡"为形声字，左边为"奚"，是用绳子系住或套住的意思，同时，"奚"表"鸡"的音，右边为"鸟"，表示鸡属于鸟类，整个字合起来，其意思是用绳子套住鸟来进行驯养。金文中，"鸡"字极少见。到了小篆中，"鸡"的字形并无多大变化，且与繁体的"雞"字结构完全相同，与甲骨文相比，唯一不同的是将其中的"鸟"换成了"隹"，"隹"也是指鸟。《说文解字·隹部》中说："鸡，知时畜也。从隹，奚声。"小篆之后，"鸡"字再无多大的变化，一直发展到后来的繁体与楷书中的"鸡"字。

"鸡"原意就是能报晓的家禽。古代农耕社会，寻常人家没有计时器，只能根据生活中的某些"生物钟"来确定大致时间，鸡也是其中之一。同时，由于它在人类生活中的地位，在语言中形成了许多含"鸡"这一语素的词语，且其中有些比喻色彩。如"鸡肋"，照字面意思是"鸡的肋骨",但在实际使用过程中,往往用来比喻没有多大意味但又不忍舍弃的东西。用"鸡鸣狗盗"来比喻小才小技,用"鸡虫得失"比喻细微的无关紧要的得失等等。

汉字智慧

　　周扒皮学鸡叫,从另一个侧面也证实了鸡其实是一种勤奋的动物。富兰克林说:"勤奋是好运之母。"平凡的祖逖和刘琨正是本着勤奋与坚持不懈的精神,每日"鸡"鸣即起,才成为了威名远扬的将军。每个人都渴望成功,事实上,成功的大门也永远为勤奋者敞开着,幸运女神也总是垂青于坚持不懈的人。有时候,牺牲一点安逸的享受,换之以奋发向上,人生便会多一份积极与动力,成功的曙光便在不远处。

"犬"字智慧

　　❝走起路来落梅花，从早到晚守着家。看见生人就想咬，见到主人摇尾巴。"看到这则谜语，人们总是可以不假思索地，想到"狗"。狗是在一万二千年前旧石器时代，先民开始定居生活后最早驯养的家畜，狗被驯养与人为伴，并充当打猎的助手。狗主要由狼和豺演变而来，初为"犬"，因其犬性惯于苟且偷生、得过且过，所以叫它狗。《说文解字·犬部》："孔子曰：'狗，叩也。叩气吠以守。'从犬，句声。"其实，"犬"字早期就读"狗"音，其后读音发生变化，才为现在的读音。是图腾时代的徽号文字，从其形体上可以看得出是一只实体的竖着的"犬"。只要将其形体转动90度，一只张

着嘴巴，卷着尾巴，仿佛在猖猖狂吠的狗就活灵活现地展现在了眼前。"犬"是个象形字，《说文解字·犬部》："犬，狗之有悬蹄者也。象形。孔子曰：'视犬之字如画狗也。'"发展到甲骨文和金文阶段，实体开始线条化，但依然保持着张嘴卷尾的特点。到了小篆时期，字的构形已与狗的形体相差甚远，已经失去了"犬"的形象。发展到后来的楷书，"犬"便再也无法作为一个象形字来看待了。以后，"犬"被用作偏旁，简化为"犭"，便又另造了个"狗"字，以"犭"作形旁，以"句"作声旁，这样，"狗"便变成了形声字。

古人用"犬"表示对小儿的爱称，如《史记·司马相如列传》中说："（相如）少时好读书，学击剑，故其亲名曰犬子。"意思是说：司马相如小的时候，喜欢读书，

还学习击剑，所以他的父母就给他取了一个小名叫"犬子"。古代还用"犬"直接代指自己的儿子，如《红楼梦》第一百一十四回："（贾政）又指着宝玉道：'这是第二小犬，名叫宝玉。'"

汉字智慧

作为人类的朋友，同时也是十二生肖之一的狗，千百年来，一直是与人类同甘共苦的伙伴。狗的忠实是人所共知的，它会把主人当作自己的朋友，而其他的陌生人则无法进入它所管辖的范围，它竭尽全力地阻止来自外部的威胁与攻击。这样的情感在动物身上尚且存在，人类是否应该为自己的背叛反省一番呢。

"猪"字智慧

说起猪，人们总是嗤之以鼻，在很多人的心目中，猪是愚蠢和好吃懒做的"代言人"，但在中国历史的发展过程中，却有这样一个故事：水患是困扰古人的一个长久的问题，大禹之后，还有另一位治水的英雄——猪神张渤。

治水时，他化为一头猪，用嘴拱土，用身开道，夫人每天给他送饭，都约定敲鼓为号。他听到鼓声，就化还人身。有一次夫人忘了敲鼓，猪形的张渤被夫人看见，于是，他化成一阵清风隐去了。

"猪"古时候称"豕"，早在图腾时代的部落徽号中，"豕"

完全是一只实化的竖着的猪的肖像——长嘴、撅唇、吊腮、大腹、短尾、有鬃、有蹄，猪的特点无一不备。之后一段时间的图形文字中，猪的躯体已开始轮廓化了，鬃毛也简省了。甲骨文中，"豕"的构形已完全变成线条，头部也发生了很大的变化，腮、眼、鬃毛全省掉。金文里，则索性把猪腹部的轮廓线删去，猪的头部只剩下嘴巴和耳朵了。到了小篆阶段，这个字更讹变得看不出半点猪的形象。在小篆的基础上，经过长期的演化之后，变成了现在楷书中的"豕"。段玉裁的《说文解字注》中说："豕首画像其头，次像其四足，末像其尾。"形象地突出了"豕"的象形，但这个象形，发展到小篆阶段时，便已经淡了很多了。之后，"豕"被用作部首，另造了一个在"豕"旁加"者"作声符的形声字——"豬"，又把"豬"简化为"猪"，"豕"旁变为"犭"旁，即现代楷书中的"猪"。

　　"猪"虽然从古代开始便已是祭祀时必不可少的供品

之一，但它却始终未给人类留下什么好的印象，因此，在现代汉语中许多由"猪"组成的词语，大多都含有贬义。如"猪仔"原本指小猪，后被用来叫那些被利用、收买的人；"猪猡"原是一些方言中对猪的称呼，但在许多场合中也被用来骂人。

汉字智慧

汶川地震带给我们太多的伤痛，同时也让我们看到了许多的感人画面，而这些动人的瞬间并非只是由人类所创造，其中就有一头在废墟下被埋了三十六天之后，仍然坚强地活着的猪，于是人们将其命名为"朱坚强"。"猪"除了好吃懒做之外，还有一些东西是经常被我们忽视的。人们面对一些自认为熟悉的人时，也会产生同样的认知误差，小心你眼中和心中的盲点。

"禽"字智慧

《尔雅·释鸟篇》："二足而羽谓之禽。"由此可知，"禽"
即是鸟类的通称，禽分飞禽和家禽两大类：飞禽是善
于飞行的野生鸟类，以植物种子、昆虫、田鼠或蛇等为食，
多数对人类有益；家禽是人类为了经济目的或其他目的而
驯养的鸟类。家禽的饲养驯化，在中国已有数千年的历史。
就是这样的一个"禽"字，从其产生的来源看，竟然是从
捕捉禽兽的猎器而来。

在甲骨文中，"禽"是一个有柄的捕捉野生动物的网
兜，以此来表示捉拥（擒）之意。这种原始的捕猎工具，
恐怕要比甲骨文复杂，但先民造字，为了在甲骨文上契刻
方便与快速起见，一开始便已考虑选择最简明直接的表现
方法，以最简单的方式表达其字形。进入金文阶段后，"禽"
字开始繁化了起来。周代早期的金文中，"禽"的网兜之
上多了个覆口向下的罩子，捕捉工具的构造越来越复杂了。
在后来的金文中，"禽"上的覆罩已讹裂成古文"今"字形，
网兜的杆和辖也开始弯曲，字形开始产生了较大的变化。

发展到小篆时期，"禽"已讹变，上部以"今"作为音符；杆辕讹变"冂"形，杆脚部分变为"内"；整个字从象形变作了形声。隶变以后，这种狩猎的工具已经看不出半点原形了。隶变之后，"禽"字没有再出现什么大的变化，经过长时间的楷化后，变成了现代楷书中的"禽"。

"禽"本为动词，"擒获""捉住"之意，"擒"的初文。后来，逐渐转作名词，指网捕的对象，鸟兽的总称。如《白虎通·田猎篇》说："禽者何？鸟兽之总名也。"名医华佗发明的"五禽戏"（一虎、二鹿、三熊、四猿、五鸟）的"禽"，便是鸟兽的总称。

汉字智慧

《庄子》中曾讲了一个故事，一位皇帝捉到一只美丽的禽鸟，非常喜欢，于是将它供养在布置精致的房间里，每天用佳肴美酒喂养它，没想到几天后它就死掉了；因为这位皇帝并没有意识到禽鸟的喜好和人不一样，它只有自由地翱翔在天空中、嬉戏在山林里才会感到快乐。确实，有些时候，人们总是习惯以自己的想法去评判和衡量别人，甚至是别的事物，对"禽"鸟之乐的理解，就如同用现代的社会观念去要求古人一样。易地而处，是一个再简单不过的词汇，但真正可以做到的人，才最有可能接近真相。

"兽"字智慧

现代汉语中，总是把"禽"与"兽"相连使用，如"衣冠禽兽""禽兽不如"等。《尔雅·释鸟篇》说"四足而毛谓之兽"，为"兽"给出了一个明确的定义。从前有个民间的谜语："一家有七口，种田仅一亩，自吃犹不够，还要养条狗。"猜的便是这繁体的"獸"字。那这个繁体的"獸"字如何而来，它又是如何演变成今天的"兽"字的呢？

"兽"字早在甲骨文时期便已出现，在最早的甲骨文中，"兽"字左面是"干"（猎杈），右面是"犬"，以此来表示狩猎之意了。发展到晚期的甲骨文时，"兽"的字形开始趋于复杂：猎杈（干）

的杈端缚上两团东西，"干"的中部加上的猎网已变为"田"形，猎犬的形象也大大改变。由此可以看出，在甲骨文里"兽"字的本义是打猎。在商代的金文中，左边部分在晚期甲骨文的下端增加了"▽"，右边部分的"犬"继续变形。到了春秋时代的金文中，"干"的中部加上了一横，右旁的"犬"进一步讹变，为繁体的"獸"字最终定了型。

"兽"字发展到小篆阶段，左旁顶上像钩云的部分是野兽的耳朵。在汉隶的基础上，最终发展成了楷书的繁体"兽"

字。在"獸"字的发展过程中，人们逐渐地把"犬"字省略掉，发展成了今天的简体"兽"字。《说文解字》云："兽，守备者。"由此可以看出，"兽"的本义为捕捉禽兽的活动，后逐渐引申为捕捉的对象。

汉字智慧

　　猛"兽"总是会让人想到一些鲜血淋漓的画面，皆因我们听过太多猛"兽"伤人的事件，但很多情况这些暴力事件都是由人类自己所引发的。在人类的世界中有"人不犯我，我不犯人"之说，猛"兽"们也知道这一点，如果不是人类一直以最高等的生物自居，以智者自居，不停地捕捉野"兽"，殊不知当人类以暴力猎杀野"兽"，野兽也会以"暴力"以牙还牙。在人类社会中，更是如此，暴力是无法用暴力平息的，用暴力对抗暴力，就像火上浇油。

"鸟"字智慧

从古至今，人们都向往着像鸟一样振翅飞翔，无论是翱翔于九天之外的苍鹰，还是雀跃于枝头的画眉，它们因为有翅膀而可以离开地面，到更高空中去享受更多的美景。它们的翅膀不仅有利于飞翔，而且还具有保暖的作用。进入现代社会后，人类终于也实现了飞行的梦想，但这离不开对于鸟类细致入微的观察，这种观察从我们的先民时代就已经开始了，这一点从"鸟"字的字形上便可以看得出来。

"鸟"纯粹是个象形字。甲骨文中的"鸟"字造型将鸟的所有特征概括地表现了出来：喙、头、眼、胴体、羽、爪、翅膀，无一不备，生动极了。金文和小篆中的

"鸟"字仍然可以清楚地看到鸟的形态，但却已经开始简化、变形。发展到隶书时期，"鸟"字便完全改变了最初的形态，在此基础上，逐渐形成了繁体的"鳥"字。魏晋以后，草书的"鸟"字写作"鸟"。新中国成立后用"草书楷化"的办法，将其简化成了今天的简体"鸟"字。

《说文解字》云："鸟，长尾禽总名也。"鸟是一种长尾禽，也是所有飞禽的总称，一般是指较大而会鸣唱的鸟。在汉字中，"鸟"字不仅可以作单字，还可作偏旁，凡以鸟为偏旁的字大都与禽类及其行为有关，如鸡、莺、鸭、鹅、鸣等。

汉字智慧

　　翱翔于蓝天的苍鹰与留恋于枝头的麻雀，都是长有翅膀的飞鸟，但却有如此大的差异。如果你现在只是一个平凡的"丑小鸭"，不要为此而沮丧，只要你的心中有"鸿鹄之志"，在某一个意想不到的时刻，你也可以成为众人所瞩目的"白天鹅"。点燃心中的斗志，激发心中的宏愿，追求卓越，实现成功，做一只无拘无束的苍鹰。

"巴"字智慧

据说，中国古代有一种蛇，长一百八十米，头部呈蓝色，身体为黑色，名为巴蛇。此蛇居住在洞庭湖一带，以吞吃过往的动物为生。相传，它曾经生吞了一头大象，过了三年才把骨架吐出来。因其危害到了人类的生存，所以黄帝派遣后羿前往斩杀，后羿首先用箭射中了巴蛇，然后一直追赶它到遥远的西方，将其斩为两段。巴蛇的尸体变成一座山丘，现在称为巴陵。在现代汉语中，"巴"与"蛇"算得上是风马牛不相及的，古代之所以会有如此的传说，主要是与"巴"字的构形有关。

甲骨文中的"巴"字，好像是一条巨蛇一般，张着血盆大口，想要吞食所有的一切。金文中的"巴"字很少见。到了小篆阶段，"巴"字开始线条化，蛇形明显地简化，奇大无比的口部也出现了变形。之后经过长期的演变最终发展成了现代楷书

中的"巴"。"巴"字的字形与许慎《说文解字》中的训释是一致的，《说文》中说："巴，虫也。或曰食像蛇。"可见，"巴"字的本义为蛇。蛇常常贴着地面爬行，"巴"又表示"贴近""靠近""急切盼望"等义，引申为"讨好""盼望"等。

"巴"字后多用作国名和地名。古代的巴国，属地在今天的四川东部、湖北西部一带。周武王灭掉商朝后，封巴为子国，称为巴子国，后来被秦国的惠文王所灭，今天的鄂西土家族就是古代巴人的后裔。

汉字智慧

"巴"蛇吞象，清晰地描绘了一个贪婪无比的形象，这正是人们常说的"人心不足蛇吞象"，即使蛇吞得下象，也会被撑死。有许多人因为难以抵制物欲的诱惑，而踏上了不归路。人的修养是一个漫长的坚持和追求的过程，一桶牛奶倒进一杯脏水就成了一桶脏水，人一旦放弃了自己操守的坚持，就容易同流合污，从而抛弃自己最珍贵的宝贝。所以，人应该克制住贪婪的欲望，贪婪就像一条噬咬心灵的"巴"蛇，会让人五毒攻心，走向毁灭。

"毛"字智慧

国共重庆谈判期间，毛泽东在山城重庆做了一次演讲。演讲结束后，有人问："假如这次谈判失败，国共全面开战，毛先生有没有信心战胜蒋先生？"毛泽东认真地说："国共两党的矛盾，是代表两种不同利益的矛盾。至于我和蒋先生嘛……蒋先生的'蒋'字，是将军的'将'字头上加一棵草，他不过是一个草头将军而已。"说着，情不自禁地笑了。"那毛——呢？"有人接着问，毛泽东回答说："我的毛字，是一个反'手'。"意思就是：代表大多数中国人民根本利益的共产党，要战胜代表少数人利益的国民党——易如反掌。

金文中的"毛"字像是鸟的一根羽毛，而发展到小篆时期，看起来像是人的头发或兽毛。在小篆的基础上，逐渐演变成了现代楷书中的"毛"字。《说文解字》云："毛，眉发之属及兽毛也，象形。""毛"字的本义是指人或动物的毛发，从"毛"之字大都与毛发有关，如毡、毫、毯等。由"毛"的本义引申出表面，细小，未经加工的，粗糙的等含义；植物皮上的丝状物也称毛；还用来形容人慌乱，如毛手毛脚。

汉字智慧

反手为"毛"，多么精彩的一个角度。"角度决定视野"，你眼中看到什么是由你所在的角度决定的，那只千百年来被人嘲笑的青蛙之所以会成为人们的笑柄，就是因为它待在一个只能看到一块天的地方。不要在还不了解的时候，就对事物妄下断论，多听听别人的看法，多站在不同的角度上去看一看，你会发现自己之前想到的是多么的狭隘。

"鹿"字智慧

东晋时期，后赵的开国皇帝石勒。在一次招待高丽的使臣的宴会上，酒至半酣，他问臣子徐光道："我可与此前的哪位君王相比？"徐光想了想说："您的才智超过汉高祖，本领赛过魏始祖，恐怕比轩辕黄帝还要厉害。"石勒笑着说："你说得也太过了。如果遇见汉高祖，我一定做他的部下，只和韩信、彭越争个高低；假使碰到光武帝，我就和他一块儿打猎，较量较量，未知'鹿死谁手'？"由此便产生了"鹿死谁手"一说，在这样的争夺之中，以"鹿"来作为权力的象征物，并非信手拈来。

《说文解字·鹿部》云："鹿，山兽也。象头角四分之

形。鸟鹿足相似，从匕。凡鹿之属皆从鹿。""鹿"是个象形字，甲骨文中，先民用整个鹿的形状作为符号来表义，歧出的角，长长的颈，纤细的四足，都生动传神地展现出了鹿的形象与特征。金文中的"鹿"字开始变形，其身体的部分已经基本省略，但角与四足仍然非常的明显。发展到小篆阶段，"鹿"字开始线条化，并出现讹变，尤其是原本在金文中已经省略掉的身体部分竟又出现，但已与"鹿"本身的形态已相去甚远。据此而最终发展成了现代楷书中的"鹿"。

"鹿"是一种极其珍贵的动物，它浑身是宝，除皮肉可供衣食用外，鹿血、鹿茸、鹿骨等都是极名贵的中药，因此，"鹿"被人们看作是瑞兽，《抱朴子》："鹿寿千岁，满五百岁则其色白。"人们将"鹿"作为长寿的象征。同时，又因"鹿"与"禄"谐音，所以，"鹿"又有表示福气

或当官享受俸禄的意思。此外，"鹿"历来备受统治者的喜爱，从商代开始便有了"逐鹿"的活动与记载，此后的统治者更是对于此项活动乐此不疲。到后来，"鹿"甚至成为了"帝位""国家政权"的代名词，于是"逐鹿"之举也便成了历代政治家夺取政权的称谓。如《史记·淮阴侯列传》："秦失其鹿，天下共逐之。"其中便是以"鹿"喻帝位。

汉字智慧

现代社会中，已经不存在对帝位的争夺了，但对成功的追逐却始终未曾停止过。俗话说："谁笑到最后，谁笑得最美。"成功总是那么的遥不可及，我们要花费太多的心血和精力，才能在黑暗的路上看到一点希望的曙光，仅是那一点点的曙光便足以让我们欢欣雀跃了。但究竟最后"鹿"死谁手，却仍然是个未知之数。这个世上有太多的变数，是我们所无法预料的。我们唯一可以做的就是，无论何时，都要为成功而一直坚持，最终一定可以收获最美的笑容。

"木""本""末"的智慧

一粒小小的种子，埋入地下后，很快便从地下顶破地皮，长成幼苗。它将自己的根深深地扎在土壤之中，并从中吸收大量的营养。蓦然回首，突然发现粒微小的种子已在不经意间长成了一棵参天大树。它与人类共生存，保护着人类及其住所的安全；它为人类提供物品，用茂密的枝叶庇荫着人类。所以古人将树木当作神灵来崇拜。

《说文解字·木部》云："木，冒也，冒地而生。东方之行，从屮，下像其根。凡木之属皆从木。"

"木"是一个象形字，甲骨文和金文的"木"字，就像一棵树，上部是茂盛的、往上的树枝，下部是扎向土里的树根，中间是树干。之后的小篆和楷书也都是在此基础之上

发展演变而来的。可见，"木"的本义就是今天所说的"树"，是木本植物的通称；现在多用于指木材、木料或某些木制的器物。

在"木"字的字形中明显地表现出了树根与树枝，在"木"这个象形字的基础上，加入指事符号构成了关于树根与树梢的两个字："本"与"末"。

《说文解字·木部》："本，木下曰本，从木，一在其下。""本"字是在象形字"木"的基础上，将指事符号一小点或一横加在上面作为指事符号，以指明树根的位置所在。甲骨文中并没有"本"字，直到周代早期才在金文中出现了"本"字，这时的"本"字，中竖的一部为主根，左右为支根，在支根的下端也用了肥笔（肥笔在金文里是常见的一种表示强调之意的线条）以强调根义。发展到小篆时，便把强调的那个肥笔取消了。后来的汉隶和现代的楷书便是在此基础上演变而来的。

《说文解字·木部》："末，木上曰末，从木，一在其上。""末"字是在象形字"木"的基础上，将指事符号一小点或一横加其上而成，表示树梢的位置所在。同样的，"末"字也是在春秋时期的金文中才出现的，与"本"相同，只是肥笔的位于"木"之顶上而已。同样的，"末"字发展到秦代小篆阶段，肥笔变作了一条横，为后来的隶书与楷书定了型。

汉字智慧

从"木""本""末"三个字的发展源流看来，其中发挥作用的只是一个再简单不过的象征性符号，先民们用一种聪明的办法和手段，创造出了新字，同时也不忘展现新字的来源。虽然如今它们已经"各奔东西"了，但只要将其放在一起，它们那原来亲密的关系，还是可以一眼就看得出来，它们之间就如同那割不断的血缘一般，将长久地继续下去。

"相"字智慧

上古时代，草木繁茂，这些树木就是人类赖以生存的重要条件，先民们要经常采集树上的果实来充饥，还要构木为巢、钻木取火，同时，树木又美化着他们的居住环境，因而，这些茂密的树林便成了先民们赖以生存的东西。在汉字中，可以看到很多的字都与树木有关，"相"字也是其中

的一个。

从古至今，"相"都是个会意字。甲骨文中的"相"，是上"目"下"木"结构，表示用眼睛仔细而呆呆地对树木察看之意。"相"字发展到周代中期，在金文中变成了左右结构，从此，"相"字的形体便基本固定了下来，发展为小篆直到今天的楷书，就都是左"木"右"目"的结构了。《说文解字·木部》："相，省视也。从目，从木。"可见，"相"的本义是指观察事物的外表以判断其优劣。许慎用"省视"来训释"相"，体现了先民们喜欢树木的心理，同时也说明了在他们看来，大地上的树木是非常值得看的，而且是百挑不厌的。

"相"字最初指观察树木，后来观察的对象不断扩大，时、地、人、物无一不可相，在此基础上引申出了人或事物的外观形貌的含义。除此之外，"相"的引申义还有很多，如"辅佐""扶助""治理"等义，古训诂学家孔颖达说："相，助也，助君所以治民事，故相为治。"所以，古代辅佐帝王之人称为"相"；"模仿"

之义，曲艺中源于民间的以语言为主要表演手段的喜剧性曲艺艺术——的"相声"的中"相"，便是此义；表示"交互""动作由双方来"之义，表示了"目"（即人）与"木"之间的相互关系。

汉字智慧

　　人与人之间的交往首先是一个相互了解的过程，这就如同看树首先要"相"木之纹一般。中国古人有云："审其好恶，则长短可知也；观其交游，则其贤与不肖可察也。"想要了解一个人，只要看他交往的是什么样的朋友便能知其大概。谨慎地选择朋友，别让那些有可能成为损友的人进入你的生活，让那些有可能成为益友的人带给你明媚的"阳光"。

"瓜"字智慧

用一个事物来描写众多事物，这是古代造字者造字时常用的一种方法。"瓜"字便是由此而产生的。"瓜"是一种蔓生的葫芦科植物，果实可以吃，种类很多，是冬瓜、南瓜、西瓜、黄瓜等到植物果实的总称。

"瓜"字最早见于金文之中，外面部分像瓜蔓，中间部分分叉处悬结的是果实。看上去就像人们常说的"瓜儿连着藤"，即藤上长着瓜的形象，是象形字。《说文解字·瓜部》："瓜，也。象形。""瓜"的本义就是"藤蔓上长着许多瓜"。小篆中"瓜"的形体与金文中的相似，发展到后来便演变成了现代楷书中的"瓜"。

人们吃瓜时，常用刀顺着瓜纹切开吃，因此用"瓜分"比喻分割或分配。"瓜分"后又指若干强国联合起来分割弱小或经济不发达国家的土地。"瓜"和葛都是蔓生的植物，人们常用"瓜葛"比喻辗转相连的亲戚关系或社会关系，也泛指两件事情互相牵连的关系。瓜熟了，瓜蒂自然脱落。"瓜熟蒂落"常比喻客观条件具备后行事，成功的机会就大，

中国有句老话：瓜熟蒂落，水到渠成。意思是：我们要根据具体的条件和事物的规律办事，才能自然地而不是勉强地达到我们的目的。这些全都是"瓜"字的引申义。

除此之外，由于"瓜"的本义是"长在藤蔓上的许多果实"，所以累累瓜果结在绵长的藤蔓上，便被用来喻指世代绵长，象征子孙繁盛。《诗经·大雅·绵》中曾提道："绵绵瓜瓞，民之初生，自土沮漆。"意思是说周人发祥于漆、沮二水，在古公亶父之时，其他地域甚小，至周文王时昌盛起来，成了一个大国。该诗是说周人的祖先们像瓜瓞一样代代相传，一直到文王时才奠定了王业的基础。

周人的事业，好像那结满大瓜、小瓜的绵长的藤蔓，世代绵长，子孙万代不变。"瓜"的这个意思便就此沿用了下来，成为祝颂子孙众多的美好祝词。

汉字智慧

"四世同堂"不仅是一部小说的名字，它还代表着中国人对生活的一种愿望，期望家族人丁兴旺，期望子孙可以如藤蔓上的"瓜"一般绵长不绝。中国人喜爱群居和族居，都希望自己年老时，能够看到子孙繁盛，人才辈出，光宗耀祖。但是今天的社会，由于人口太多，中国的家庭普遍生一个孩子，已经很少看到一个家庭子孙众多的情形了。但是追求生命力的永远延续，同样是现代人的梦想，除了生孩子外，我们现代人还可以通过其他的方式，让自己的生命延续下去，比如建立不朽的功业，修养崇高的品德，创作出辉煌的作品……我们要想"瓜"那样枝叶繁蔓，不断结出佳美的果实来。

"米"字智慧

相传杜甫自幼聪慧，祖父杜审言十分喜爱他。一个黄昏，祖孙二人漫步田野，农夫正忙着收割，杜审言触景有感，便吟诗四句曰："四个'不'字颠倒颠，四个'八'字紧相连，四个'人'字不相见，一个'十'字立中间。"杜甫沉思片刻，便说出了答案，原来，这首诗是个字谜，谜底为"米"字。

《说文解字》云："米，粟实也，象不实之形。"甲骨文中的"米"字，像散落的米粒之形，中间加一横主要是为了和沙粒、水滴相区别。甲骨学家罗振玉认为它是"像米粒琐碎纵横之状"，纯是象形。金文里没有"米"的独体字，发展到小篆阶段，"米"字上排和下排中间的两粒米已变成中间的一竖了，只在"十"字的四角有米了。在此基础上

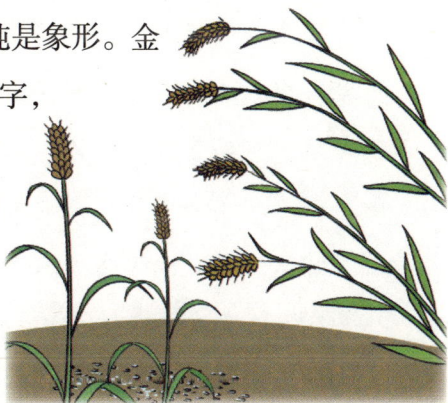

发展到汉隶时，"十"上的两粒米已变成"侧点""撇点"，"十"下的两粒米已变为"一撇"和"一捺"，与现代楷书中的"米"字已经没有多大的差别了。

"米"的本义是指去掉皮、壳的谷物，即五谷的籽实，如"小米""苞米""稻米"等，但今天已用来特指稻米了。作为人类经常信用的粮食之一，凡从"米"的字大都与粮食有关，如籼、粒、粳、糠、粟等。后来又引申为像"米"一样碎小的东西，如"虾米""花生米"等。同时，因为"米"字由"八""十""八"三个字组成，所以古人把八十八岁称为"米寿"。

汉字智慧

民以食为天，食以"米"为先，没有吃的人便失去了生存的根本。自食其力则自得其乐，若无力自食，受一点别人善意的恩惠似乎是可以接受的，但却绝不可为了五斗"米"而放弃自己的尊严与原则。一句"志者不受嗟来之食"，曾为多少仁人志士所赏识，也激励了多少人为免受"嗟来之食"而奋发自强，这其中饱含了做人的气节和为人的骨气。

"禾"字智慧

原始农业是直接从采集业演化发展而来的，在上古的刀耕火种中，先民们最早种植的便是粟和水稻，北方以粟为主，南方以水稻为主，呈现出了"南稻北粟"的特点。古人对于赖以生存的事物总是格外地关注，所以他们在对粟和水稻进行了深入的观察过后，创造出了"禾"字。

甲骨文和金文中的"禾"字，都像是一蔸成熟了的稻

禾的形状：秆、根、叶和沉甸甸勾头下垂的谷穗，生动形象。小篆中，叶和根开始变形。到了隶书中，"禾"字的形体讹变更大，两叶变成了"木"字的一横，两根则变成了撇和捺，沉甸甸的禾穗变成了禾顶上的一撇。于是，楷书相承隶书的形体，发展而成为今天的字形。

由"禾"字的产生便可知，"禾"的本义是成熟的谷子，引申义泛指谷类作物，特指谷类作物的幼苗和水稻的植株。"禾"是谷类植物的总称，但在秦汉以前，"禾"多指粟，即今小米，后世则多称稻为"禾"。在汉字中，凡从"禾"

的字，都与农作物或农业活动有关，如秋、秀、种、租等。"禾"多是一年一熟，故"禾"有"年"意。初文的"年"字与"禾"字在形体上区别不大，在甲骨卜辞里，"禾""年"二字也通用。

议字智慧

　　耕种作物的人总是希望可以遇到一个好年景，风调雨顺，好有个大丰收。一分耕耘一分收获，只有付出了，才会有收获。正如种田一样，必须经历播种、浇水、松土、除虫、耕耘……才能迎来金黄的秋收季节。如果我们将种子撒到土地上，就以为万事大吉，将一切都交给老天去处理，那么到最后只能收割到几根野草。在生活中，做一切事情都一样，与其把希望寄托在了不可知的天命上，与其把成功托之与别人，不如用自己的双手去改变自身的处境，用自己的努力为自己开拓一片属于自己的蓝天。

"来"字智慧

生物学家认为，麦子原产于中亚细亚地带，远古时代，随着民族迁徙，麦子也传入我国中原，于是有了这种粮食作物。麦子如今已成为世界上最重要的粮食作物，在各种农作物中，麦子栽培面积和总产量均居世界第一位。而"来"的意思是"由彼到此"，是"去""往"的反义词，而且是动词。二者本是风马牛不相及的，但"来"字却是因麦子而产生，且本就是麦子的"麦"字。

早期的甲骨文中，"来"字中间一竖像麦秆，秆上两侧的像是弯垂的麦叶，秆下向两边伸出的斜线是露出地面的气根。较晚的甲骨文中，麦秆顶上增加了勾头下坠的麦穗形象。在周代早期出现的金文"来"字中，麦穗讹变为麦秆顶上短横，在此时金文的基础上，"来"字的字形发展成了后来的小篆、隶书和楷书。

《说文解字·来部》云："来，周所受瑞麦来麰（大麦）。一来二缝，像芒束之形。天所来也，故为行来之来。""来"的本义是指小麦，且在先民的观念中，麦子是自天而降的天赐给人们的粮食作物。"来"又指到来的"来"，引申义有时间的经过、将要、产生、大约等。后来多借用为来往之"来"，是由彼至此、由远及近的意思。

汉字智慧

时间一天天地过，我们任由它"来"了又去，却始终无能为力。记得那首著名的《明日歌》："明日复明日，明日何其多。我生待明日，万事成蹉跎。"当我们心中有一个努力的目标时，就别再老是想着"来"日方长，看着如水的年华流逝，赶紧行动起来吧，就在现在，马上。

"国"字少一点

北宋末年，金兀术率领金兵大举进攻中原，连京城开封也被金兵占领了，徽、钦二帝当了俘虏。岳飞在国难当头之际，立志从军，要恢复中原国土。岳母为教儿不忘靖康之耻，为国捐躯，特在岳飞背上用绣花针刺上"精忠报国"四字。

岳母刺完字以后，拿来铜镜给岳飞看。岳飞通过铜镜看到了自己背上的"精忠报国"四字。不过，再仔细一看，"国"字里面少了一点，不禁问道："娘亲，你刺的'精忠报国'四字，孩儿终生不忘，不知'国'字少一点是何道理？"岳母拭泪答道："这少一点么，

只因金兵入侵中原，国都陷落，二帝被俘，如今国家无主呀。我儿要记住靖康之耻，早日恢复中原，迎接二帝还朝。"

　　岳飞带着母亲的嘱托，牢记背上"精忠报国"四字，率领岳家军奋起抗击金兵，成为流芳千古的民族英雄。

汉字智慧

　　在岳飞母亲的心中，"国"字少得何止是那一点，大片大片的领土被金兵占领，就连那代表国家权威的帝王也成了金人的阶下囚，现实已经到了国不成国的地步了，这是一份对国家的痛惜之情。也正是这一份痛惜之情，成了激发岳飞的动力，也成就了一代民族英雄。

刘墉释"休"

清朝乾隆年间，刘墉被派到南京主持破获"一枝花"的"谋逆造反"大案。为了侦察情况，他乔装成一个算命先生，在市井中给人测字算卦。

一天，一个二十几岁的青年来找他测字。刘墉对他有一定了解，他是"一枝花"集团中的一员干将，武艺高强。虽入迷途，但他心地善良，刘墉很想让他迷途知返。这青年随手写了一个"休"字，递给刘墉道："请先生测测我的生平。"

刘墉郑重其事地说："按这个'休'字来看，其意吉凶参半。'休'乃一人依木之象，草木属阴，看来先生幼年早孤，你家中只有孀母与你相依为命，可是否？"

青年不禁一惊，钦佩地点了点头。刘墉接着说："木乃东方青龙之象，一人依木原是开发之象，只是木属阴，属静，令堂贞静贤惠，只是口齿不便利。"青年听罢，想到自己聋哑的母亲为了养育自己所付出的艰辛，不禁潸然泪下："先生说得都对，请继续。"

"请莫怪我直言，这'休'字不成'体'，恐怕你小时候不成体统，是个浪荡儿。但'休'有'止'的意思。何时而止？'休'可拆十八成人。十八岁以后，你才立志改过，浪子回头。可惜此时令堂人已就木了。"那个青年此时已是泪流满面。

刘墉看他如此，说："你不必难过，将来必有后福，可报先慈于地下。"

"何以见得？"青年问。

刘墉把纸递过去道："请看纸的背面。"青年把写着字的纸翻过来，横着端详，竟然是一个"兵"字。刘墉说："'兵'字原是立人之象，你既不在行伍，则是个谙熟兵刃的好汉，必定身有武功。你再看：这'兵'字实系横倒之'木'，人卧倒木之上，虽树倒，而先生自可无恙。后半生的事业恐在

其中了。"

后来，青年投降了朝廷，在刘墉手下办差，成为一名得力干将。

汉字智慧

做人直率是一个美德，但直率并不是包治百病的"狗皮膏药"。有些时候，因为立场的不同，而无法直率地实践自己所想，就必须如刘墉一般，以一种迂回的方法，舍去大仁大义的劝说，以测字这样一种迷信的手段来表达心之所愿，也是一种极好的办法。我们可以保留自己直爽的内心，但表达内心的想法时可以采用一种委婉的方法。

珍妃巧拆"明"字

清代末年的光绪皇帝其实是个傀儡皇帝，真正执掌大权的是慈禧。慈禧太后为了手握权力，常派一些太监、宫女去监视光绪皇帝。

一个月明星稀的夜晚，光绪皇帝避开慈禧的耳目与珍妃在树林里幽会，两人坐在一起，说了很多离别愁绪的话。说到动情的时候，光绪便口中吟道：

"二人土上坐。"

珍妃听了大吃一惊，心中无限感激，但又很不安，因为虽然句中光绪用了拆字法，将"坐"字分成"二人土"，意思是说，他要珍妃与自己平起平坐。珍妃心想，自己是

一个妃子，是臣下，怎能与皇帝并肩同坐呢？于是，思索了一会儿。便答道：

"一月日边明。"

光绪听了，十分赞赏珍妃的聪明和谦恭。珍妃也巧用了拆字法，将"明"字分成日月，把皇帝比做太阳，自己比做月亮，表示了自己是借太阳光绪的光芒来照亮自己，很切合君臣之间的礼教，因此博得了光绪的欣赏。

汉字智慧

古人曾对女子有一种奇怪的评价标准：女子无才便是德。但无才的女子，却往往会因自己的无知而招致一些祸端，唯有如珍妃一般，有才又有德之女子，才能获得众人的青睐。后世常称赞能诗善文的女子为"咏絮才"。女才子大笔挥洒，气度非凡，不让须眉。这样的豪迈与潇洒并非人人可得。

刘半农发明"她"

1918 年 8 月，周作人在《新青年》的一篇译文按语中透露了刘半农一个设想：白话文兴起，再加翻译介绍外国文学作品骤增，第三人称代词使用频繁，都笼统地用一个"他"字，语言表达很不方便。刘半农便提出用"她"字来作为女性第三人称代词。他还写了一首别开生面的歌词《教我如何不想她》。后由语言学家赵元任谱曲，经百代唱片公司灌制唱片发行，成为当时流传甚广的一首歌曲。歌词中将"她"作为女性第三人称代词使用，为人们所接受。

据说有位十分喜爱这首歌曲的青年竟然猜想，作者一定是位风流倜傥的才子，很想一睹风采，便到赵元任家去探问。恰好刘半农也在，赵元任就向那位青年介绍道：

"这位就是刘半农先生。"这位青年看到刘半农颇具老态，出人意料地惊呼："原来是个老头啊。"惹得满座大笑。后来刘半农为此事还风趣地写了一首打油诗：

"教我如何不想她，请进门来喝杯茶。原来如此一老叟，教我如何再想他。"

汉字智慧

"她"字成为女性的专用字，是刘半农第一次从文化上将妇女从男性的附庸中解放出来，显示了妇女的独立性。其实，独立与否，关键在于思想。一个人从家人庇荫下，走出社会，唯有从内心深处真正的独立，才能独自面对世间的纷纷扰扰，而不是在遇到问题之后，再躲回那片遮风挡雨的树荫之下。

穷人为仁"主"

从前有个穷人姓仁名王。地方官认为这仁王的谐音是"人王",犯了大讳,便将此事禀报给皇上。皇上心想:"朕乃人王,竟然有人也敢叫'人王',真是胆大包天。"于是命令地方官将这个穷人押送到京城。

皇上经过审问,问明缘由,知道这个穷人没有那么大的胆量,并非故意犯讳,便也没有降罪,皇上对那穷人说:"朕觉得你的名字不妥,就赐你在'王'字上加一点,你以后就叫仁玉吧。"那人谢恩以后,回家却改成"仁主"。又被地方官报告给了皇上。

皇上第二次将这个穷人抓来,龙颜大怒道:"大胆,朕让你改名,你竟然违旨抗命。朕乃人主,你也想当人

主吗？真是罪该万死。"

穷人面无惧色，从容答道："皇上息怒。皇上是人主，草民是皇上的臣民，皇上赐给草民一点，草民应该顶在头上，顶礼膜拜，岂能别在腰里呢？"

皇上一听，顿时转怒为喜，放了这个穷人。

汉字智慧

穷人以对皇上的尊崇为由，满足了皇上的虚荣心，不但使自己躲避了灾祸，而且还保住了自己喜欢的名字。在人生的博弈中，棋逢对手的情况总是高手最期望的，但这样的情况却少之又少，强势与弱势总是会存在。对弱势一方而言，揣摩强势一方的心态，针对其软肋，一针见血地攻下去，便达到了保全自己的最大成功。

汉字的故事

五彩生活

谢　普　主编

卖

买

九州出版社
JIUZHOUPRESS

前　言

　　人类历史仿佛一条涓涓细流，穿越漫长的历史时空，连接着过去、现在和未来。在奔流的过程中，文明产生、发展，并不断地趋于完善。站立起来的人，不再用动物般的方式沟通与交流时，语言产生了，随之而来的便是文字，它可以记录语言，交流信息。语言把人和动物区分开来，文字把人类社会的原始阶段和文明阶段区分开来。文字更打破了语言在时间上和空间上的限制，将语言传送到远方。

　　汉字是世界上最古老的文字之一，是记录汉语的书写符号，是华夏文明的根基，是中华数千年历史文化的载体。在久远悠长的文明中，汉字以它独有的艺术魅力和认识价值赢得了人们的赞赏和喜爱，再现了人类语言中最富有魅力的古典情怀。匀称的结构、简约的形象、美好的音韵、丰富的含义……汉字给人的美感是世界上其他任何的文字都无法比拟的，正如一位伟人说的那样："世界上有一个古老的国家，它的每一个字都是一幅美丽的画，一首优美

的诗……"

关于汉字的书写，历久弥新……汉字体系博大精深，缤纷动人，其所具有的魅力一直吸引着人们去探究、去领会。

在使用汉字的过程中，人们深刻挖掘它瑰丽的美感和深厚的文化内涵，形成了一种中国独有的充满智慧的表达方式。为了让青少年充分体悟汉字的美妙，领悟古人造字的智慧，本书精心选取了二百多个常用汉字，说明它们是如何来的；通过汉字的来龙去脉，具体地解释了每个字的发展历程；以一则则妙趣横生的故事，解析汉字间的异同；用一个个鲜为人知的逸闻趣事，带你领略汉字的瑰丽与神奇；同时，配以形象的图片，与你一同走进汉字的王国，回顾汉字的前世今生，解析汉字故事的背后通道。

本书在编撰过程中，力求避免学术性的枯燥，以故事为线索，充分挖掘汉字所蕴涵的文化信息，将青少年引入一个由汉字所带来的既博大精深又美丽动人的五彩世界。阅读本书，你不仅可以从中了解丰富的汉字知识和文化，而且能够感悟更多的人文关怀和民风民俗，从而丰富自己的知识与生活，做一个充满智慧的人。

目　录

"用"字智慧

北宋时期，王安石想招一个书童，就派人传出消息，凡是想当书童的，必参加考试，考试的题目就是猜谜语。这一天，来了一个孩子，他的家里虽然很穷，但是他学习刻苦、聪明伶俐，王安石接连出了三个谜，他都很快就猜出了答案。身边的人问王安石："这个孩子用还是不用？"王安石一言不发，拿起笔又写了一则字谜："三山倒挂，两月相连；上有可耕之田，下有长流之川；一家有六口，两口不团圆。"身边的人还在奇怪呢，那孩子却高兴地跳起来，连声对王安石道谢。原来，王安石的谜底就是"用"字。

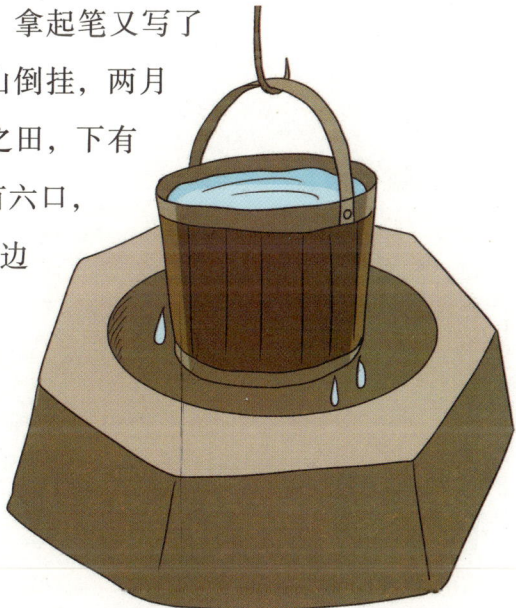

《说文解字》中讲道："用，可施行也。"这是对用的一种解释。不过由于"用"字的造字法有争议，对于"用"的本义解释，众说纷纭。

一些学者认为，"用"字像灼烧甲骨时候卜纹的走向，本义是刻在盘子中央表示可以施行的卜辞，所以其引申义有委任、使用、需要、凭借等意义，例如"用武之地"；同时，也可以表示使用的效果、财物、吃喝等，例如"用功""用药""用饭"等。也有学者认为，甲骨文、金文和小篆的"用"，形状像一只木桶，木桶可以用，所以他是会意字，从这里可以引申为施用之用，例如使用、功用（作用）、费用等词。

汉字智慧

所谓"有用"，就是能够对某些事物做出贡献之意。人从幼儿开始起，就学习各种事物、知识，修养道德，无非是希望自己将来能一展长才，有"用武之地"。而能让自己对社会有所贡献的方法，唯有刻苦修炼自己，让自己无论能力上还是道德上都有所提升，成为有用之才。

"鲜"字智慧

每当人们喝上一口美味无比的汤羹，往往会说上一个"鲜"字。"鲜"到底是什么意思呢？其实它的字体书写已经告诉我们它是如何被创造出来的。

"鲜"字的出现曾有这样一种说法。相传孔子周游列国，曾经一度困顿，因为缺衣少食，身边只有颜渊、子路、冉有、曾参等忠实信徒。有一天，孔子早晨只喝了一碗菜汤，待到中午，饮食还没有着落，弟子们没有办法，便分路乞讨。

子路捧着一块羊肉，满头大汗地跑回来，说："先生，有羊肉吃了。"孔子见状，脸上显露出笑容。刚准备点火烹煮，冉有又提回几尾鱼，收拾好了

随手放进了锅里。

　　羊、鱼同煮尚是首次，众人都没有吃过，不禁担心。不久，合烹的肉鱼很快就熟了，曾参先给孔子舀了一大碗，孔子尝了一口，觉得羊肉很香，鱼味很美，汤汁分外的好，令人回味无穷。孔子心想，鱼和羊肉合烹味道如此好，那就把"鱼"和"羊"和起来，称为"鲜"字。不过，"鲜"字是否是如此造出来的呢？先从它的字形开始分析。

　　"鲜"在甲骨文中还没有出现。金文中还有一个"鲜"字，其结构是由"鱼"和"羊"两字构成，并且"羊"字在上，"鱼"字在下，书为"鱻"。"鲜"字的小篆仍然保持了"羊"和"鱼"的结构，只是二者的位置由上下变为"鱼"在左，"羊"在右。许慎在《说文解字·鱼部》中解释："鲜，鱼名，出貉国。"古代的貉国地处北方，多吃羊肉，鲜少吃鱼。物以稀为贵，在貉国羊肉固然鲜美，但鱼肉更加鲜美。因此，貉国人用"鱼"和"羊"造出了"鲜"

字，意思是"像羊肉一样味道可口的鱼"。这才是"鲜"字的造字过程。"鲜"字的引申义有新的、刚出现的意思，例如"新鲜"一词。"鲜"字还有明洁、洁净的意思，如"鲜明"。

汉字智慧

　　古人爱新鲜的东西，现代人自然也爱新鲜，求新、求变是人类的本性，它是创新精神的原动力，因为有了对新事物的设想，为了这个设想人们才去发明和创造，人类才不断进步。"鲜"字本身就是创新精神的一种体现，现代人应该注重培养创新精神，力求给自己创造更多的物质和精神财富。

"筷"字智慧

相传，尧舜时代，洪水泛滥成灾，舜命禹去治理水患。有一次，大禹乘船来到一个岛上，饥饿难忍，就架起陶锅煮肉。肉在水中煮沸后，因为烫手无法用手抓食，大禹不愿等肉锅冷却而白白浪费时间，就砍下两根树枝把肉从热汤中夹出，吃了起来。从此，大禹总是以树枝、细竹

从滚沸的热锅中捞食，这样可省出时间来治理洪水。久而久之，大禹练就了熟练使用细棍夹取食物的本领。手下的人见他这样吃饭，既不烫手，又不会使手上沾染油腻，于是纷纷效仿。这就是筷子的最早雏形了。但是，真正的筷子出现得相当晚。

筷子原本叫作"箸"。《说文解字·箸部》解释："箸，饭敧也。从竹者声。"所说的"饭敧"就是吃饭时所使用的餐具，无疑"箸"就是后之筷子。"箸"向"筷"的转变还有一段故事。古人十分讲究忌讳，由于"箸"与"住"同音，"住"有"止""停止"的意思。人们认为，以"箸"字作为餐具的名称不吉利，人人都希望自己在事业上一帆风顺、永不停止、快快成功，所以就用"竹"和"快"二字组成的"筷"字来代替"箸"。由于"箸"多用竹子制成，所以筷就这么出现了。"筷"字的造字之所以用"竹"，是因为这种餐具多

为竹子制成；而"快"除了发音外，也有表意功能。人们希望生活中能快快乐乐，吃饭自然也快快乐乐的，所以"筷"字就这么出现了。

汉字智慧

　　"筷"字的出现体现了古人乐观的生活态度，现代人在送礼时也经常选择送"筷"，希望对方高兴、愉快，以图吉利。"筷"字展示了中国人自古到今的达观思想，不因困苦而悲伤颓废，而是以乐观豁达的视角去看待生活。现代人也应当培养这种乐观的精神，在繁忙的生活中如能保持身心愉快，则可以养身养心，不失为一个养生的好办法。

"茶"字智慧

中国的饮食非常讲究调味，调味中最主要的几味调料自然就是"柴米油盐酱醋茶"。这最后一个"茶"，就大有说道了。相传神农氏时代，人类渐渐增多，人们靠打猎难以获得足够的食物，加上什么食物都吃，常会因此得病。神农氏为此十分担忧，决心寻找能定期获取食物的方法。于是神农开始尝百草。

神农氏准备了两个口袋，一个放在左边，一个放在右边。能吃的东西放在左边的口袋，作为食物；不能吃的东西放在右边的口袋里，当作药物。他尝了一片嫩尖的绿叶，发现它落入肚子里后，把肚里的各部分擦洗得干干净净。神农氏把这种东西称作"查"，后来人们就叫它为"茶"。

"茶"在中国历史悠久，

到了商汤时代，人们就普遍饮茶。中国的茶道也非常讲究，唐朝时期传至日本，如今茶道已经成为了一种艺术，一面可以欣赏，一面还可以饮用清香宜人的茶水。

"茶"字很晚才出现，并没有甲骨文及金文体。我国是茶的原产地之一。不过古时不叫"茶"而叫"荼"。"荼"字有一字多义的性质，既表示茶叶，还指一种苦菜。后来为了书写方便和美观，人们将"荼"字去了横，就变成我们今天看到的"茶"了。关于"荼"和"茶"还有这样一个有趣的故事。民国时候，有一位官员登台演说，将"荼毒生灵"读成了"茶毒生灵"。另有一人接着登台演讲，将"洒扫应对"念成"酒扫应对"。听众一阵哄堂大笑，会场顿时乱成一片。这人抬手示意大家安静，继续说道："你们发笑，该不是认为我读了别字吧，其实不是这样，只是我刚才听演讲时，拾得

一横，无地安放。我说'洒扫应对'，就是把拾得的一横放至洒字中，变成了酒字，这有什么奇怪呢？"

"茶"在我国拥有悠久的历史，它是独具魅力的饮品，其蕴含了富有中国特色的文化内涵。古人把品茶看作个人修养的象征，品茶过程中，能通过茶的色、香、味，辨茶的好坏、产地、制法和采茶时节等。古人还通过茶来映射人的性情和处事作风。例如"苦而有味，如忠谏之可治国；多而不害，如举世之能得贤"等。

汉字智慧

茶中不禁显露了人的修养，还体现了中国的民族性格。茶道讲究不温不火、不卑不亢、天人交感。中国儒、道、佛各家都有自己的茶道流派，其形式与价值取向不尽相同。佛教在茶宴中伴以青灯孤寂，明心见性；道家茗饮寻求空灵虚静，避世超尘；儒家以茶励志，沟通人际关系，积极入世。三者所展现的饮茶态度，对人的生活都有借鉴意义。

"醋"字智慧

醋与茶一样，也是最古老的调味品。人类食用醋的历史非常悠久，有人认为约有一万多年。有关醋的文字记载，至少也出现在三千年以前。我国在数千年前已经可以掌握谷物酿醋的技术，关于醋以及"醋"字的产生，历史上有两个传说。一是相传在远古时期，夏代杜康的儿子叫黑塔，成人后他带领自己的部下东迁到现在的江苏靠近长江的镇江市一带定居下来，并在长江边上开设了一家酿酒的作坊。当酒糟用水泡至21天后，他打开缸盖，突然一股香味扑鼻而来。他一尝，感到这种东西又酸又甜，与酒不同。他想给这种物质取个名字，想了想，这东

西是用酒糟经过 21 天后才制成，于是他用"二十一日"，即"昔"字加上"酉"字造了一个"醋"字，以此字作为这种又酸又甜的物质的名称。自此，镇江的醋闻名遐迩，至今为止，镇江的醋仍然是以 21 天为一个酿制周期。

　　另一个传说是杜康造酒时，将酒糟浸在缸里，21 天后的酉时（下午 5 ~ 7 点），他揭开缸盖，一股香味扑鼻而来，再尝尝缸里的水，香喷喷、酸溜溜、甜滋滋，味道很好。于是，杜康又照此制作，并把它推广开来。后来，造得

多了，得有个专名才好。杜康想了许久，猛击一下脑门，这是二十一日酉时成功，"二十一日"加上"酉"不是"醋"字吗，就叫作醋吧。

这两个故事都体现了"醋"字的一种造字方式，不过这些都是传说，不足为据。"醋"字出现较晚，经过隶变之后成为今日的模样。在我国古典文献中，"醋"本作"醯"（xī）或"酢"（cù），被称为"苦酒"。最初的制法是用麦曲使小米饭发酵，生成酒精，再借醋酸菌的作用将酒精氧化成醋酸。春秋战国时，醋是贵重的调味品，汉代才普遍生产。"醋"字本身的结构左边为"酉"。"酉"本是古代的盛酒器，在这里指代酒，这说明了"醋"与"酒"之间密切相关。《说文解字》里认为"醋"是形声字，声旁为"昔"。醋除了本义外，还引申为嫉妒，例如醋劲儿、吃醋等，带有强烈的感情色彩。

《本草纲目》上讲："醋可消肿痛，散水气，理诸药。"说明醋还可以用药。通常 10 年以上的老陈醋药用价值比食用价值要大得多。据说，老陈醋对降血脂有独特的功效，陈放时间越长，疗效越好。在国外，用醋防治疾病也积累了丰富的经验。西方医学的奠基人、希腊的希波克拉底医师（公元前 460–337 年）曾赞赏食醋的医疗价值，并对呼吸器官的疾病、疹癣、狂犬咬伤等疾病使用食醋治疗。在罗马的民间医学中，也用醋来治疗创伤。食醋在日本也有悠久的历史，"少盐多醋"被日本人列为"长寿十训"之二的重要位置上。

汉字智慧

中国古代食醋一方面为了调味，另一方面为了养身，说明早期中国人就注重生活保健，这是人类思想进步的一种表现。健康是人的生命中最重要的东西，没有了健康几乎等于失去了一切。好身体是革命的本钱说的就是这个道理。无论是健康也好、生活也好、处事也好，现代人应当学习古人那种多吸收对自己有利的东西，这是醋文化给人们的启发。

"酒"字智慧

　　"李白斗酒诗百篇，长安市上酒家眠，天子呼来不上船，自称臣是酒中仙。"杜甫曾经作诗赞李白饮酒出诗，潇洒不羁。李白是唐代的诗人，素有诗仙的美名，而其著名的诗多是酒后所造。自古爱酒的文人骚客到处皆是，普通的市井小民也几乎日不离酒，究竟"酒"有什么魅力，值得这么多人的喜爱呢？

　　酒产生于何时呢？根据《战国策·魏策》记载："昔者帝女今仪狄作酒而美，进之禹，禹饮而甘之。"这则传说，可能是后人杜撰的，但它表明早在四五千年前，酒便与人们的生活

有很大关系，甲骨文中早就出现了酒字和与酒有关的醴、尊、酉等字。

　　"酒"的甲骨文左边为"水"，右边为"酉"。"酒"的属性为液体，所以从"水"旁。由于金文的"酒"字是个酒坛子的形状，即"酉"，在周初金文里，这是"酒"的本字，因而"酉"的本义就是酒。"酒"是个会意字。本义为用高粱、大麦、米、葡萄或其他水果发酵制成的饮料。

　　关于酒的发明创造，民间流传着许多优美的传说。相传，当年杜康造酒时，无论如何总是造不成，后来就请教了一位仙人。仙人告诉他要在某地某日的酉时取三个人的血，每人一滴，

这样酒才能造成功。于是杜康就在指定的地方去等人取血。不一会儿，过来一位文人，杜康上前说明缘由，于是那书生便在杜康的酒里滴了一滴血。书生走后又来了一位武士，杜康再次上前说明了原因，武士也在酒中滴了一滴血。武士走后，杜康等了很久也不见有人来，眼看着酉时就要过去，正在着急时，远处来了一个傻子，杜康本不想用傻子的血来造酒，但一想这可能是天意，于是就取了傻子的血。酒造成后，后世喝酒的人却逃不了这三滴血的影响：开始喝酒时，像书生一样斯文；喝了一会儿，像个武士一样声高气壮；酒醉后，就像个傻子一样糊里糊涂。这是有关"酒"的趣谈。

《说文解字》里讲：

"酒，就也。所以就人性之善恶。"这里体现了酒的引申意义。酒和饮酒被人们赋予了感情色彩，通过他们可以探出人性的美与丑。例如酒肉朋友、酒色之徒，多有贬义色彩；再如酒品，指人在喝完酒之后的情态，酒品不好的人，喜欢生事或哭闹，多被他人嘲笑。"酒"本身的作用能伤人也能救人，喝酒喝得多，对人体伤害很大，少喝则能防止血液黏稠。

汉字智慧

中国的酒文化源远流长，在古代文学艺术的王国中，酒神精神无所不往，它对文学艺术家及其创造的登峰造极之作产生了巨大深远的影响。因为饮酒常使人的思想处于飘渺自有的状态，心境逍遥，而自由、艺术和美是三位一体的，因自由、逍遥而艺术，因艺术而产生美。醉酒而获得艺术的自由状态，这是中国古代文人艺术家解脱束缚获得艺术创造力的重要途径。

"豆"字智慧

《孟子·告子上》有曰:"一箪食,一豆羹,得之则生,弗得则死。"一捧饭,一碗汤,有它就能活,没有就得饿死。"豆"字在这里并不是我们今天所说的豆子,最早的"豆"是不能吃的,而是用的。

甲骨文、金文的豆字，像一个上有盘下有高足的器皿，盘中的一横是指事符号，表示盘中所盛之物。豆是古代的一种食器，形似高足盘。据文献记载，商周的"豆"就其质地来看，主要是木制的，还有竹制的和陶瓦豆、青铜豆等，多用来盛肉。《说文》解字中讲："豆，古食肉器也。"这其中指出了"豆"的本义。

大约在战国以后，"豆"从盛肉的器具逐渐转变成为祭祀的器具。"豆"后来由食器引申为量具，又指容量单位。《小尔雅·广量》："一手之盛谓之溢，两手谓之掬，掬四谓之豆，豆四谓之区。"意思是一只手装的量叫溢，用两只手捧起的容量叫掬（捧），四掬的容量为豆，四豆的容量为一区。"豆"还可作重量单位，根据刘向《说苑》记载："大豆为一铢，二十四铢重一两。"

"豆"明明是器皿，如何变成了植物呢？古

代的豆科植物本称"尗"，把"尗"捡起来，就是"叔"，后来在上面加草字头，便是"菽"了。《诗·采菽》中的"采菽采菽"就指豆子。到了汉代，"豆"就用来表示农作物的大豆了。部分学者认为这是假借词，即借用古代食器的"豆"指菽豆的"豆"。中国是最早栽培大豆的国家，距今已经有两千多年的历史了。古往今来，"豆"都是重要的粮食作物，一方面食用，一方面榨油。

汉字智慧

　　"豆"字虽然是食物，但是人们却也赋予它感情色彩，例如比喻人愚蠢至极，就用"豆渣脑筋"一词。人若是对生活中的一切问题视而不见，也不去动用脑筋思考，抱着得过且过的想法生活，那么生活必然糟糕之极，比之一颗小小的"豆"字恐怕都不如，只能做那些被人们用完之后弃之如敝屣的豆渣了。

"有"字智慧

66 杨乃武与小白菜"之案是清代四大冤案之一,现代人几乎都知道这个故事。不过,鲜为人知的是,这起冤案之所以沉冤昭雪,竟然是诉状中一个"有"字起了作用。

杨乃武是余杭(今杭州)人,为人正直,文笔犀利,好打抱不平,得罪了余杭知县刘锡彤、杭州知府陈鲁和其他劣绅恶棍,因而被诬为与小白菜通奸,谋妻杀夫,沉冤长达三年之久。

杨乃武的姐姐杨淑英、杨乃武之续妻詹彩凤到京城上告都察院时,从运河坐船经过扬州乃武世交李耿堂老先生处,李老看了杨乃武在狱中所写的诉状,其中有"江南无日月,神州无

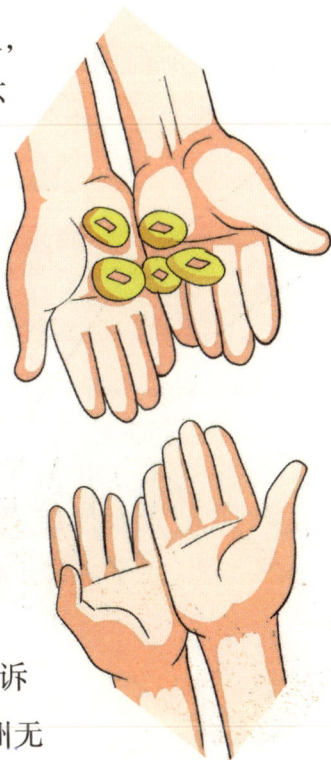

青天"一句话，李老认为第二个"无"字用得欠妥，这样触及官场太大，反而于事不利。他提笔改成"江南无日月，神州有青天"。杨乃武的诉状中盛赞神州大地上必然有青天大老爷为他昭雪，这一个"有"字唤起了某些官吏心中的正义感，而这场官司就这样被重新审理，得以破案。

一个"有"字竟然有这么大魅力，真是匪夷所思。不过，"有"到底是什么？千古以来恐怕没人能说得清楚。佛家讲究"得"与"失"不过一念之间，也就是"有"和"没有"的界限并不明显，即便是现代人也无法说清，自己有什么还是没有什么。不过在远古时期，人们的生活单纯，只求温饱，而动物是原始人主要的食物来源，他们认为，只要有动物的肉，那就是"有"了。

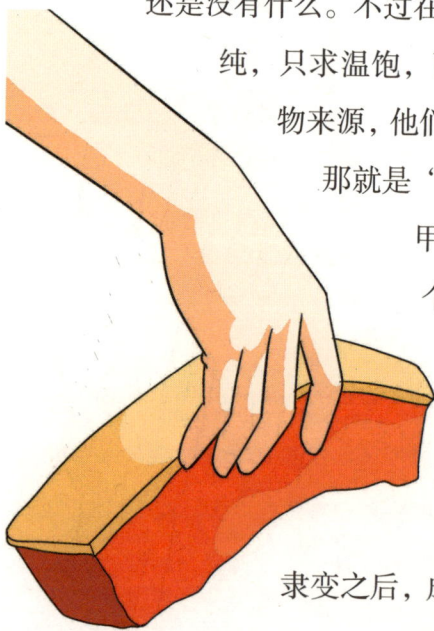

甲骨文的"有"字，是一个手掌弯曲的模样。其金文则是像人手持肉块之形，表示"持有"的意思。"有"的小篆是由金文衍生而来，经过隶变之后，成为今日人们所用的"有"

字。它的本义即指"占有""取得"，引申为"存在"之义。

　　《说文解字·有部》："有，不宜有也。《春秋传》曰：'日月有食之。'从月又声。"作者许慎认为"有"为形声字。所谓"不宜有"是不该有而有之的意思，即不该有月食却出现了月食。这里的"有"与食也有关，只不过引申为天体的食变现象。此外，"有"还有等候、等待的意思，例如"有望""有朝一日"。

汉字智慧

　　"有"与"无"相对应，没有就是无。这两个字充分体现了人性中的需求。在生活中，有些东西是自己的就是自己的，别人夺不去抢不来，不是自己该得的，也不要强求。有句俗语说："命里有时终须有，命里无时莫强求。"人们对待得与失如果能淡然视之，则可以身心轻松，活得也坦然舒适；如果一定要把"没有"变"有"，又是力所不能及，便会伤了自己，还不如放下心中的包袱，珍惜眼前的幸福生活。

"多"字智慧

在《史记·淮阴侯列传》中有这样一段话："刘邦问韩信：'像我这样的能率领多少兵士？'韩信说：'陛下能率领的兵士最多不过十万人。'刘邦又问：'那你又能率领多少呢？'韩信说：'臣当然是多多益善了。'刘邦笑着说：'多多益善，那又为何被我降服了呢？'"

"多多益善"在这里形容东西或人越多越好。"多"充分地体现了人类的需求欲。

甲骨文的"多"字是重叠的两个"夕"字，"夕"在古代指肉，表示肉多的意思。周朝早期的金文体与甲骨文体几乎相同，小篆体的"多"字，与甲骨文、金文的形体相似。清代文字学家王国维说："多从二肉，会意。"就是说"多"是以会意法造字，用两块肉构成，两块肉指代许多肉。也

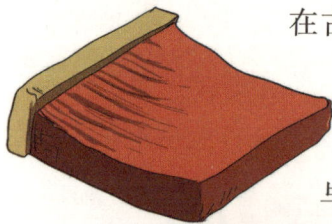

有人说，这两个块肉的形体是古代祭祀时的两块供肉。由此可见，古人造字原是以两块祭肉并列或肉相叠来表示"多"的字义的。"多"由本义的肉多引申为表示数量大。

《说文解字》中讲："多，重也。从重夕，会意。重夕为多，重日为叠。"这里解释了多字引申义。不仅如此，在《说文》中，"多"还是个部首字，既可以作义符，如"夥"，也可以作声符，如"哆""爹""眵"等字。

汉字智慧

不管是古人今人，除了灾祸，恐怕凡是对人有好处的东西，"多多益善"当然是再好不过了，但是人们也要懂得"贪多务得"的道理，凡事适可而止，对自己对他人皆有好处。

"衣"字智慧

原始人的意识并不发达，刚刚脱离低等动物的范畴，所以对于身体的暴露并没有感觉。《五经要义》一书中讲道："太古之时，未有布帛，食兽肉而衣其皮，但知蔽前，未知蔽后……"传说，中国到了黄帝时候，才开始有穿衣的说法。"衣"是如何来的呢？它又是如何被创造出来的呢？

甲骨文中"衣"字的写法看起来很像衣服的样子，上边的"人"字形部分就是衣领，两边开口处就是衣袖，下边交叉的是衣襟。其金文、小篆的字体演变没有脱离甲骨文的原形，但是衣襟是向右拐。《说文解字》里解释："衣者，人所倚，以蔽体者也。"其本意就是用来遮住身体的东西。"衣"字经过隶变之后，原本的象形意义被淡化，逐步失去了衣服的样子，字

形也在隶变后定型。

从《说文解字》里可以看出，"衣"的本义是"上衣"，泛指衣服，例如"衣冠楚楚"，后来才变成了上、下衣物的统称。由于"衣"有遮盖物体外面的意思，所以还引申为像衣服的东西，例如"糖衣"等。"衣"还用作动词，表"穿着"，例如"衣锦还乡"，指穿着华丽的衣服回家，比喻升官发财、飞黄腾达了。"衣"还作为偏旁部首使用，如果放在汉字的左边，就写作"衤"，如"衬""初"；放在字的下部写成"衣"，如"袭""裘"。

汉字智慧

"衣"是蔽体之物，展现了人的荣辱观。人们因为有了想掩盖身体部位的意识，就已经知道所谓的"荣"与"辱"，这就是人性其中的一种。人知耻就会纠正自己的行为和语言，知荣就会变得上进。"衣"给人的启示，即是让人们认识了道德和名誉的重要性。

"服"字智慧

所谓"衣服",有"衣"自然就得有"服"。不过,"服"字虽然有衣服的意思,但是它的意义远不止如此,它还有"服从"之意,而人们正是根据"服从"的"服",创造了这个字。

甲骨文的"服"字左边是一个舟字。舟是人类的一种交通工具,而"服"字的本义为使用工具,含有乘舟办事的意思。《说文解字》里讲:"服,用也。一曰车右騑(拉

车的马），所以舟旋从舟声。""服"字由本义的驾车使用工具引申为进行某种劳动，例如"服务""服刑"；如果进行某种劳动是自愿的，"服"就有了顺从的意思；服从的时间久了，就会形成一种习惯，因此，"服"字有习惯、适应的意思，例如"水土不服"；而衣服、服装的"服"字，就是适应的意思。

我国古代的服饰非常考究，不同历史时期、不同场合、不同民族的服饰特色均不一样。例如古代封建官吏所穿的公服，根据其官职的高低，服装的颜色、花纹皆有不同。唐贞观四年（630年）曾规定：三品以上着紫衣，四、五品着绯（红）衣，六、七品着绿衣，八、九品着青衣。平民百姓多穿白布。士兵在汉代衣赤，隋代衣黄，唐代衣皂色。

汉字智慧

"服"字暗含"投降"的意思。孔子说："三人行必有我师。"如果人是发自内心佩服他人，那么就要学习他人的优点，取长补短，提高自己。如果人是为了钱财、欲望等物而卑躬屈膝，这种人就只能遭到别人的唾弃，绝对不可以效仿。

"佩戴"二字智慧

古时候，大凡有些地位的人，身上皆有很多佩戴物，以显示身份的高低。现代人也以佩戴饰品来装点自己。而"佩戴"二字的字源，正是来自于人身上的装饰品的形象表现。

"佩"字的金文左侧是一个人，右侧是"凡"和"巾"，表示系在人的衣服上的装饰品。其小篆是金文的演变，经隶变字体终于定型。"佩"字的本义就是衣服上的装饰品，后来才引申出钦佩、敬仰的意思。而"戴"字出现得更加晚，只有小篆字体。《说文解字》上讲："分物得增益曰戴。"段玉裁对此做注说："引申之凡加于上皆曰戴。"也就是说，

凡事在某物上加盖了东西，就是"戴"了，而戴的本义是增益。《尔雅》中讲："戴，覆也。"这里的"戴"虽然与本义有关，但却是名词动用法，表示加在头、颈、面、肩上、胸上的装饰物。所以其实佩戴二字几乎同意，但却又各有不同。"戴"还有引申义，表示敬佩、爱戴的意思。

汉字智慧

　　"佩戴"二字用于古今，皆表示装饰的意思。其实人们装饰自己、装点周围的环境，无非就是希望给自己制造一个愉悦的环境。即便自己有了优厚的外貌和生活条件，也要锦上添花一番，好上加好，美上加美。虽说过于修饰自我有一点矫揉造作，但是适当地通过各种方式使自己变得更美，未尝不好，人们总是期待更美好的事物，这是天性，虽然不可以纵容或过于奢望，却可以适当地去追求。

"每"字智慧

每一天，每一刻，每一分，每一秒，世界都在发生着变化。"每"在这里不过是个虚词罢了。但是"每"字最早却不是这个意义。鲁迅先生是我国现代伟大的思想家、文学家、革命家，人们都知道，鲁迅先生在用笔来革命，而他本身却是学医出身，不过，他却在考证方面颇有建树。例如，鲁迅先生就曾经过认真考证后认为，"每"字是"戴帽子的太太"。

甲骨文的"每"字像一个敛手俯前跪坐在地上的女子，她的头上戴着锦的类装饰。女子头戴羽翎，是美的象征，因此"每"字的本义是指妇女之美。在遥远的古代，"每"和"美"字的构造方法和意义都是相近的，后来"美"字专用来表示美丽，而"每"

字则被借用来做虚词，表示"往往""时常""逐一"等义，它的本义几乎很少人知道。

《说文解字·中部》上讲："每，草盛上出也。从中，母声。"许慎考证认为，"每"是一个形声字，表示草木旺盛的生长。后来有学者认为，"每"字下面的"母"喻指土地，即人们常说的母亲大地，上部指草，上下两部分会意为"各种植物能茂盛生长"，含义是"所有的母亲都对她的每一个孩子予以相同的关怀"。现代一般把《说文》里的解释作为"每"字的本意，而不提它与"美"的关系。

汉字智慧

大地对每一棵草木、人类都是平等的，是草木和人类在选择它，"每"正蕴含了这样的意义。人们在吸取自然的乳汁同时，也应当学会反哺。力的作用是相互的，奉献往往也是相互。你珍惜生活的每一点滴事物，生活对你也会有点滴回报。而点滴积聚越多，往往就会成为海洋。

"履"字智慧

古语有云：千里之行，始于足下。人要是想得到什么，必须亲身实践，才能有所收获。不过，如果足上没有鞋，人可就寸步难行了。早期没有"鞋"字，古代的"鞋"称为"履"不过，"履"多用来表示行走，所以人们又造了"屦"字，来表示鞋。

"履"字的出现也并不早。从这个字的造型可以看出，"履"从尸，即表示"人"，从彳（chì），表示与行走有关。这是一个会意字。本义是用脚踩，即践踏。《说文解字》中讲："履，足所依也。"指的是鞋的本意，是为名词。而"履"被用作动词之后，引申意义有实现的意思，即履行、履约。

　　春秋时期，楚灵王亲自率领战车千乘，雄兵10万，征伐蔡国。这次出征非常顺利。楚灵王看大功告成，便派自己的弟弟弃疾留守蔡国，全权处理那里的军政要务，然后点齐大军继续推进，准备一举灭掉徐国。楚灵王的这个弟弟弃疾，不但品质不端，而且野心极大，不甘心仅仅充当蔡国这个小小地方的首脑。弃疾手下有个叫朝吴的谋士，工于心计。一天，他对弃疾说："现在灵王率军出征在外，国内一定空虚，你不妨在引兵回国，杀掉灵王的儿子，另立新君，由你来摄政，如此将来你当君王必定顺理成章。"

弃疾听信朝吴的话，引兵返楚，杀死灵王的儿子，立楚灵王另一个儿子子午为国君。楚灵王在征讨途中闻知国内有变，儿子被弟弟杀死，心中悲痛至极，上吊自杀了。在国内的弃疾知道楚灵王死了，马上威逼子午自杀，自立为王，弃疾就是臭名昭著的楚平王。

汉字智慧

后世《淮南子》的作者刘安曾评价楚灵王和弃疾的故事说："听信坏人的话，使父子、兄弟自相残杀就像砍去脚趾头去适应鞋的大小一样（犹削足适履），太不明智了。"一双鞋子适不适合自己，要看自己的脚，而不能根据鞋。凡事不能本末倒置，解决问题也不能只图表面，否则最后只会损害自己的利益。

"行"字智慧

中国有句名言："三百六十行，行行出状元。"这句谚语是家喻户晓、妇孺皆知。这句话就是说，各行各业都有干得非常出色的人才。"行"在这里指职业，但最早的"行"字指的是道路。

"行"的甲骨文像是一条路，分出两个岔道。金文与甲骨文几乎相同，只不过岔道变成了直路，看起来像是一个十字路口。而小篆体的"行"是由甲骨文和金文演化而来，其象形意义被极大地削弱了。"行"字隶变之后，字体确立下来。《说文解字》中解释："行，道也。"指出了

"行"的本义，为道路，根据这个意思，"行"引申为排列，通常直排为一行，竖排为一列。在古代军队的编制中，二十五人为一行。后来，"行"直接代表军队，例如说某人"出身行伍"，意思就是说某人是当兵出身。"行"字又由单只军队贬为指代社会职业。"三百六十行"中的"行"字就是职业的代称。

为了方便起见，人们将"行"字动用，念作"行"（xíng），表示"走"的意思，例如"行军""远行"；由"走"衍生出活动、举动、办事，例如"行为""行动"；由"行为"再引申出品德之意，例如品行、言行。此外，"行"还有将要、能够的意思，例如行将就木、真行（表示很有能耐）等。"行"还可以表示流通、传递，例如推行、发行。

汉字智慧

俗语有云："读万卷书，行万里路。"人获得知识有两条道路，一条是实践，一条是读书。李白、司马迁、沈括、徐霞客、李时珍都是行万里路，躬身实践，才有所大成。而"行万里路"就是所谓的实践。马克思主义哲学中讲：实践是检验真理的唯一标准。人们在吸收知识和书本经验时，一般都是来自于他人，只有实践过后，为自己所用，才是属于自己的知识，这样方能更高层次地提升自身的能力。

"走"字智慧

《左传·曹刿论战》中曾有一段描写敌军逃亡的情景："弃甲曳兵而走。"有人不禁要问，都丢盔弃甲了，怎么还用"走"呢？应该跑才对啊。事实上，古人所谓的"走"，就是现代人的"跑"了。所谓"徐行曰步，疾行曰趋，疾趋曰走"，就是这个意思了。

甲骨文、金文、小篆的"走"字上半部分均像一个摆动手臂的人形，下半部分是一个脚形，整个字像一个人迈开大步朝前奔跑的样子。《说文解字》中讲："走，趋也。""趋"指的是快步走，而"走"的本义即是跑。到了近代，"走"字才渐渐由跑步之义转变成行走的意思。现代汉语的"走"就是走路，引申义为离开、移动、变化、趋势、拜访、修路、打通等意思。"走"字还作为偏旁，在汉字中广泛使用，例如赴、赶、超等。

汉字智慧

"走"字的典故很多。古有三十六计，最后六计是败战计，而败战计的最后一计就是"走为上"。意思是"如果用了前边35条计谋都不能成功，那最后干脆一走了之吧。"就是逃跑。这就叫"三十六计走为上策"了。不过，中国传统精神主张"宁为玉碎，不为瓦全"。历史上很少有人把这条计谋拿来津津乐道。但是我们可以辩证地看"逃"这一词。

"舟"字智慧

在《圣经·创世纪》中曾记载了这样一个故事。人类互相残杀，暴力和罪恶充满人间，上帝后悔造了人，于是想要消灭地面上的一切生物。但他又舍不得消灭所有生物，于是他引发了一场大水，同时又提前告诉他认为有道德的人类——诺亚，让他带着家人和少数生物，乘坐船活下来，开始新的生活，重新繁衍生命。

    2 月 17 日那天，诺亚 600 岁生辰，巨大的水柱从地下喷射而出；天上的窗户都敞开了，大雨日夜不停，下了整整 40 天。水无处可流，迅速地上涨，比最高的山巅都要高出 15 吋。凡是在旱地上靠肺呼吸的动物都死了，只留下方舟里人、动物以及植物的种子安然无恙。方舟载着上帝的厚望漂泊在无边无际的汪洋上，直到后来上帝让水退去，诺亚他们才活了下来。

    这就是著名的"诺亚方舟"传说。人类著名的文明发

祥地都在河流的周围，如黄河、长江、恒河、美索不达米亚两河流域、尼罗河等，它们一方面带给人们肥沃的土地，同时也带来了水患，古老的方舟故事就体现了人与水患间的关系。不仅如此，人们为了横渡江河湖海，探索更远的地方，很早就学会了造舟、造船。上古有"天子造舟，比舟为梁"之说，意思是古代统治者把船造好，排起来，作为桥梁，用来渡水过河。

舟船最早起源于石器时代，距今大约有7000多年的历史。人类首先发现可以乘坐漂浮在水面的树木或竹子到达彼岸，还发现将多个树干或竹子联结在一起可以使更多的人或物横渡江河，于是，浮筏出现了。随着生产力水平的提高，人类将树木加工成木舟、大船，最后，能够横渡整个地球的汪洋，船只追随人类进步的脚步产生出来。回过头来说"舟"字，它是一切船只的始祖，它是如何被创造出来的呢？

甲骨文、金文的"舟"字，像一只小船，其本义即为船。"舟"字的小篆体稍稍有所变化，象形字的意味减弱，经过隶变之后，"舟"字的形体确定下来。"舟"除了船的意思以外，又用作器物名，古人称搁茶碗的小托盘为"茶舟"，也叫"茶船"。而"舟"字也作为偏旁部首来表示凡是与船有关的汉字，如舫、舰、艇等。

汉字智慧

　　荀子就曾经说过："假舟楫者，非能水也，而绝江河。君子生非异也，善假于物也。"凭借小舟，不会游泳也能度过江河；君子与别人没有什么区别，就是善于凭借其他的物质来为自己所用。人之所以为万物之灵长，就是懂得动脑筋和探索，当人们看到江河湖海的时候，想到的不是后退，却是造舟渡过，这就是人类进步的最原始动力。

"车"字智慧

世界历史上的第一部车子是中国人的祖先发明的。据说，4600多年前的黄帝发明了车。早期的车由两个车轮架起车轴，车轴固定在带辕的车架上，车架上附有车厢，有的用来盛放货物，有的用来载人。而"车"字的古文字型，就是古代车辆的形象描述。

甲骨文的"车"字是俯视图，两轮在下，车架扶手在上；

而金文的"车"字是横视图，突出了车厢，把马车上所有的结构，包括舆、轮、轴、辕、衡、轭等均表示出来。"车"字演化为小篆之后，为了方便书写，只留下一根车轴上有舆（车厢）

和两轮了。"车"字隶变之后，是其繁体字，作"車"，到了现代才发生简化。

考古发现最早的车是商周时期的战车，以后也用作载物。最初的车辆，都是人力车；后来人们开始用牛、马拉车，称为畜力车。据传说，畜力车是商汤的先祖相土和王亥共同发明的。先秦时期，马车的架数（马的数量）可以看出一个人的身份，传说中有"天子六架"，只有高高在上的帝王才能用六匹马拉车。"天子六架"本是传说，但前些年在洛阳，一群建筑工人在地底下挖出了大型马车化石，其中就有"天子六架"，形状叹为观止。

"车"由原来的步行代替物引申义为机器、牙床

骨、用车床切削东西等，如车床、辅车相依、车光。"车"字还做偏旁部首，凡从"车"的字，大都与车及其功用有关，如轮、轨、载等。传闻黄帝的姓氏之所以是"轩辕氏"，与其在战争中发明的一种车战法有关。打仗时，将士都站在战车上；停战休息时，战士围成一圈，统帅立在中间，只留一个空当做门，以便士兵保护统帅。古人把有布幕的战车叫作"轩"，两车中间空当称为"辕"，因此发明这种车战法的黄帝，就称为轩辕氏了。

汉字智慧

　　车到山前必有路。车子来来往往，总会把崎岖的山路变成宽敞大路，这句话比喻人们遇到困难时，关键时刻总有办法可想。这其中的乐观精神，可见一斑。"车"字的出现，本身就是人们为了方便自己行动，它也是人们因为走路累，逼不得已才创造出来。有时候人们与其为了解决一件事情而煞费苦心，却不得其法，还不如静观其变，也许办法就会接踵而至。

"登"字智慧

自古以来，登山都得到人们的青睐，人们从最初单纯地翻越山岭，发展到对山巅景物的由衷喜爱，继而将登山看作一种运动，至今这种室外活动都受到广泛喜爱。"登山"，顾名思义，自然地用腿登了，"登"字在这里的意思是"升，上，从下而上"。然而，"登"的本意却不是如此，它的本义与车有关，《说文解字》云："登，上车也。""登"字的意思就是上车，而它的古文字形，就是这个意义最好的描述。

甲骨文的"登"字，从癶豆。上面是"癶（bō）"的甲骨文，表示两足叉开的背面；下面的"豆"，表示有足的架子，整个字看起来像一个人踩着车底下的脚架登

车。"登"的金文和小篆就是由甲骨文演化而来，字形几乎没有变，经过隶变之后，字体确立为我们今日实用的"登"字。"登"的本义有"登上"的意思，所以引申为"从下而上"，"登山"一词就是这么来的；由"从下而上"又引申为进献之意，例如登荐，表示进献。后来，"登"又由进献之意转为增加的意思，由此又用来表示农作物丰收，例如"五谷丰登"。此外，"登"还有死亡或成仙的意思，例如，登天、登仙；也有即刻、马上的意思，例如登时。

汉字智慧

　　"登"字本身含有上进的意思，古代科举考试如果考好了，就曾用"登科"一词来形容。荀子曾说："登高而招，而见者远。"站得高望得远，这是普通百姓常说的俗语。人达到的高度越高，看到的东西就越多，见识也就越广。《孟子》也提道："孔子登东山而小鲁，登泰山而小天下。"孔子登上泰山，天地一览无余。这里表面上盛赞泰山之高，风景之美，实际上还是指人的眼界、视点要不断寻求突破，超越自我。

"危"字智慧

《说文解字》有云："危，在高而惧也。"人登得高，自然会产生恐惧的心理，这就是"危"的本意。而"危"字的造字就是根据这种现象而来的。

"危"的甲骨文看起来是一个悬挂的东西。而其小篆

字形上面为人，中间表示悬崖，下面表示腿骨节形状。它意味着一个人站在山崖上，表示地理位置特别高。由"危"的本意出发，有恐惧、忧虑的意思，例如"人人自危"；再由这个意思引申为威胁、摧败，例如"危害"。

以"危"开头的字的成语有很多，例如"危若朝露"，意思是朝露见日即干，比喻人的生命危在旦夕；又如"危言耸听"，指故意拿吓人的话语来吓唬他人。

汉字智慧

有"危"必有"险"，正常的人面临危难，怎能不害怕、不退缩。然而，也有人做到临危而不惧，这种人通常大智大勇。不过，人在遇到危险情况时，也要看自己的能力，正所谓识时务者为俊杰，如果遇到不可抗力的情况，应当选择退避，以保全自己，无论对身心都是一种解脱；但如果涉及大义，就应当勇敢面对，而不能做缩头乌龟，一副心惊胆战的小人模样，这样的人只会遭到鄙视。

"工"字智慧

春秋时期，鲁国有个技艺非常高超的木匠梓庆。他能制作各种精巧的木器，尤其擅长制造一种叫鐻的乐器。一次，他用木头削雕成一个鐻，它外形美观，花纹精细，见到它的人都惊叹不已，不相信这是人工做出来的，而好像出于鬼神之手。鲁国的国君见了这个鐻后，特地召见梓庆，问道："你是用什么方法制成鐻的？这么精妙的手艺就像是鬼神用斧头做的一样。""鬼斧神工"由此而产生。人与动物的根本区别，就是人懂得制造并使用工具，先民们开始使用文字后，就根据工具的形状创造了"工"字。

甲骨文和金文中的"工"字，像是斧头或铲

状的工具的形状，下面部分是斧头的锋刃或铲刃，上面部分则是方便握持的柄。由此可以看出，"工"的本义是古代的一种生产工具。"工"字的字形一直以来都未发生巨大的变化，后来的小篆和楷书中的"工"字也只是在甲骨文和金文的基础上，下部由原来的斧头锋刃或铲刃变成了一横，但其意义并未发生变化。

　　"工"的本义是古代的一种工具，后来引申为凡使用工具干活的人都叫作"工"，如《论语·卫灵公》："工欲善其事，必先利其器"的"工"，泛指工人；"百工"指西周时期工奴和各种手工业工人的总称。

　　对于"工"的本义，有的学者提出了不同的看法，如许慎在《说文解字·工部》中说："工，巧饰也。像人有规矩也。"他认为"工"是一种技术性很强又十分细致、巧妙的工作，干起来必须按照一定的章法行事。这种观点同样也是从"工"字的字形得来的，他们认为"工"上的两横描写的是上下两根绳线或木玉石之类的东西，中间一竖是一条贯穿的东西，由此"工"的本义为贯穿。而在玉石上穿孔是颇费心机的，必须有高度的技巧和功夫才能完成，因此，"工"便含有精雕细刻之义。

汉字智慧

　　最高超的鬼斧神"工"之技也不过是熟练的产物，孔子说："学而时习之，不亦说乎？""温故而知新。"德国哲学家狄慈根说："重复是学习之母。"这些关于学习的方法同样适用于现实生活的各个方面，那些在别人眼中看到的不可思议的本领，全都是在一次又一次的重复中，逐渐锻炼出来的，只要掌握了这个的关键，你也会拥有令人羡慕的鬼斧神"工"之技。

"专"字智慧

中国的原始社会经历了旧石器时代和新石器时代两个阶段，到了以磨制石器为主的新石器时代，中华民族的先民们就发明制作出了纺线的工具，这种工具名为"纺专"。纺专是由陶质或石质做的一个圆形的"专盘"，中间有一个孔，插一根杆"专杆"。纺纱时，把麻或其他纤维捻一段缠在"专杆"上，然后垂下，一手提杆，一手转动圆盘，就可以促使纤维牵伸和加拈。

待纺于一定长度后，就把已纺的纱缠绕到"专杆"上去。如此反复，一直到"纺专"上绕满纱为止。"专"字的产生，便与这种纺线工具有关。

甲骨文中的"专"字，左边为一只"手"的形象，右边部分即为纺专的形状，即"叀"。整个

字形合起来就是用手进行纺织的活动。金文中很少有"专"字出现，到了小篆时期，"专"字的字形从左"手"右"叀"变为了上"叀"下"手"，但其纺织的形象仍可见端倪。经过后来的隶变与楷化之后，"专"字讹变成了繁体字中的"專"字。"专"的本义为纺织的工具"纺专"，后来，"专"字多为"单独""单纯""独一"等义。在汉字中，所有从"专"的字多有"盘旋""转动"等义，如抟、传、转等。

汉字智慧

　　无论做什么事情，都需要专心致志，用心去发现和运用其客观的规律性。只有这样，才能做到事半功倍，取得显著的成效。一心一意才能发挥人最大的潜力，如果为外界所侵扰，三心二意，终究会使自己无功而返。

"铸"字智慧

《史记·封禅书》："黄帝作宝鼎，象天地人。"《说文解字·鼎部》："昔禹收九牧之金，铸鼎荆山之下。"《墨子·耕柱》："昔者夏后启使蜚廉折（采）金于山川，陶铸于昆吾。"这些历史记录都说明了我国早在夏朝或夏朝之前便已经出现了铸造技术。但"铸"字在甲骨文中很少出现，直到进入青铜时代以后，才有了"铸"字。

在最早的金文里，"铸"的字形构成非常的清晰，由四个独立的部分构成：手、鬲、火和皿，整个字形像是以"双手"把"鬲"（新石器时代晚期出现的陶制炊器，宽口，圆身，三足空心。商周时代，开始用青铜制造）放到"火"上去熔炼金属以铸成器"皿"。在稍晚的金文中，"鬲"

下的"火"已经省略掉了，转而以"金"作意符，以"畴"作声符，字形大大繁化了。而战国时代的金文"铸"字，则又趋于简化："双手"和"鬲"都不要了，只留下了"金"旁和"畴"旁，并将"皿"变而为"口"，实际就是"金"旁"寿"声了，已变为形声字。以这个时期的"铸"字为基文，发展出了后来的小篆、隶书和繁体字，形体都与其基本一致。后来，为了便于书写，于是将"铸"字的两部分"金"旁和"寿"旁都分别做了简化，最终变成了今天楷书中的"铸"字。《说文解字·金部》："铸，销金也。从金寿声。"可见，"铸"的本义是熔炼金属浇制成器，后来引申出"陶冶""培养"等义来。

汉字智慧

　　古代社会中，人们的"铸"不外乎两种：祭祀之器与战争之器，很多的祭祀也与战争有关，在那些战火纷飞的时代，过度的死伤让人们的生活充满了一种悲凉的气氛。经历了无数次的交锋之后，战争与和平，人类很明智地选择了后者，但在日常的生活中，明智的人们却再次陷入了迷雾之中。

"理"字智慧

和氏璧，是一块价值连城的宝玉，关于它还有一个悲惨的故事。楚国一个叫卞和的人，得到了一块玉璞，将它献给厉王，厉王命玉人鉴定，结果说是块石头，厉王便以欺上罪砍了卞和的左脚。之后，武王继位，卞和又将玉璞献上，结果仍说是石头，卞和的右脚也被砍去了。文王继位，卞和抱着玉璞在楚山下哭了三天三夜，眼睛都哭出了血。

文王得知此事后，派人去询问，卞和说明了原委，文王便命玉人"理其璞"，从中得到了宝玉，后命名为"和氏璧"。这其中的关键便在于"理"。

《说文解字·玉部》："理，治玉也。从玉里声。顺玉之纹而剖析之。""理"以玉为意符，专指依据石头的纹理，将玉从璞石中剖离出来的过程。

在整个发展的过程中，无论是金文、小篆，还是隶书、楷书，"理"字的字形基本没什么变化。

"理"以"王"为形旁，以"里"为声旁，"理"的过程是依据玉石的纹路而进行的，所以引申为物体的纹理或事情的条理，如"文理"等。"理"的本义是把玉石雕琢加工，制成玉器，由此而引申出"治理""整理"的意思。同时，"理"还有一个非常重要的引申义——"道理"。凡是人心所向的，合乎原则的客观事物及其规律在人们意识中

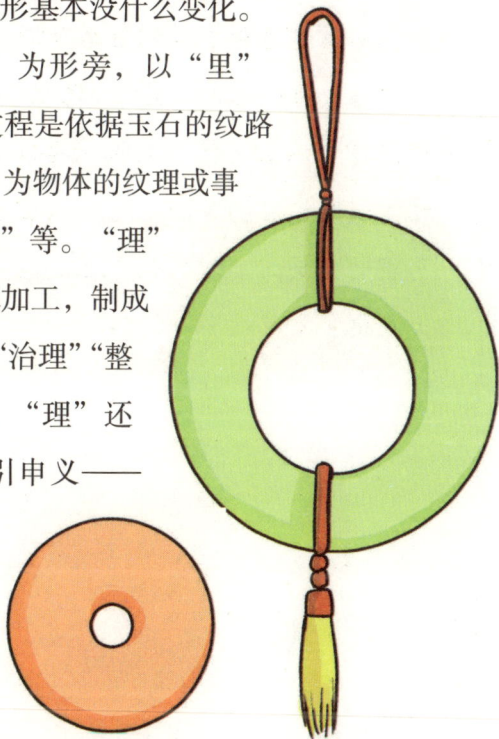

的正确反映，便是"真理"；凡是经过奋斗能够实现的符合客观发展规律的想象或目标，便是"理想"。

汉字智慧

　　真理一直是人们追求的目标，也是人们追寻的一种境界。那些可以称之为真理的不应该只是掌握在极少数人的手中，也绝不可能会被这些人独占。我们愿意欣赏那些我们智力范围之内可以接受的事物，有一句话叫作"实践是检验真理的唯一标准"，中国自古以来流传下来的一些俗语和谚语，便是经过了实践检验的真理，它们以最通俗的方式阐述了真理的意义。"理"无专在，向人们展示了真理的大众化。

"染"字智慧

春秋时期，有一天，公子宋和子家去见郑灵公。公子宋突然动了起来，他对人说："我的食指又自己动了，今天肯定有好吃的。"二人进宫后听说楚国进献了一只大鼋给郑灵公，郑灵公决定分赐给众大臣们品尝品尝。到了分肉的时候，唯独公子宋没有分到，他见众人吃得津津有味，再也忍不住了，站起来走到大鼎前，伸出指头往里蘸了一下，尝了尝味道，然后，大摇大摆地走了出去。鼎是权力的象征，公子宋的行为激怒了郑灵公，还差点丢掉了性命。从此，人们用"染指"指分取不应该得到的利益，也指插手某件事情。

故事中的"染"在现实生活中，总是会被人们写错，误将其中的"九"写成"丸"。最早的"染"字出现于小篆中，"染"字由"水""九"和"木"字组成的。裴光远云："从木，木者所以染，栀茜之属也；从

九，九者染之数也。"古人常用栀子树的果实和茜草的花作染料，"染"字中的"木"指可染色的草木；"水"是染色必不可少的材料；"九"在古代常用作表示多数，这里指古人染色的次数很多，即指染色的过程。"染"的结构，从一个侧面反映了古人给布帛着色使用染料，配制染色液及着色的方法。"染"的最初义是给布帛等物着色，古人把用笔着墨或颜料写字以及作画等举笔落墨之事也叫"染"。给白色的布着色，尤其是着黑色，使其变暗，给人一种使布帛受污染的感觉，由此而引申出"污染""玷污"等意思。如《尚书·胤征》："旧染污俗，咸与维新。"

汉字智慧

　　俗话说："近朱者赤，近墨者黑。"环境如春风细雨般，潜移默化地影响着人们的一切，包括气质、修养等。真正能做到"出淤泥而不染"者实在令人钦佩不已，但所谓的不变，可能也只是自己的一种感觉，在别人眼中亦未变者，恐怕少之又少。耳濡目"染"的威力其实很大，小心选择所处的环境，警惕自己无意识的变化。

"重"字智慧

相传，清朝乾隆年间河南有个著名的才子庞振坤，为人正直、诙谐。与他同村的一个财主贪婪吝啬。一次，财主老婆生了第八胎，通知十二天后宴请佃户，来者礼物越重越好。佃户们已经被这个财主搜刮了七次，于是便去找庞振坤想办法。十二天后，庞振坤领着身背石头的佃户们来到财主家。财主见了大加斥责，庞振坤不动声色地说道："你不是说送礼越重越好吗？"说完，就与佃户们吃酒席去了。财主气得哑口无言。

庞振坤巧妙地利用了"重"字的不同含义，既解决了佃户们的难题，也让财主吃了一个哑巴亏。"重"有很多意思，财主所说的"重"是"价格高"的意思，而庞振坤却故意

理解成"分量大"的意思，令财主无话可说。从字源上来看，"重"的本义是人背着分量很大的东西，所以感到沉重。

甲骨文中的"重"字，是一个人弯着腰，正吃力地用背驮着一个上下捆扎着袋口如包裹状的东西的形状，看得出来此人背上东西很沉重，这便是先民所表达的"重"的本义。金文中，将此重物与人组合成一体，又省去人足，并在足下平添一横表示地面。小篆中"重"字的构形与金文中并无太大的差异，但是在经过隶变后的隶书中，"重"字竟有点像"千""里"两字的组合了。

汉字智慧

　　这个分量很大的"重"，带给人的可以是压力，也可以是由压力转化而来的动力。成功人士和平庸之辈最根本的差别，不在于天赋，而在于有没有远大的抱负。树立自己人生的航向，就如同黑夜中燃起不灭的灯，照亮我们前进的方向。它带来的不只是一个压在肩上的重担，还是一个推动前行的动力，正所谓引"重"致远便是此意。用远大的抱负照耀平淡的生活，才能簇射出绚丽的光芒。

"贝"字智慧

从前有个老秀才，他有个儿子嗜赌成性，为此他终日担心不已。一天，儿子回家，看到桌子上有一首诗："贝者之人不是人，只为今贝起祸根。有朝一日分贝了，到头成为贝戎人。"儿子看了不明就里，便向父亲请教。秀才说："第一句，'贝''者'合为'赌'，好赌之人，只想坑人，这能算人吗？第二句，'今''贝'合为'贪'，好赌之人，皆有贪心，就此埋下了祸根。第三句，'分''贝'合为'贫'，好赌之人，必将以贫困收场。最后一句，

'贝''戎'合为'贼'，没钱就去偷，这可是条不归路啊。"儿子听了从此洗心革面，不再赌博了。

在远古时代，贝类不仅可以作为食物，还被广泛用于人体装饰、生活用品、劳动工具和随葬品等。更值得一提的是，我国最早的商品交换媒介，就是贝。甲骨文和金文中的"贝"字，都像海贝贝壳的形状。小篆中的"贝"是头部伸出两根细长触角的海贝。在小篆的基础上，发展出了楷书繁体中的"贝"字。

《说文解字·贝部》："贝，海介虫也。""贝"的本义是有介壳的软体动物的总称，但在古代主要是指海贝。上古时代，由于中原地区距海远，人们只有跋山涉水、辗转千里才能得到贝壳，所以"贝"在古代被先民视为珍宝。先民最初把贝壳作为装饰或护身之用，但只有帝王诸侯及贵族才用得起。随着生产力的发展，原始商业经济开始发展，"以物易物"的交换方式越来越不能适应社会生活的需要，人们便把贝壳作为商品交换的媒介，成为了原始的货币，直到秦代才以钱代替了"贝"。所以，凡是从"贝"的字都同钱财有关，如"贸""贱""财"等。

汉字智慧

华丽的事物可以首先吸引人的眼球，也会引来一阵艳美的呼声，珠宫"贝"阙更是现代心中向往已久的一个梦。对于华丽的追求，人们众说纷纭，有人说是爱慕虚荣的人所渴望的生活；也有人说是一种生活态度，是品位和格调的象征。无论哪一种说法，只要是在自己经济能力范围内的，自己认为合适的方式便是一种享受。盲目追求奢华，只会吃力不讨好，反而走向其反面，落下个凄惨的下场。因此，奉劝追求华丽的各位，华丽也有阴暗面。

"易"字智慧

《周易·系辞下》中有一段关于中国最古老的商贸活动的文字记载：神农氏时，"日中为市，致天下之民，聚天下之货，交易而退，各得其所。"这里"交易"的"易"为"交换"之义。

甲骨文中的"易"字、一正一反，其中的半圆是半个太阳的象形，与半圆紧密相连的长弧线是一条挡住太阳的浮云，旁边的三点是从云缝里透射下来的阳光，也可以说是表示多云的"多"，因为古人以"三为数之众"。这与我们常见的浮云蔽日，阳光散射的现象是一致的。在古文字中，同一个字即使相反，但其实质是相同的。金文中的"易"，半边的太阳、散射的阳光都没有变，只是把蔽日的游云的长弧线变为先向左拐，后向右弯的弧线罢了。部分金文中

太阳里有一个黑点，就是我们所见的太阳黑子。发展到小篆阶段，"易"字的上部已变成了"日"形，弧线的下部和三点阳光讹变为"勿"，字的结构变成了上"日"下"勿"。于是，"易"这个会意字便循着这个形体发展为今天的楷书。

从"易"的起源与结构看，其本义是"乍晴乍阴""天明天暗""经常变换"，甲骨文卜辞里常有"易日""不其易日"；"易日"是"好天气"，"不其易日"便是"天气不好了"。这只是许慎说解的其中一种而已。除此之外，还有的人认为"易"即蜥蜴类的爬虫，是个象形字，上相头，下象四足。无论是哪一种起源，"易"字都在后来引申出了现代最常用的一种含义："变换""更易"，由此而产生了"交易"一词。

汉字智慧

事物的发展总是有一个产生、发展、繁荣和衰落的过程。在路上，如果遇到了衰落，保持前行的唯一办法就是移风"易"俗，用一种更新的东西取而代之，才能跟得上时代的步伐。

"商"字智慧

武王伐纣，灭了商朝。至周成王年幼，管、蔡二叔与纣王之子武庚联兵反叛。周公东征平叛后，将洛阳建为军事要塞，称为"成周"。商朝遗民被迫集中到洛阳，周朝人叫他们为顽民，经常被召集训话，不许乱说乱动，过着被监视的生活。他们为了生存，只好东奔西跑做买卖，久而久之，买卖商品的商业成为殷朝遗民的主要行业了，"商人"由此而来。这里的"商"字是"贩卖货物"之义，但上古的"商"字则是作为商星的专用字出现的。

早期的甲骨文中的"商"字是由两个部分构成的：中间部分，两个圆"日"（亦即"星星"）表意，其余的部分上层是甲骨文的"言"字去了"口"，下层是"内"字。晚期的

甲骨文中，"商"字开始变形，原本表示星星的两个"日"被省掉了，并在"内"的里面加了个"口"。自此之后，"商"字中就再也看不出星星的痕迹来了。周代的金文是在晚期甲骨文的基础上演变而来的，发展到小篆阶段，在整个"商"字的上部又加上了一短横。经过隶变之后，"商"字的隶书发生了更大的变化，已与现代楷书中的字形相差无几了。

关于"商"有许多相关的记载，王国维《观堂集林·说商》认为"商之国号，本于地名"，《史记·殷本纪》中"契封于商"，二者中的"商"均为朝代名；《考工记》说："通四方之珍异以资之，是谓商。"这里的"商"便是"经商"之义。

汉字智慧

在重农抑商的中国古代社会中，"商"总是一个会被人鄙视的行业，但人们却忽视了"商"的存在对整个社会的发展所具有的意义，仅从其与"工"的关系来说，便有通"商"惠工之便。世间的事物总是相关联的，我们身处复杂的社会环境之中，要想谋求自身的安全与生存，就绝对不能忽视那些与我们息息相关的力量。

"买" "卖" 的智慧

在中国古代的历史中, 西周中期以前, "货币还主要是为贵族的商业服务, 至于一般平民的交易, 大都还是物物交换, 而交换的商品也只限于日用必需之物。"(《中国古代货币史》) 一直到了春秋战国之后, 商业才逐渐发展起来, 打破了贵族阶级对财富的垄断。以货币买物的现象不再为贵族所独有, 同时一些破落的贵族也不得不出卖原来属于他们的财物。"买卖"也就相应地诞生了。

甲骨文的"买"字, 上部是"网", 下部是"贝", 表示用网捞贝, 最早的意思是"获得"; 后来因为"贝"成为了货币, "买"字便引申出"用货币(贝)把东西购进来"的意思。金文和小篆中, "网"和"贝"

都在文字发展的过程中变得面目全非了。后来隶书和繁体字中的"买"字上部的"罒"是"网"的初文的变形。发展到宋元时期，为了方便书写出现了根据草书楷化而来的楷书"买"字。"售人之物，入者为买"，却拿钱去换东西，把东西购进来，称作"买"。

与"买"相对的便是"卖"，"卖"字最早出现于金文之中。金文中的"卖"字，上部从"视"，下部从"贝"，

大意是"看货币的多少而作价出售"的意思。小篆中的"卖"字，字形发生了很大的变化，上部的"视"讹变为了"出"，下部的"贝"则讹变为"买"，即把货物出售以换钱便是"卖"。隶书与繁体字中，"卖"字的上部再次讹变，由"出"变为了"士"。而现代楷书中的简化字则是后人根据唐高宗李治草书中的"卖"字楷化而来的。

汉字智慧

　　商人要善于捕捉商机，不失时机地买进卖出。商业的利润源于买卖的差价。买卖的时机一到，就要当机立断。因商品价值值得买进而进场，即使时机不对，也不致遭到重大亏损，等到行情到达疯狂时，就是卖出的良机。抛售和购买时的基本原则，就是"贵出如粪土，贱取如珠玉"，即"买"贱"卖"贵。

"市"字智慧

《诗经·陈风·东门之枌》中说，陈国妇女受当时风气影响，"不绩其麻，市也婆娑"，意思是放下手里的绩麻的活计不做，到市上婆娑起舞，在众人面前展示自己的风姿。可见，当时已有明确的"市"的概念了，而且这里是人员聚集的地方。同时，这些聚集于此的商人贾客、贩夫贩妇等人，在官吏管理下，在"市"上做买卖，显示了"市"作为财货集散之地的作用。

《说文解字·门部》："市，买卖所之系也。""市"字的出现要比以物易物，互通有无的产生要晚很多。"市"

字最早出现于金文中，上部是表意的"之"（去，赶集的意思），下部是表音兼表意的"勹"。"勹"字又可分为两个部分，上部的"八"是"分"的意思，下部是拉牵（走）的意思，整个"勹"字是在市场（集市）以物换物，分到东西，各得其所挑拉走了。发展到小篆阶段，上面部分的声符没变，下面部分却出现了很大的变化，外面的部分有表示市集三周的墙垣之意，里面的部分根据许慎的解释为"及，像物之相及也"。经过隶变之后，发展成了隶书中的样子。之后，隶书中中间冒顶的部分变成了一个点，才形成了现代楷书

中的"市"。

"市"的本义是人们集中进行交易的场所,早在《周易·系辞下》中便已有了"日中为市,聚天下之货,交易而退,各得其所"的记载,明确指出了"市"的本义。由于"市"是人口聚集之地,必然人口稠密,所以便把工商业发达、人口密集的地方(城镇)称之为市。后来,"市"又派生出了"买""卖"两义,又由此而引申出"物价""价格"之意。

汉字智慧

　　"市",商人的舞台与战场,要想在这片天地中,收获期望之物,必须要有一定的基础。商业活动中,遵守诚信之道,能为自己聚拢人气、创造声誉。因此,"货真价实、童叟无欺"就成为许多商家招揽顾客的招牌;"市"无二价就成了许多商家标榜的原则。信誉是商业活动的重要原则,恪守"信誉"二字,并自觉地将信誉贯彻到商业交往中去,在经商过程中树立起牢固的信誉观念,是每一个成功的商人必备的品质。作为一个商人,只有赢得了信誉,才能占领市场,得以发财致富。

"向"字智慧

《齐民要术》中有这样一句话："闭户塞向，密泥，勿使风入漏气。"意思是把门户关起来，把窗户也塞起来，保证密封之后再涂上泥巴，以确保风不会从外面进到屋子里来。这里的"向"与《诗经·豳风·七月》中："穹窒熏鼠，塞向谨户"中"向"的含义相同，都是"窗户"的意思。

无论是最早的甲骨文，后来的金文、小篆，还是现代的楷书，"向"字的字形基本没有什么大的变化，都像在

一座房屋的墙壁上开着一个窗口的形状，也就是今天所说的窗户。

"向"是个象形字，《说文解字》云："向，北出牖也。从宀，从口。"这里所说的"北出牖"指的就是向北的墙上的窗。"向"的本义专指朝北的窗口。上古时期，先民营造的房屋多是南北向，前为堂，后为屋，而且在前堂后屋里还开窗以通气采光，先民把窗通称为牖，把朝北的窗称之为"向"。"向"是先民为了夏天通风而在墙上打的

一个洞,当冬天到来之前,他们就一定会将其堵上。这个"向"字真实地反映了上古时代人们居住条件的简陋。

"向"字由朝北的窗户引申出"对着""向着"的意思,如《庄子·秋水》:"于是焉河伯始旋其面目,望洋向若而叹。"此外,"向"字还引申出"方向""往昔""旧时"等意思。此后,"向"指"朝北的窗户"这个含义便消失了,于是古人又创造了一个"窗"字来取代"向"的本义。

汉字智慧

俗话说:"石看纹理山看脉,人看志气树看材。"一个人只有有了明确的目标和远大的理想,才会朝气蓬勃,勇往直前。不同的人有不同的志向,就像登山一样。有的人发誓要登上最高的山,有的人却只想攀上丘陵。唯有有了远大的理想,在实现理想的道路上坚定不移,一路"向"前,才能取得骄人的成就,毕竟"伟大的动力来自伟大的目标"。

"门"字智慧

相传，王安石老年罢相回家后，请了个叫鲁慧的木匠为他设计宅院。一天，鲁慧将设计好的图样拿给王安石看，王安石看了，赞许不已，最后在图样的空白处写了四句诗："倚阑干东君去也，霎时间红日西沉，灯闪闪人儿不见，闷悠悠少个知心。"鲁慧一看就明白了，这四句诗谜的谜底都是一个"门"字，说明王安石对门的设计不是很满意。于是，鲁慧便回去又将门的设计做了修改，改过

之后的图样，王安石看了大为赞赏，这所宅院就是著名的半山园。

《说文解字·门部》云："门，闻也。从二户相对，象形。凡门之属皆从门。"甲骨文中的"门"字，由两扇门上面加一横木构成，门框、门楣，无一不备，是一座完整的门形。可见早在商代晚期，房屋建筑中门的结构就已与现在相近了，几千年来门的形制几乎没有什么变化。金文中，"门"

字去掉门楣，但仍保留着两扇门的原形。此后的小篆与楷书繁体都是在此基础上稍做调整发展而来的。

人类还在穴居时期，便已经知道要在洞穴的进出口处，加上用竹木藤条编织的用来挡风雨和抵御野兽攻击的门扇，"门"字便是据此而产生的。进入阶级社会后，"门"不只是供人出入的通道，还反映着房屋主人的地位和等级。唐代诗人崔郊的"侯门一入深似海，从此萧郎是路人"中的"侯门"便是对官宦富户而言的。同时，一门之内居住的多为一家人，"门"又引申为"家""家族""门第"等意思，过去婚姻中讲究的"门当户对"中的"门"便是"门第"之意。

汉字智慧

敞开"门"扉，打开心灵，才能看到更为宽广的世界。国际奥委会主席盛赞北京的奥运会是"无与伦比"的，世界各国来参加奥运会的人也纷纷表示此次北京的盛会是一次"开放"的盛会。这不仅仅是国家政策的开放，也是民众意识的开放。

"井"字智慧

《淮南子·本经训》记载：传说大禹治水时，一个名叫伯益的人发明了凿井的技术和从井中取水的方法，龙得知此事后，害怕自己会被人类伤害，便驾着乌云逃往昆仑山。且不论这个传说是真是假，最起码表现出了先民们用自己的力量战胜自然的事实是不可磨灭的。还有一个传说，远古时候，有一年，天下大旱，人们不仅无法播种，

连日常吃水也成了问题。神农氏之子章，在兰池女神的授意下，率领大家寻找水脉，终于挖到了地下河流，做成了圆圆的井。自此，用水有了保障。"井"字的造型便是根据"井"的形状创造的。

甲骨文的"井"字，像一个水井井口上四周相互交叉的木石井栏，中间部分的空白处为井口，生动形象地表现出了"井"的本义为"水井"。金文和小篆中的"井"字，与甲骨文相比，中间的井口部分多了一点，以此来表明井中有水。

因为"井"字依据其象形而创，之后所有形似水井的事物皆可称"井"，如天井、矿井等。"井"不仅可以发展农业生产，还可以解决人们的生活用水。先民们就围绕饮水井筑房居住。古代制度，同一乡里以八家共井，也就是《说文解字·井部》中所说的："井，八家一井。"后来井引申指乡里、人口聚居地。商周时期，统治者为了便于管理老百姓，实行了井田制。将一里见方的地划分为九个区，形如"井"字，每区百亩，八人各分地区耕种，而中央为公田，各家"同养公田"。由于井田制的划分规定明确，分布整齐，所以"井"字还有"整齐""有条理"之义。

汉字智慧

克拉克在《优秀是教出来的》中提道："把你希望做到的事情尽最大可能地细节化。"所谓的细节化，其实就是条理化。在现实生活中，如果每一件事情都能做到"井""井"有条，那么生活不仅会高效很多，而且成功的几率也就增加了很多。

汉字的故事

自我认知

谢普 主编

九州出版社
JIUZHOUPRESS

前　言

　　人类历史仿佛一条涓涓细流，穿越漫长的历史时空，连接着过去、现在和未来。在奔流的过程中，文明产生、发展，并不断地趋于完善。站立起来的人，不再用动物般的方式沟通与交流时，语言产生了，随之而来的便是文字，它可以记录语言，交流信息。语言把人和动物区分开来，文字把人类社会的原始阶段和文明阶段区分开来。文字更打破了语言在时间上和空间上的限制，将语言传送到远方。

　　汉字是世界上最古老的文字之一，是记录汉语的书写符号，是华夏文明的根基，是中华数千年历史文化的载体。在久远悠长的文明中，汉字以它独有的艺术魅力和认识价值赢得了人们的赞赏和喜爱，再现了人类语言中最富有魅力的古典情怀。匀称的结构、简约的形象、美好的音韵、丰富的含义……汉字给人的美感是世界上其他任何的文字都无法比拟的，正如一位伟人说的那样："世界上有一个古老的国家，它的每一个字都是一幅美丽的画，一首优美

的诗……"

关于汉字的书写，历久弥新……汉字体系博大精深，缤纷动人，其所具有的魅力一直吸引着人们去探究、去领会。

在使用汉字的过程中，人们深刻挖掘它瑰丽的美感和深厚的文化内涵，形成了一种中国独有的充满智慧的表达方式。为了让青少年充分体悟汉字的美妙，领悟古人造字的智慧，本书精心选取了二百多个常用汉字，说明它们是如何来的；通过汉字的来龙去脉，具体地解释了每个字的发展历程；以一则则妙趣横生的故事，解析汉字间的异同；用一个个鲜为人知的逸闻趣事，带你领略汉字的瑰丽与神奇；同时，配以形象的图片，与你一同走进汉字的王国，回顾汉字的前世今生，解析汉字故事的背后通道。

本书在编撰过程中，力求避免学术性的枯燥，以故事为线索，充分挖掘汉字所蕴涵的文化信息，将青少年引入一个由汉字所带来的既博大精深又美丽动人的五彩世界。阅读本书，你不仅可以从中了解丰富的汉字知识和文化，而且能够感悟更多的人文关怀和民风民俗，从而丰富自己的知识与生活，做一个充满智慧的人。

目　录

"男"字智慧

中国古代发展到母系氏族社会后期,农业产生并得到了很大的发展,由于男子的体力优势,他们逐渐成了农耕的主要承担者。人类历史开始由母系氏族社会向父系氏族社会过渡,并逐渐形成了"男主外,女主内"的家庭模式。农业生产是男子应从事的劳动,从"男"字的造字过程便可见一斑。

甲骨文和金文中的"男"的字形都是左"田"右"力"。"田",外围方整,中间阡陌纵横。"力"是一种耕田农具的形状,这种工具即古代的"耒",它的上部是木制的柄,下部是犁田的"犁头",加起来表示有力量。"力"在"田"旁,意思是致力于农田耕作。所以,"男子力于田"即"男"

字的本义。"男"字发展到小篆阶段，字形变为上"田"下"力"。

在当时的社会中，有力气、有技术的青壮年很受尊敬，被称作"男"；有些以农为主的部落的首领也叫作"男"；后来，五等爵位（即公、侯、伯、子、男）的第五等爵，也叫作"男"。"男"字直接反映了古代社会的生产力和生产关系，也直接反映了从"母性中心"递变为"男性中心"社会的问题。

经过长期的演变后，"男"字的形象仍然可以清楚地看到创造之初，所要表达的含义。它不仅表现出了古人造字的来源，同时，也记录了人类社会发展过程中，一个至关重要的历史阶段——"父系氏族社会"的逐渐形成与壮大。

汉字智慧

俗语有云："好男儿志在四方。"身为男子，应有气概和眼量，应该有放胆施为、勇敢担当的想法，因为他们比女性有更多的力量，这样的人才配得起"大丈夫"一词。

"女"字智慧

在如今这个提倡男女平等的社会里，女子的地位正在不断地提高，但自从父系社会以来，中国历史上长期存在的男尊女卑的观念却渗透到了社会生活的方方面面，包括"女"字的产生，也受到了这种观念的影响。

"女"字是一个古老的象形字，甲骨文中的"女"，是一个双手交腕敛在腹前的端庄地以脚板垫着臀部坐着的女子的形象。她头上的一横，是根横插在盘起的头发上的簪（用来挽住头发的一种首饰，古时也用它把帽子别在头发上）。从前，男女到了成年和婚后，都要拢发戴簪的；所以我们的祖先便抓住这些特征来创造"女"字。"女"字形象正是古人家居的姿势，古人并不像现代人那样坐在椅凳上，而是如"女"字初形所描摹的那样，双膝着地而臀

部压在脚后跟上。女字造字的形象思维与"男"字之形突出男子以农耕为职业的特征相类似，父系社会形成后，女子在家庭中的地位下降，她们的主要任务是从事家务劳动，"女"字的字形正是强调了古代妇女主内持家，依赖男子为生，处于被统治被奴役地位的特点。《白虎通·嫁娶》云："女者，如也，从如人（"如人"就是听命于男人）也。"对甲骨文形体的"女"字，也有人作出了不同的解释："象侧立俯首敛手屈膝形，表示女子温柔顺从之意。"

从甲骨文到金文，"女"字形象变化很大，女子头上的簪筒省掉了，头身相连了，腿脚拉直，整个字横斜过来。到了小篆时期，"女"字中女子的坐姿和脚开始有了变化。

在此基础上，进一步发展成了现在楷书中的"女"字。

"女"的地位并非从一开始便是如此低下，也曾有过辉煌的过去。在母系社会里，妇女在氏族社会中居于支配地位，无疑也支配男子。世界各民族历史的发展，普遍经历了这一历史阶段。这一历史现象在汉字中也得到了反映，汉字中许多表示姓氏的字是从"女"的，如姬姓、姒姓、姜姓、姚姓等。

虽然女性的社会地位在历史上发生了变化，但在生命的历史中，女性却与男性一样重要，这个世界如果没有女性，想想该多恐怖。女性的美丽，女性的温柔，母性的慈爱……这一切都使这个世界变得美好。

汉字智慧

一句窈窕淑"女"，不知招来了多少的艳美与追求；一部《我的野蛮女友》，也引领了一种新的时尚。温柔，这个曾经女子唯一必备的特征，在当今的社会中，却不再是评价窈窕淑"女"的唯一标准了。可爱、野蛮、善良、勇敢、有才等，只要是真实的，无一不是美丽的，这种美丽的多元化，让身在现代社会的女子，更多了几分自由与幸福。

"妾"字智慧

中国古代社会实行的并非是现在的一夫一妻制，男人在明媒正娶之后，还允许纳妾。结发嫡妻称为元配，其余的均可归为"妾"。有名分的妾称侧室、偏房，她们的存在被家族和社会认可，但也仅限于此而已，她们与嫡妻的地位有着天壤之别。生前，她们必须小心侍奉丈夫及他的嫡妻、他们的孩子甚至自己的所生；在社会上，她们与丈夫的官品带来的诰封无缘，也不能在婚寿宴席上露面；死后，她们也不能够和丈夫合葬，牌位不能入宗庙。她们低贱地生活着，甚至过着与佣人一样的生活。而"妾"字的创制则真实地记录了古代女子受压迫受奴役的事实。

甲骨文、金文和

小篆中的"妾"字字形基本相似，下面是一个面朝左跪着的女人形象，上面是个"辛"字，是古代的一种刑具。整个字形合起来的意思是：正在受刑的女人，即古代常说的"女奴"，或者是侍候主人的丫头、女佣。《说文解字》中说："妾，有罪女子，给事之得接于君者。"可见，从一开始，"妾"的本义就是"女奴"。《尚书·费誓》："臣妾逋逃。"意思是：男女奴隶都逃跑了。孔安国为这句话做的注解是：从事劳动的那些下等人，即奴隶，男的叫臣，女的叫妾。在奴隶社会里，"妾"就是女奴的代名词。当时的"妾"除了要在劳动上受奴隶主的剥削外，还要为奴隶主唱歌跳舞，供奴隶主玩乐。

汉字智慧

　　此后，"妾"的地位虽然有所提高，但仍然也只是"替补"而已。无论如何，在本就男尊女卑的社会中，"妾"始终都处于婚姻生活的最底层，是整个家庭中最悲惨的一群人。幸而这个悲惨的人群已经从历史的舞台上退场了。婚姻只有在男女双方生命平等的前提下结合，才有幸福可言。

"奴"字智慧

闻一多先生在《妇女解放问题》一文中说："女字和奴字，在古代不但声音一样，意思也相同，本来是一个字，只是有时多加了一只手（即'又'），牵着女而已。那时候未出嫁的女儿叫'子'，出嫁后才叫'女'或'奴'。"陆宗达先生在《训诂简论》中论述有："氏族社会中处置战败的敌人的男女有所不同，男子被杀死，妇女则作为妻子被收养入族，其实也就是奴隶。"无论是谁的训释中，"奴"总是与女子有关的，而在"奴"的造字结构中则清楚地反映了这一点。

《说文解字·女部》："奴，奴、婢，皆古之罪人也。"所谓罪人就是奴隶。其后引申为凡是罪人均指"奴"。如《史记·季布栾布列传》："布为人所略卖，为奴于燕。"也有人对"奴"

字所表达的含义有不同的理解，他们认为"奴"字从"女"从"又"，其意思为女人是终日从事苦力劳动的人，这与"奴"字所表达的"女奴"的本义是一致的。

汉字智慧

　　古代的历史中，"奴"只是从属于主人的，但在崇尚人权的现代社会中，每个人都是一个独立的个体，每个人都有追求幸福生活的权力，每个人都有权对别人提出的要求说"不"。不要为了迎合他人而去做自己讨厌的事情，不要为了融入大家而勉强自己，不要为了不好意思而大包大揽，勇敢地说出自己的想法，从为"奴"为婢的日子中跳出来，搬开这块幸福路上的绊脚石，别再做随手就可丢掉了便利贴了。

"好"字智慧

《世说新语·言语》记录了这样一个典故：东汉时期，有个名叫司马徽的人，别人无论和他讲什么，他都回答"好"。一天，刘员外来到司马徽家，因为他的儿子杀了人，被押进了死牢，只等秋后问斩了，于是便来找司马徽帮忙。一见面，刘员外便说："我儿不孝，犯了王法。"

司马徽接口说："好。"刘员外一听，强压怒火继续说："我儿现在被押在死牢，秋后问斩。"司马徽说："大好。"刘员外气得转身就走。

这时，司马夫人上前道："人家儿子要死了，你还说'好'？"司马徽连忙说："夫人，你这话说得再好不过了。"因此人们戏称他为"好好先生"。那么究竟何为"好"？

图形文字中的"好"，像

个坐着的妈妈双手端着孩子，面对孩子感到孩子很可爱，想亲他，先民就是用妈妈（"女"）抱孩子（"子"）这个形象创造了"好"字。

甲骨文里的"好"字，其构形是以图形文字为基础的。妈妈的两手变成敛收腹前，而孩子已经站到妈妈的膝前，且孩子的两只小手从欢跃高举变成了平伸的一横。到了金文时期，孩子离开了妈妈的怀抱，站到地上来了，妈妈的形体也开始发生了一些变化。

小篆中，"好"字的形体变化就更大了，妈妈与孩子的位置也互换了，此后的楷书便是在此基础之上相沿而来的。

"好"由"女"与"子"组成，展示了先人们对妇女生育的一种赞美，以及在他们心中"好"女的标准：一是要善于生孩子，二是要能精心抚养孩子。商朝著名的"妇好"便是因其会生孩子而得到了很多的赞美。

有的学者认为"好"的本义是"美""漂亮"，《说文解字·女

部》："好，美也。"《诗经·周南·关雎》："窈窕淑女，君子好逑"，其中的"好逑"就是美丽的对象，由此而引申为喜欢、喜爱等意思。

汉字智慧

　　"好"的判断标准可能因时因地因人而异，但总的来看，客观的、共同的标准还是存在的，即一切美的、善的事物、行为，或使人愉快、给人以美感的事物、行为，都是"好"的，这个标准古今一致。俗话说，"良言一句寒冬暖"，在生活中，我们要在坚持是非原则的基础上，尽量说善良的话、美好的话，这不但能让别人心情愉悦，还能让自己也感到快乐。"好"言"好"语，与人为善，是人际关系的润滑剂，也是事业成功一剂良方。

"如"字智慧

《说文解字·女部》："如，从随也。从女，从口。女子从人者也。"许慎清楚明白地表达了"如"字的本义"遵从""依照"。女子在中国古代社会中，一直处于从属的地位，少年时从属于"父亲"，出嫁后从属于"丈夫"，丈夫离世后从属于"儿子"，漫长的人生始终不过是别人的附属品而已。这样的处境，在"如"字的字形中也可以看得出来。

甲骨文中，"如"字的左旁像"女"，但又不是"女"，"女"是两手交叠放在胸前的，但这个人的两手却是被反绑在身后的，其实是一个双手被反绑在身后的俘虏。俘虏的背后有一"口"，像是将受到"口"讯受审。整个字的意思就是：被俘者行将受到"口"

讯，必须老实顺从。这就充分体现了"如"字的本义。到了战国末期，金文的"如"字中，双手反缚的战俘讹变成了双手叠放胸前的"女"，开始表示"好像""相似"之意。此后的小篆和楷书均是在金文的基础之上演变而来的。

　　"如"字在其本义的基础上，引申出了许多其他的含义，如《左传·僖公三十年》里"臣之壮也，犹不如人"中的"及""比得上"之义；《史记·项羽本纪》里"坐须臾，沛公起如厕"中的"去""往"之义；《论语·先进》里"如用之，则吾从先进"中的"假如""如果"之义等等。

汉字智慧

　　日常的口头表达，文学作品中的书面阐述，人们习惯用比喻来让别人更清晰地了解自己想要表达的真实内容，"如"便成了一个必不可少的字眼。

"夫"字智慧

相传，乾隆与宰相张玉书微服私访，见一农夫在田间劳作，乾隆便针对"夫"字发表了一番高论："农夫是刨土之人，上写'土'字，下加'人'字；轿夫肩上扛竿，写'人'字后，再加二根竿子；孔夫子上懂天文，下知地理，先写'天'字出头便是了；夫妻是两个人，先写'二'字，后加'人'字；匹夫是指大丈夫，这个'夫'字是先写'一'字再加'大'字便是。"

一个"夫"字，根据不同的职业特点，作出的拆解千差万别，但"夫"字的真正来源却只有一种。今天，娶了妻子的人称为"夫"。但在古时，男子成年便称"夫"。

甲骨文、金文的"夫"字生动展示了男子汉大丈夫的形象，它从大从一，是一个双臂稍张平站地上的人（即"大"），头顶戴簪（即"大"

上"一"横）的形象，它的本义即指成年男子。按照古制，男子到了二十岁即"弱"时，便要在宗庙中行束发（以簪拢起头发）加冠的礼数，是谓"弱冠"，男子到了弱冠年龄，就可以为人"夫"了。冠礼由父亲主持，并由指定的贵宾为行冠礼的青年加冠三次，分别代表拥有治人、为国效力、参加祭祀的权利。此后，男子要把头发盘成发髻，然后再戴上帽子。"夫"字的字形，正反映了这一古制。到了小篆阶段，将"大上加一"的形体讹变为"大下从八"。此后，楷书又以金文形体为基础恢复了"大上加一"的字形。

"夫"的本义为成年男子，在古代，男子成年后，就要从事各种体力劳动，"夫"又引申为不同体力劳动的人，正如乾隆所提到的"农夫""轿夫"等；男子成年始成婚配，故"夫"可引申指丈夫，即女子的配偶，与"妇""妻"相对。

对"夫"字构形的理解还有一种新颖的观点，其认为"夫"不只表示一般的男子，它其实向人们展示男子中有志之士的风采。"夫"字中的"人"把两手张开，就成了"大"，即"大人"。在古人的观念中，再大的事物也大不过"天"，所以造字者在"大"字上再加一横，而成为"天"字。但是，人并不甘心做"天"的奴隶，所以令"天"字出头，便成了"夫"字，这是一种冲天气概的体现。

汉字智慧

　　不明就里卷入纷争且大喊愿为朋友两肋插刀，不是大"丈夫"气概；工作中受了气对妻儿大吼大叫，不是大"丈夫"气概；面对劲敌担心被对方打倒，不是大"丈夫"气概……真正的大"丈夫"气概不只是无畏与强势，而应该是一种智慧与韧性。明辨是非之后，给予朋友最合理的建议；在外如猛虎一般，而非在家中；可以被打倒，但绝不会为此而屈服……

"妇"字智慧

北宋时，王安石和王吉甫两人是好朋友，经常聚在一起谈天说地。一天，王安石出了一个字谜："左七有七，横山倒出。"王吉甫一听便猜出王安石所说的字，却没有直接说出谜底，而是自己出了一则谜语："一上一下，春少三日，你猜我猜，合是一对。"王安石一听，哈哈大笑。原来，王安石和王吉甫的谜底分别为"妇"和"夫"字。

"夫唱妇随"是很久以来人们一直期望的一种美满的婚姻生活状态，但单从这个成语的字面意思便可知其中的"妇"处于被动的地位。在男尊女卑的社会环境中，与具有冲天气概的"夫"比起来，"妇"便只是一个"打扫卫生的女人"而已，这一点在"妇"的造字历程上便可以看得出。

《说文解字·女部》云："妇，服也。从女持帚，洒扫也。"甲骨文和金文中的"妇"字，

左边为"帚"字的象形字，是一把打扫卫生的扫帚；右边是一个"女"字。整个字形像一个长跪女子手持扫帚打扫卫生，表明其服侍丈夫、操持家务的身份。到了小篆时期，"妇"字的左右部分作了调换，也逐渐线条化，但其基本的形象仍然存在。在小篆的基础上，经过长期的演变之后，讹化成了繁体楷书中的"妇"字，由于其结构相对复杂，最终简化为现在楷书的字形。

从字音上看，许慎以"服"训释"妇"字，《大戴礼记》曰："妇人，伏于人者也。"又以"伏"训释"妇"字，这实际上提示了"妇"与"服""伏"的同源关系。在古人的观念中"妇"是"服"和"伏于人"的。"妇"是与"夫"一个相对的概念，所以，"妇""服"与"伏"的对象自然是"夫"。仅"夫""妇"二字，就赫然表明了婚姻关系中男女双方夫尊妇卑的地位差异。

"妇"的本义为"打扫卫生的女人"，但它与"女"又有区别，"女"是对所有女性的通称，而"妇"指已婚女子。平常说"新妇"，就是新结婚的女子。"少妇"，意思是年轻的已婚女子。但是"妇"最早是一种带有等级意味的称呼，《礼记·典礼》载：天子的妻子叫作后，诸侯的妻子叫作夫人，大夫的妻子叫作孺人，士的妻子叫作妇人，老百姓的妻子叫作妻子。

汉字智慧

封建社会对女性的要求是要其遵守妇道，最突出的就是要"三从四德"，就连在人人期望的"夫唱妇随"中，"妇"也只是应和的那一个，完全将女性的智慧埋没于附和之中。一句"唯女子与小人难养也"，一句"头发长见识短"，已经成了历史，如今的"妇"人，她们拥有的智慧与见识，有时能让男人也叹为观止。在今天，妇女与男子一样，可以接受教育，可以从政、经商、搞学术研究……各行各业都涌现出了许多女中"豪杰"，如英国首相撒切尔夫人、科学家居里夫人、作家波伏娃、美国评论家桑塔格……她们都凭靠女性的智慧，攀登上了人生事业的顶峰。妇女的智慧，就像褪去浮尘包裹的明珠，散发出璀璨夺目的人性光辉，照耀在这个世界。

"妻"字智慧

《礼记》里说："女子……十有五年而笄。""女子许嫁，笄而醴之，称字。"意思是说：从前的女子到了十五岁便可以待字闺中，候聘出嫁为人妻了。十五岁对古代的女子而言是一个分界线，女子到了十五岁，便要举行一种隆重的仪式，亲友群集，由家长把她的头发用笄（读姬，簪子）梳挽起来，戴上花饰，以盘发插笄来表示这女子已经成年，可以出嫁为人妻了，因此十五岁时被称为"及笄"。

"妻"字便是根据当时的风俗礼仪创造出来的。甲骨文中的"妻"字，左边是一个跪跽的或被奴役的女子形象，这个女子的头发显然是飘散的，右上方有一只手正伸向女子的头部，将她的头发抓住。可见"妻"是一个会意字，其意

思是：用手去抓住一个女子的头发。发展到金文时期，"妻"字的字形并未发生很大的变化，只是由之前的左右结构变成了上下结构，下部是一人双手交叉叠放腹前端庄地坐着的女子的形象，在她的头上，有一只手正为她插戴笄饰。这个字发展到小篆时，"女"发生了变化，不再是坐姿；头饰也已简化为三叉形，像株草了，但"手"的形态还依旧不变。到了隶书阶段，小篆的圆转线条变成方折而有波势的笔画，"女"形已全变，"手"已变为"彐"，"头饰"已变为"十"字。再往前发展到楷书时，便已很难看出最初的形象了。

《说文解字·女部》云："妻，与夫齐者也，从女，从中，从又。又，持事，妻职也。""与夫齐者"的意思是：在妻妾之中，唯有妻才与丈夫有同等的地位。从字形看，"妻"从"又"即手，所以可表示"秉持妻职之义"。"妻"由"配偶"又引申为动词，指以女嫁人或娶别人的女子为妻。如《论语·公冶长》："子谓公冶长，'可妻也，虽在缧绁之中，非罪也。'以其子妻之。"其意思是：孔子说公冶长这个人（很好），可以把女儿嫁给他。他虽然在监狱之中，但这并不是因为他有罪。

汉字智慧

　　古语有云：结发之"妻"永不弃。当新婚的夫妻踏上婚姻的殿堂，谁不希望"执子之手，与子偕老"？谁不希望在满头银发苍苍的时候，夫妻两人仍然能够相亲相爱，共同走完最后的旅程？谁不希望，夫妻不但爱对方的会衰老的身体，也爱对方真挚的灵魂？夫妻虽不及血浓于水的骨肉之情，但也是人生不可割离的生活伴侣。夫妻恩爱不应只是花前月下、卿卿我我，更重要的是相互砥砺、患难与共。荣华富贵皆如过眼云烟，唯有愿与你共渡难关之人，才是真正值得相伴一生之人，切莫因为一时的诱惑而放弃了人生中最为珍贵的东西。

"娶"字智慧

见证抢婚制存在的不只是"婚"字，还有"娶"字，也是在当时的过渡时期，亲历这种婚姻方式的"目击者"。

《说文解字·女部》云："娶，取妇也，从女，从取，取亦声。"所谓"取妇"，就是用武力"抢老婆"的意思。"取"是《说文解字》对"娶"的主要训释字，也是"娶"字的会意部件，而且"取"与"娶"又是一对古今字，对"取"的了解至关重要。古时候，"取""娶"通用，朱骏声《说文通训定声·需部》："取，假借为娶。"《说文解字·又部》："取，捕取也。从又从耳。周礼：'获者取左耳。'"所谓"获者取左耳"，就是古代打仗，抓住了俘虏或杀死了敌人，割下他的左耳来作为记

功的凭证。无论是甲骨文、金文，还是小篆的"取"字形体，都可以看得出好像是用手割取耳朵的样子。

　　由于造字的特定需要，文字的造字意义往往要比实际意义更具体直观。所以，用以手取耳的形象来记"取"这个词，并不说明"取"的本义就等于这个形象的具体意义。"取"之本义当为"以武力获得"，即《说文解字》所训之"捕取也"。以"取"表示"娶"的意思，透露出古代抢婚的风俗。"娶亲"由"抢婚"引申而来。"娶"是一个会意兼形声结构的字，"取"与"女"会意为：把女子抢（或接）到自己的身边作妻。"女"表示"娶"的对象是女性，"取"既表示"娶"的行动，又表读音。

　　与"取"一样，"娶"早在甲骨文中已经出现，但汉以前的文献，"娶"字仍写作"取"。《礼记·杂记》："可以冠，取妻子。"《诗经·伐柯》："娶妻何如？"《左传·襄公二十八年》："别姓而后可想取。"《公羊传·文公二年》："讥在取也。"由此可以推断出，捕取之"取"与婚娶之"娶"

最初都写作"取",也证明了娶妇在早先确是一种武力的抢夺。"取"与"娶"是一对颇特殊的古今字,在相当长一个时期内,今字既造,古字不废,古今并用。其中最主要的原因就是在古人的观念里,"婚娶"之"娶"与"捕取"之"取"并没有十分明确的界限。而这种观念的模糊,正是来源于抢婚习俗。

汉字智慧

"婚姻大事,非同儿戏。"婚姻不仅需要爱情,更需要双方的冷静与理智。婚姻决定着一个人的成败。自古常言,一个成功的男人背后站着一个伟大的女人。我们无法想象一个男子如果娶到一名泼妇,他能在家中感受港湾般的平静和庇护;无法想象一个男人整天和妻子吵架,能获得人生事业的辉煌。所以古语又说:"娶妻求淑女,勿计厚奁。"拥有一个好妻子,胜过一切荣华富贵,妻子内心的财富胜过身外的财富。所以奉劝各位,为自己下半辈子的幸福着想,想好了再决定牵起谁的手。

"家"字智慧

家，是什么？千万个人有千万个说法。有的说，家是一种文化；有的说，家是一段时光；有的说，家是一种情怀……虽然我们无法给出一个准确的定义，但在我们每个人的心中，却都有一块温暖的天地，家不是房屋，不是彩电，不是物质堆砌起来的空间，它是一个可以让我们安心的地方，也是一个永远都不会舍弃我们的港湾。但这样美好的"家"，却竟然是由猪圈发展而来的。

在上古的图形文字中，"家"的上部是房子的侧面形（即"宀"），房子下面豢养着长满鬃毛的豕（猪），这是猪圈，也说是"家"。上古时代，先民在树上"架木为巢"以作住所。经过了漫长的岁月才转到地上架木为屋，驯养野兽作为家畜。为防止

外来侵袭，房子的结构一般是上居人、下作圈。猪是当时已经驯养的家畜之一。

　　"家"的出现标志着我们祖先居无定所的游牧生活已经成为过去，开始架木为屋，豢养牲畜，进入以农业生产为主要生产方式的农业社会，因此才有了"日出而作，日落而息，凿井而饮，耕田而食"，而以父系为中心的家族社会也进一步形成发展了。

汉字智慧

　　在现代忙碌的社会生活中，人们正在逐渐地迷失自我，越来越多的人，感觉自己如同一个无家可归的漂泊者一般，始终在寻找一个可以让自己停靠的码头——"家"。拥有它时，它平凡如柴米油盐酱醋茶；失去它时，掏心掏肝也找不回。珍爱你的家，爱惜你的家人，从容平淡才是最纯粹的踏实。

"父"字智慧

在大多数人的记忆里，父亲都是高大威严的，他们很少会像母亲一样和蔼地对我们嘘寒问暖，他们的态度总是相当地严厉，但这并不代表他们的爱比母亲的少，他们以自己特有的方式表达着自己对子女的关切。而一贯以来的这种严父形象，早在"父"字产生之时便已经有所体现了。

在上古社会，"父"是部落之主，家族之长，是最有权威的人物，所以先民在造字之时，便要突显"父"的显赫地位。从甲骨文的"父"字字形来看，"父"都像一只手抓住一柄石斧或棍棒的样子。在原始社会时代，石斧、棍棒是主要的武器和生产工具。而手持石斧、棍棒

与敌人作战或从事艰苦的野外劳动，是成年男子的责任。又一说，"父"字手中所握的为杖棒，而杖棒是当时奴隶主用来刺戳俘虏奴隶眼睛的锥形东西。无论哪一种说法，都显示出了在当时的父系社会中，"父"所处的社会地位，他们必须孔武有力，智勇兼全；对外能抵御敌人，保卫氏族，对内能使群众信服，治理有方。可以说，"父"是男性中心社会的标志之一。之后的金文、小篆中，"父"的字形与甲骨文中的字形相差不大，仍然可以看到手的形象。但发展到隶书阶段（即：父），字的形体已开始从线条变为笔画化，发展到楷书时，"父"字手中所握之物变成第一笔的短撇；上面的手指已分离开来，变成第二笔的侧点；其余的手指和手腕则变成第三笔的长撇和第四笔的斜捺，已经完全看不出"父"字当初的形象了。

"父"的本义就是父亲。《说文解字》云："父，矩也，家长，率教者。"意思是，"父"是坚持规矩的人，是一家之长，是引导教育子女的人。商周以后，"父"便逐渐用作对男子表示尊敬的美称,如尊称老农为"田父",渔翁为"渔父"。家族制度形成以后,把一家之长称为"父",如祖父、父亲,把老人称为"亚父""伯父"。父,既可单用,也可作偏旁。凡从父取义的字皆与长辈男子等义有关。以父作义符的字有:爷、爸。以父作声符的字有:斧、釜。

汉字智慧

父亲总是威严的,但一种发自内心的爱,却也总是会在点滴中流露出来。朱自清的《背影》中父亲那蹒跚的脚步触动了心中的那根弦,来自父亲的爱像白酒,辛辣而热烈,容易让人醉在其中;像咖啡,苦涩而醇香,容易让人为之振奋;像茶,平淡而亲切,让人在不知不觉中上瘾。或许始终无法恰当地做出描述,但却真实地沉浸在其中。父爱分为外壳和内质两部分,它的外壳常常是严肃、沉默、无声的,但只要我们透过这层外壳,我们就会感受到父爱的内质:如此博大、如此深厚、如此温柔,它与母爱一样伟大,是人间最为珍贵的东西。

"母"字智慧

> 慈母手中线，游子身上衣。临行密密缝，意恐迟迟归。谁言寸草心，报得三春晖。"孟郊的一首《游子吟》，让我们想到了既普通又伟大的人性之美——母爱。母亲给了我们生命，也给了我们生命中美好的一切。千百年来，母亲在人们心目中永远是美丽温柔的，这种印象反映在汉字中，也是一样。

"母"是一个象形字，因母是女性，所以便用"女"作基础来造"母"字。母亲是要给孩子哺乳的，所以先民便又抓住这一特点，在"女"的胸前加上两点，这就惟妙惟肖地把"母"的形象画出来。

甲骨文中的"母"字，除两点之外的部分为"女"，像侧身站立，低着头，双手收起，屈膝下跪的样子，充分体现了女子的温柔顺从之意。在"女"的胸前加了两点，实为指事符号，点出了这位女子已是乳峰高耸的样子，看上去完全是一个正在哺养小孩的母亲。

　　"母"字的金文与甲骨文形体相似，之后有小篆、楷书，虽然"母"字的字形发生了很大的变化，但是代表母乳的两点一直保留着，这是作为母亲的突出特征。"母"字的本义为"母亲"，《说文解字·女部》："母，牧也。从女，杯子形。一曰像乳子形。"许慎认为"母"字形象地描绘出女子怀孕的形状，因而他将"母"训释为"牧"。段玉裁注："牧者，养牛人也，以譬人之乳子。"许慎认为"母"的本义就是"育子"，即段玉裁所说的"乳子"。应该说"育子"是"母"的引申义。"母"还引申用作女性尊长的通称，如伯母、祖母等。因为母能生子，所以母字也引申指事物的本源。我们把祖国比作"母亲"，因为祖国是自己出生的土地；我们把自己曾经就读过的学校叫作"母校"，因为它

用知识的乳汁培养了我们；我们把最初学会的一种语言叫作"母语"。

汉字智慧

　　母亲的形象是慈爱的，母亲的胸怀是温暖而宽容的，母亲的心是善良的，母亲给予的爱是伟大而无私的，无论身在何处，我们总是被母爱所笼罩着、温暖着。爱不应习以为常，我们应珍惜母亲以鲜血和痛苦、以爱心和乳汁换来的生命，同时，也应以自己最大的努力，让母亲也获得来自于子女的爱与温暖。母爱是天下最无条件的爱，不论子女长得美丽还是丑陋，不论子女聪明还是笨拙，不论子女成为高官富豪还是沉沦潦倒，母爱的浓度和纯度都不会改变。母爱永远是人说不完、写不尽的话题，这样的作者既有一个个平凡的人；也有久经战场的伟大坚强的朱德总司令，他写下了一篇朴质、深厚、令人落泪的散文《回忆我的母亲》；更有驰名中外的大文豪高尔基，他的小说《母亲》滋养了无数的读者。是的，母爱是天地间最无私的爱。

"子"字智慧

从前有一位秀才，胸无点墨还自以为是。一天，他拿起《韩非子》一书摇头晃脑地诵读，在众人面前装出很有学问的样子。当他读到"卫子嫁其子"一句时，突然停下来，感慨地说："这卫国人真是糊涂，儿子怎么能出嫁呢？"其实糊涂的是秀才自己，他连"子"字在古代既指男子也指女子都不知道，所以才闹了个大笑话。

从"子"字的造字便可以看得出其本义指的是"婴儿"，在古代汉语中，"子"在很多情况下都是不分性别的。《仪礼·丧服》"故子生三月则父名之。"郑玄注曰："凡言子者，可以兼男女。"显然这里的"子"既指男孩，也指女孩。由此引申为人的通称，既可指男的，也可指女的。除此之外，"子"的引申义还有很多，如"子"在古代用作尊称，如孔子、孟子。"子"

还有表示某种次序，在公、侯、伯、子、男的五等爵位制中，子爵是第四等爵位；作为地支，"子"排在第一位。汉字中凡从"子"的字，大都与婴孩或子嗣有关，如孩、孙、孝、孕等。

汉字智慧

　　孩子，在父母的心中永远是那个长不大的样子，因而关注与教育便是天下间父母一生的事业。俗话说，"打是亲，骂是爱"，虽然这句话未免有些偏激，但也体现了一种教育的理念。叱责确实是教育孩子的一种方法，但是怎样责骂却大有学问。有人说："懂得骂孩子的父母，同时也最懂得夸奖孩子。"爱孩子是需要技巧的，应该多了解孩子，体察孩子的心，并配合孩子的生活方式来教导他们，这样才是正确的爱。孩子，是一块尚未经过雕琢的璞玉，如果雕刻得好，能够价值连城，如果雕刻得不好，就会遗弃于草莽。因此，做父母的既要用爱心去感化，也要用严格的标准教育孩子。毕竟，谁不"望子成龙，望女成凤"呢。

"孙"字智慧

中国人的传统观念中，最讲究的就是儿孙满堂这样的天伦之乐，子孙绵延、多子多福的观念根深蒂固。同时，中国人又很看重延续香火一说，古语云："不孝有三，无后为大。"所以，子孙越多就越是代表兴旺发达，越是有福气，"孙"字便清楚地表达了这种"多子多孙便是福"的观念。

商末周初的甲骨文里，"孙"字右边像一根绳子，左边是一个"子"字，像用索带套引着"子"学走路，同时，绳索有牵系之义，表示子孙连续不断之义。战国时代，金文里的"孙"字与甲骨文中的没有太大

的变化。发展到小篆阶段，右边的绳子变成了"系"旁。正如许慎在《说文解字·系部》中所说："子之子曰孙。从子，从系；系，续也。"在小篆的基础上，出现了繁体的"孫"字，到此时，"孫"字左"子"右"系"的会意字形体结构就完全定型下来了。"孫"字的使用频率很高，于是在草书中便将繁体的"孫"字简化为"孙"，之后的楷书简化字便是由"草书楷化"而来。

　　"孙"字的字形，很容易让人想到"愚公移山"中，愚公对智叟的回答："虽我之死，有子存焉；子又生孙，孙又生子；子又有子，子又有孙；子子孙孙无穷匮也，而山不加增，何苦而不平？"很明显，这里用的是"孙"字的本义，即儿子的儿子。后来，"孙"字不再仅限于其本义，也泛指孙子以后的各代。古代有关于"九族"的说法，其中的下四代除了儿子一代外，其他的"孙""曾""玄"皆可称为"孙"。此外，和孙子同辈的亲属也

称"孙",如儿子的女儿叫"孙女",女儿的儿子叫"外孙",兄弟的孙子叫"侄孙"等等。"子孙""子子孙孙"则用来泛指后代。

汉字智慧

在传统观念中,子孙越多越是兴旺发达,子孙越多越显得有福气,这种观念背后隐藏的是一种想将家族发扬光大的传统,要想做到代代相传、福泽永续,需要的并不是更多的"孙",而是更优质的"孙"。正所谓"学润身,德润心",要想家族生命代代相传,不断发扬光大,就应该从小开始注重"孙"的教育问题,让"孙"成为既有丰富的学识,又有高尚的品德的人,这样何愁不能福泽永续呢?

"长"字智慧

据说，有一户人家以卖豆芽为生，他希望自家的豆芽长得好一些，于是在门口贴了这样一副对联。上联是："长长长长长长长"（即：cháng zhǎng cháng zhǎng cháng cháng zhǎng），下联是：长长长长长长长（即：zhǎng cháng zhǎng cháng zhǎng zhǎng cháng）。整幅对联全部是由"长"字组成，且表意清晰，真是妙趣横生。

"长"在甲骨文里，上部是两根向右弯曲的长头发，其下是人的手臂和身子及腿，是个弓腰扶杖的老人踽踽独行的形状。其主要强调的是人长长的头发，因此有人认为"长"的本义是"人的头发长"，余永梁在《殷墟文字考》中就有："长，实像人发长貌，引申为长久之长。"由于先民没有理发的习惯，头发长的人，也就是辈分高、年龄大的人，因此"长"的本义就是"老年人"。发展到金文阶段，老人的头发尤其夸张。晚期金文是在"长"字的发展过程中变化最大的，它将原本的拐杖从"丫"讹变为"止"，之后的小篆也跟着从"止"，上部的头发变成了三横。隶书里的"长"，老者变成了"人"，拐杖讹变为"丨"。由此发展出了繁体字的字形。在唐代大书法家颜真卿草书"长"字的基础上，经过楷化变成了今天的楷书"长"字。

汉字智慧

"长"生不老，历来是人们的一个愿望，但也只不过是一个奢望而已。一个人的生命从年轻到衰老，是无法抗拒的，所以人们总是希望可以延缓衰老，保持年轻。人们通过各种外界的力量实现自己的这一幻想，但却忽略保持青春最重要的一个方面：保持一颗年轻的心。岁月可以在人的皮肤上留下皱纹，但却无法让那些拥有生活热情的人的心灵起皱。多一点发自内心的微笑，说一些真诚的赞美之言，尊重并善待自己……只要拥有一颗年轻的心，便拥有了"返老还童"的灵丹妙药。

"儿"字智慧

古时，一个妇女为一只猫和邻居家发生争吵。妇女说："若是儿猫，即是儿猫；若非儿猫，则非儿猫。"妇女的话中第一和第三句中的"儿"字，是"雄性"的意思；第二和第四句中的"儿"字是"我的"的意思。这段话的意思是：如果是雄性猫，就是我的猫；如果不是雄性猫，就不是我的猫。邻居听不明白，经过别人的指点后才理解了其中的意思，最终解决了问题。

一个简单常用的"儿"，却有如此多的含义。《说文解字·儿部》云："儿，孺子也。从儿，像小儿头囟未合。"可见，"儿"的本义就是指儿童。甲骨文中的"儿"字，看上去像一个面朝左站着的大头娃娃，头顶上还开有一个小口子，这就是许慎提到的"头囟未合"。脑袋下面部分向左伸展的一笔是小儿的手臂，右边弯曲的一笔是小儿的身子和腿。整个字形生动地描绘了一个儿童的形象。

在古时，"儿"同"子"一样，既可指男性，也可指女性，如《木兰诗》中的"愿借明驼千里足，送儿还故乡"和《孔雀东南飞》中的"兰芝惭阿母，儿实无罪过"中的"儿"都是成年女子的自称。但"儿"较常用的还是指男性，所以引申为"雄性的"之义，如顾炎武《日知录》中的"今人则以牡为儿马，牝为骒马"。

汉字智慧

　　"儿"，幼小的代名词，也就注定了与其相伴随的稚嫩。丰富的经验在很多情况下，都是管理者心中非常重要的东西，在面对重复性的工作时，拥有经验的人，总是可以快速掌握状况，完成任务。经验代表的是一种自信，是一种从容。但经验并非万能的，尤其是在一切高速发展的今天，别再用"我吃过的盐比你吃过的饭还多"为理由轻视那些后辈，他们早已不是黄口小"儿"，更有甚者，他们可能已经登上了更高的山峰。

"仁"字智慧

"仁"是儒家学说的核心，对中华文化和社会的发展产生了重大影响。"仁"始见于儒家经典《尚书·金縢》："予仁若考。"孔子把"仁"作为儒家最高道德规范，提出以"仁"为核心的一套学说。"仁"的内容包涵甚广，其核心是爱人。儒家把"仁"的学说施之于政治，形成"仁政"说，这在中国政治思想发展史上产生了重要影响。

在中国最早的文字甲骨文中，还没有"仁"字的身影，到目前为止，人们一致认为，仁字最早产生于金文时期。

金文和小篆中的"仁"字形体相近，左边均为一个"人"形，右边均为"二"，

自我认知

正如《说文解字·人部》中所说："仁，亲也。从人，从二。会意字。""二"为数之偶。偶，人偶也。"偶"与"耦"同，所以段玉裁注曰："耦，犹言尔我亲密之词。独则无耦，耦则相亲。故其字从人、二。"根据许慎和段玉裁的解释，"仁"字的结构体现的是一种文明的人际关系，即人与人之间不分贵贱，不分种族，彼此之间亲密无间。

"仁"的思想，远远早于"仁"字的诞生，早在殷商时代，中华民族便已产生了这种美好的思想。此后的西周统治者已经开始倡导"仁"。如《诗经·郑风·叔于田》："不如叔也，洵美且仁。"其意思是都不如打猎高手阿叔，不仅确实美，而且确实做到了仁。

儒家的经典著作中，均提到了"仁"，尤其强调了"仁"对"人"的重要性："仁者，人也。"即群体中的人与人之间必须亲密无间，互相关心，互相爱护。这一时期，不仅儒家倡导"仁"，其他各家也几乎都提倡"仁"。《墨子·经说下》："仁，仁爱也。"即仁者爱人，完善了"仁"

45

的内容。法家的集大成者韩非子也大力提倡"仁"："仁者，谓其心中欣然爱人也。其喜人之有福，而恶人之有祸也。"意思是："仁"就是心中很高兴地去爱别人，并且更喜别人有福，而讨厌别人有祸。

汉字智慧

"人"是万物灵长的代表，而"仁"则是"人"对于自己所生存的社会的一种美好德行与最大期望。"仁"的创造，体现了我们的先人提出要建立一个让人类充满爱的温情脉脉的理想社会的思想。同时，"仁"也是祖先倡导的美德，实现"仁"，即建立一个和平、民主、文明、幸福的新世界，是我们华夏子孙义不容辞的责任。作为社会的一分子，我们一方面从家庭、朋友、社会中得到爱，一方面也需要自己奉献出仁爱之心，只有奉献仁爱与获取仁爱能够平衡的时候，这个世界才会和谐、美好，才会被仁爱那暖人心脾的光辉所笼罩。

"义"字智慧

　　❝义"中国古代一种含义极广的道德范畴，本指公正、合理而应当做的。孔子最早提出了"义"，孟子进一步对其进行了阐释，"君子喻于义，小人喻于利"；"大人者，言不必信，行不必果，惟义所在。"

　　"义"是一个形声兼会意字，从甲骨文开始，经过金文、小篆，一直到繁体字，"义"的结构基本相同，都是由"羊"和"我"组成。《释名·释言语》："义，宜也。裁制事物使合宜也。"所谓"义"就是"道理""原则"。做任何事情必须使自己的行为合乎道理。可见，"义"的本义就是"道义"。

　　《说文解字·我部》认为"義"从"我"从"羊"。古人把"羊"作为和善的象征。"我"

本来就是指一只有棱有角，还具有锯齿状的刀刃的"矛"字，是象形字。"我"用作第一人称的代词，指自己。有的学者认为由"羊"和"我"构成的"義"的意思是像羊一样与人为善，一切好事，善事应从"我"做起。因此，把一个人对另一个人做好事、肯牺牲的精神称为"義"。这是"義"的引申义。

汉字智慧

孟子曾经说过："生，亦我所欲也；义，亦我所欲也。二者不可得兼，舍生而取义者也。"在孟子看来，生命固然非常重要，但仁义更加重要，当二者之间必须做出一个抉择的时候，为了仁义而舍弃生命一定是理所当然的。每个人的心中，都会有一片自己推崇的"圣地"，都有自己人生的原则，而"义"便是衡量行为的标准。

"礼"字智慧

中华民族向来被称为是"礼仪之邦"，从周公握发吐哺，到孔子克己复礼，一直到现代的文明礼仪，中华的"礼"已经传承了几千年的时间，早在周朝时，便已形成了一整套完整的"周礼"，但究竟什么是"礼"？

"礼"字早在甲骨文时期便已经出现了，许慎的《说文解字·示部》中说："禮，履也。所以事神致福也。从示，从豊，豊亦声。"由此可以看出，"礼"最初是一种祭祀的形式，因此在甲骨文中，"礼"字便是一个行礼时的器皿的形状，以一个祭祀的器皿来代表祭祀的整个过程，这也是汉字造字过程中的一个典型的方

式。到了金文时期，"礼"字开始线条化，但仍然可以明显地看出器皿的形状。发展到小篆时，在这个器皿的左边加入了一个代表祭祀的偏旁"示"，将其祭祀的含义表现得更加明确了。在小篆的基础上，逐渐楷书化，演变成了繁体字中的"禮"字。但因其相对复杂，经过长期的发展之后，最初变成了现代楷书中的"礼"字，到此时，除了"礻"还能看得出一点祭祀的影子之外，那个原本表示行礼的器皿已经消失得无影无踪了。

中国古代有三部最著名的典礼：《周礼》《仪礼》和《礼记》，总称"三礼"，是关于各种礼制的百科全书。其中《周礼》偏重政治制度，《仪礼》偏重行为规范，而《礼记》则偏重对礼的各个分支作出符合统治阶级需要的理论说明。由这"三礼"所涉及的各种礼制的总和，也就是礼的全部内涵。作为观念形态，孟子把"礼"作为基本的道德规范之一，使其成为了评判人德行的一个标准。在长期的历史发展中，"礼"作为中国封建社会的道德规范和

生活准则，对中华民族精神素质的修养起了重要作用；同时，随着社会的变革和发展，特别是在封建社会的后期，它越来越成为束缚人们思想、行为的绳索，影响了社会历史的进步和发展。

汉字智慧

如今的"礼"，是人们日常生活中所必须遵守的道德规范和行为规范，是维系社会良好风气的道德规范。中国自古就是礼仪之邦，所谓"礼仪三千，威仪三百"，中国的"礼"之发达，没有任何其他国家能够超过，通过阅读《礼记》《周礼》《仪礼》等古籍，可以发现"礼"渗透进了中国人日常生活的方方面面：婚娶、纳聘、祭祀、丧葬、饮食……礼的重要性竟达到了这种程度。礼的存在，让人行事得体，言行合适，待人以礼一方面是尊重别人，一方能也能取得别人的尊重。在当今的社会，我们作为中华文明古国的一分子，有责任重振礼仪之邦的古风，让国家焕发出文明的光彩，让我们自己呈现出文明的深度。

"智"字智慧

《圣经》中有这样一段故事：创造之神在造成智慧成果后，曾一度禁止人去神秘园分享这种成果，而一旦被魔鬼诱惑的人，偷吃了禁果后，获得神智的人瞬间就知道了以前从未感觉到的事情。没有智慧的时候，人类不知羞耻，不分善恶，不明是非，更不具备智慧型的系统知识。得到智慧的人虽然被驱逐出了伊甸园，必须经历人间的苦难和历练，但智者却已明白天地间的许多事情了。

"智"，即智慧、聪明，有才能，有智谋。儒家把"智"看成是实现其最高道德原则"仁"的重要条件之一。而先民又是如何创造这个代表智慧的"智"字的呢？

《释名》："智，知也。无所不知也。""智"是"知"的后起字，"知"

字从"口"从"矢"，段玉裁对此的解释为："识敏，故出于口者疾如矢。"意思是：认识和知道的事物，可以脱口而出。可见，"知"的本义为"知道"。之后，在"知"的基础上，又另造了一个"智"字，以表示"聪明""智力强"之义。由"智"的本义后来又引申为"智士""有智慧的人"，如《战国策》："仁不轻绝，智不轻怨。"

汉字智慧

智慧是一种奇妙的东西，拥有它就会发现许多不为人知的领域与知识。现代性的一个重要特征是它的科学精神，科学不同于技术，它重理性、重基础、重知识、重逻辑推理。要想在科技日新月异的社会生活中站有一席之地，就必须抱持着一种崇尚智慧的态度。早在春秋战国时期，《论语·里仁》中便提到了："朝闻道，夕死可矣。"唯有将智慧看作一种信仰，以百折不挠的精神与毅力去为之奋斗，才能一步步地远离愚昧，迈上聪智之路。

"信"字智慧

信是做人的根本，是兴业之道、治世之道。守信用、讲诚信是中华民族公认的价值标准和基本美德。故而《老子》中有："信言不美，美言不信。"意思是：诚实的话，其言辞并不华美，而华美的言辞并不一定可信。孔子也曾说："言必信，行必果。"意思是：说话一定要守信用，说到做到，只有这样，行动才会果敢。

　　"信"字最早出现在金文中，金文中的"信"字从"人"，从"口"。"口"是讲话的，而"信"在金文中的意思是"诚实"，因此我们可以将从"人"从"口"的"信"字理解为"人讲话要诚实。""信"字发展到小篆阶段，从"口"变为从"言"，其意思并未发生改变。《说文解字·言部》："信，诚也。从人，从言。会意。"用人口所言会真实之意。本义为言语真实。造字者把讲真话、实话看成是做人的必要条件，言外

之意，不讲真话就不能算人。"信"字经过后来的隶变，演变成了今天楷书中的"信"字。

　　"信"从"人"，从"言"，从字面上说就是"人言为信"。在儒家倡导的"仁、义、礼、智、信"五常里面，"信"是重要的道德原则。孔子说："人而无信，不知其可也。"他认为"信"是"士"最起码的道德要求，认为人有诚实的品德才会得到别人的信任，讲究信用，办事才会通达。同时，"信"也是佛家的道德范畴，佛教的"信"包括四个方面的内容：使心澄净为信，以忍为信，以不疑佛法为信和依子依人为信。

汉字智慧

　　在中国传统道德中，"信"是做人的根本，维护社会秩序的基础。作为一个人，必须言而有信，即讲信用，所以有"一言九鼎""一言既出，驷马难追"这些说法。

　　诚实守信、信守诺言是为人处世的一种美德，更是为人处世之本。如果一个人言而无信，失去了别人对自己的信任，就如同失去了比千金还宝贵的东西。

"孝"字智慧

"孝"是儒家伦理思想的核心，是中国古代社会维系统治的最根本的礼教准则，是汉民族家庭美德与传统文化罪恶糟粕的混合体。在古代社会中，儒家推行的"孝"中没有平等与公义，没有人权与法治，也没有尊重与真爱。这样的"孝"已经与这个字最初产生时的意义大相径庭了。

"孝"字的甲骨文，只有老人的长发，没有老人的身手。长发之下，是个孩"子"，其中意思的表达远不如金文周全。金文中的"孝"，由两部分组成，上半部像一个老态龙钟、伛偻着的老人；下半部是一个小孩子的形象。整个字形看上

去像是一个小孩"子"在"老"人的手下，搀扶着老人走路，小孩起拐杖作用的一个形状，以此来表达中华民族所提倡的尊敬老人的社会风尚，以此来展现"孝"的原意。到了小篆时期，"孝"字仍然可以见到最初的象形，但却已经开始线条化，在此基础上，逐渐演变成了现代楷书中的"孝"字，依旧可见"子"与"老"的关系。

《说文解字·老部》云："孝，善事父母者。从老省，从子。"这一解释符合了"孝"字所体现的观念。这种"孝"的观念最早产生于何时，学术界比较一致的看法是在西周时期，从那一时期开始，整个"孝"的观念一直延续发展着。古时"孝"的观念包含两个方面的内容：一是对活着的父母的"孝"，一是对死去的父母及先祖的"孝"。孔子要求自己的学生"其为人孝悌"，"弟子入则孝，出则悌"，就是要把孝顺父母、尊重兄长的道德修养放在学业的首位，可见在儒家的道德观念中，"孝"占据极其重要的地位。

到了汉代甚至将"孝"定位为选拔官吏的一个标准，当时出现的"举孝廉"，其中的"孝"便是指孝敬父母。在整个社会提倡"孝"的大氛围下，出现了许多行孝的故事，最著名的便是中国古代的"二十四孝"，其中真挚的亲情确实非常令人感动。但也不乏一些愚昧至极的做法，即后来所说的"愚孝"。

汉字智慧

　　天底下最难酬报的恩情莫过于父母的养育之恩，这是任何一个人倾其一生都报答不尽的。当我们遇到困难，能倾注所有一切来帮助我们的人，是父母；当我们受到委屈，能耐心听我们哭诉的人，是父母；当我们犯错误时，能毫不犹豫地原谅我们的人，是父母；当我们取得成功，会衷心为我们庆祝，与我们分享喜悦的，还是父母……感恩父母，我们不需要做出多伟大的事业，只需要从点滴做起，平时一句关爱的话语，一个亲热的动作，或任何一个微小的进步就可以表达我们对父母的爱与孝心。

"人"字智慧

我国的古人将人与天、地并列，称为"三才"。所以才有"天不言，地不语，天地借人把道宣""人乃万物之灵"之说。就连戏剧作家莎士比亚也说：人类乃宇宙的精华，万物的灵长。古人习惯于把自己看成天地的代言人，所以纵使造字的时候，也非要体现这样的观点不可。

"人"字从甲骨文至现今的楷书均为象形字。几千年来，它由最早的图形化经过线条化变为今天的一撇一捺相交接。甲骨文中的"人"字像一个平伸双手、以小腿和脚跟垫着屁股而虚坐的人；另一个甲骨文的"人"像一个有手有脚站着的人；而第三个则像一个面朝左侧面站立的人。图片看似简单，其实它们把人的头、臂、身子和脚都形象地画出来，仿佛人的侧面剪影。到了周代晚期，出现的金文"人"字也是以第三个甲骨

文为基础而造出的。秦代小篆中"人"字的写法用笔圆润优美，且为了方便在竹板上刻画，所以"人"字写起来转了很多圈，象形文字的意义减弱许多，直到发展至隶书阶段，"人"字形体才由纯线条化演变成笔画，就此定型为今日人们所书写的汉字。

根据达尔文的进化论，"人"由类人猿进化而来，能够制造并使用工具且进行劳动的高等动物。所以我国古人在造"人"字时特别强调手和脚，并且表示直立行走。看来古人就有意识地把自己区别于畜生，充满了道德感与荣辱观。

汉字智慧

人类是社会性的动物，没有人能够独立生活在世上，必然要融入一个集体当中，才能够生活下来。前人造"人"字，把人的本性展现出来，同时也是告诉后人：人生于天地之间，参透万物的构成"玄机"，即是"道"；不仅如此，人还将这些"道"广为宣传于人群之间，大家共同遵循"道"而生活，方可成为万物之灵长，永存不灭。

"大"字智慧

电视剧《大长今》在中国收到了广泛的欢迎，自强不息的徐长今几经波折，饱受苦难，终于通过正当的手段将残害自己父母和老师的敌人送进了监狱，并且治愈了皇帝的顽疾，被赐予"大长今"的美称。皇帝为什么要在长今的名字前加一个"大"呢？大就是对人的尊称，例如"大人"，表示伟大、广大的意思。中国古人造"大"字，即是为了此意。

"大"的甲骨文，就像一个人的正面形象，有手有脚，双臂张开，双腿劈开。从字形上来看，很显然"大"是一个象形字。它的金文和小篆形状几乎没有什么变化，与如今的简体汉字也几乎一模一样，只不过少了篆字的圆润，多了一种"风骨"在其中。

庄子在《秋水》一文中曾讽刺河伯。秋季到来，百川归河，以致河水径流巨大，浩浩荡荡。河伯便自以为天下间的美景皆在他

的河岸，自己无比伟大，一时沾沾自喜。可当他顺流东行，到了北海，才发现大海浩浩荡荡，不见彼端，忍不住望洋兴叹："有人指出的'听过许多道理，就以为没人比有自己强'的人，就是我啊。我过去不相信孔子的学问，也轻视伯夷的道义，且认为并没有什么错。今天看到门前这无穷无尽的浩瀚汪洋，我真是'见笑于大方之家'。"河伯这句"大方之家"，指的正是有才有德的伟大之人。河伯的鄙陋目光与德才兼备者相比，当然看起来渺小了。

汉字智慧

从古到今，"大"字的含义多指体积、面积、数量、力量、规模、程度等方面超过一般或超过所比较的对象。前人造这个象形字的时候，在形体上已经赋予了它"博大"之含义：一个人，敞开双臂，打开心胸，无事不能包容，无所不能看开，上可承天，下可稳地，这样的人怎么能不伟大呢？也许我们的才德不能与古代的"大方之家"相比，但是只要我们敞开心胸，达观地看待一切，包容一切，自然受到他人的尊重，而被人称一句"大"者，也未尝不可。

"头"字智慧

俗话说：蛇无头不行，鸟无头不飞。无论对于动物还是对于人来说，头自然是最重要。没有了脑袋就等于没有支配身体一切行动的器官，正像一个组织如果没有首领，无法运行一样。

《说文解字》中解释"头"字，即首也。"头"是形声字，繁体作"頭"，发豆声，从页部，"页"就是人头的意思。"头"字出现较晚，只有金文，而"首"字则出现的比较早了。

"首"字是象形文字，与头相比，它当然更像人的头部。"首"字的甲骨文看起来像一个人的侧脸，上面还有一只眼睛，等到演化为金文就变成了人的头发和眼睛的形象，小篆明显是金文的继承体，但是在字形上几乎与现代汉语的"首"字非常相像。

干宝在《搜神记》里讲：干将莫邪为楚王造剑，共有雌雄两把。楚王因干将拖的时间太久，又见

他只奉上雌剑，便将其杀害。莫邪的儿子赤长大后，从母亲那里得知父亲的死因，立志报仇，但是却遭到楚王追杀。赤闻讯逃进山林，歌唱不能报仇的歌曲。一个游侠遇见赤，准备帮他报仇，但要见楚王就必须要割下赤的头颅，拿着他的剑，才能看到楚王。赤马上就自杀，割下头，将头和剑送到游侠面前，身躯直立不倒。

汉字智慧

古人把头颅看得相当重要，正是因为头颅是一个人生杀的关键，所以在打仗或者悬赏时，都要求看到对方的"首级"。头脑是人体最重要的部位，皆因其能思考，懂得感情，如果一个人麻木不仁，即便生了脑袋，也与痴人无异。

"口"字智慧

美丽的笑容可以减少争端，这是毋庸置疑的，人的一张嘴巴，也可以带来祸患，例如"祸从口出"。古人造口字，看起来就像一个人张大嘴巴哈哈大笑的模样，很显然它是象形字，充分地将人的嘴之形状描绘出来。

"口"字从甲骨文到小篆，字形没有太大的改变。到了今日，口仍然是四四方方，只不过少了嘴边的两条"笑窝"而已。《说文解字·口部》中有云："口，人所以言食也，象形。"意思是说，"口"是人们用来进食和讲话的器官，故有口为出纳官的说法。人们吃东西要用"口"，说话也要用"口"，如果这"口"字出了问题，可真是"有口难言""食不下咽"了。后来人们凡是造与"口"有关的字，皆有"口"字旁，如吃、喝、喊、叫、唱等。除此之外，

汉字的故事

古人和今人都喜欢问一句："您家有几口人？"这么问的原因在于一人只有一张嘴，一口当然就是一个人，所以"口"被作为量词出现在人们的生活当中。

汉字智慧

俗语有云：啄木鸟治树，全靠一张嘴。会生活，会处世的人，只要开口说上一说，笑上一笑，就可以解决很多生活难题。有时候我们不必为了生活的一点小事斤斤计较，唠叨啰唆，心胸开阔一点，嘴上"得饶人处且饶人"，一笑置之，生活当然能变得和谐而幸福。就像毛泽东同志曾说的："牢骚太多防肠断，风物长宜放眼量。"多言害己，眼量宽阔、胸怀宽广的人，看到的一切事物都会变得美好。

"手"字智慧

自从人类开始了直立行走之后，双手就已经不再作为奔跑的工具，而成为制造工具的智慧之手。"心灵手巧"，就是用来形容人有一双可以制造许多事物的巧手，而我们如今的美好生活，也是人们一手制造出来。

"手"字是个象形字，金文的"手"字，正像一只人手的形状，上面的分支代表五个手指，下面则是手臂。后来篆书的写法仍旧延续了金文的象形意味，隶变后，"手"字已经演变成现在的模样。

《说文》里说："手，拳也。"手和拳是互训的意义，可以互相指代。手的本义是人体上肢腕以下能够持物的部分，多用作名词。像是"手刃"一次，就将作为名词的手动用。而手的引申义很多，例如"手下"，指

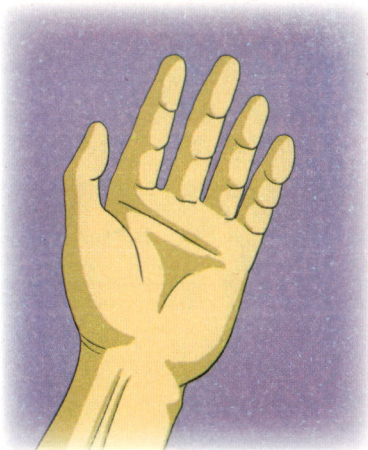

所属的人，犹部下；"手册"指记事小本；人们还把专司某事或擅长某种技艺的人称为"××手"，例如"能手""选手"，又如著名电影《"剪刀手"爱德华》。"手"与"口"字一样可作偏旁，在汉字中，凡从手的字都与手的动作有关，如打、拍、扶等。

"手"的意义繁多，它不仅仅是人体上的某部分而已，同时它也协同了人的情感。

汉字智慧

　　"手"的出现是人类智慧的象征，在以后的变化中，则有了承担人们情感媒介的作用。也许我们在生活中有很多快乐，也会经历一些痛苦，没有必要一个人独享与独自承受。只要我们肯伸出手，与朋友、家人、爱人相握，同喜同乐，同悲同愁，生活中就会多了许多释然，自己也能活的快乐。

"目、面、眉"三字智慧

幼 时猜谜常遇的问题其中就有："上边毛，下边毛，中间有颗黑葡萄。"这个谜语正是生动地描述了人的眼睛。眼睛是心灵之窗，在人的五官中，眼睛是一个人精神的门户，同时也是洞察世间一切真相的工具。古人根据眼睛的外形创造了"目"字。

"目"为象形字，甲骨文、金文中"目"字的写法基本一样，是一只横置的眼睛的形状。直到小篆才变为竖起来的眼睛。"目"字的隶变与以后的变化都不大，基本定型。

人们在提"目"字，必然提"眉"，正所谓"眉目"，眉清目秀。由于眉目是面貌上的点睛之笔，首先被人注意，所以后来人们在形容做事情有可行性时，就说一句"有了眉目。"古人造"眉"字，也是采用了

象形法。

　　人的脸因眼睛而生动，古人造"面"字中间必然加一个眼睛。而"眉"使一个人的眼睛徒增一番情，它成了脸上一道不可缺少的一笔。如果一个人眉毛不是眉毛，眼睛不是眼睛，脸就失了画龙点睛的"睛"，毫无生气可言，要么是"丑人多作怪"，要么"面目全非"。

汉字智慧

　　脸是一个人的门面，眼让人灵动，眉让人变得生机勃勃，失去二者，人就会变得失色很多。不过，人即使失去了眉目，只要心存良善，一样心情目明；但若是存心不良，即便艳若桃李、目若流星，一样金玉其外败絮其中。好面相不过是个皮囊，人的好与坏，主要看其本质和内涵，品性是决定人美与不美的重要标准之一。

"齿"字智慧

牙齿是人体消化系统的第一道关口，没有它，整个消化系统就会出现紊乱。牙齿不但与身体健康有关，当人们讲话微笑时，一口整齐洁白的牙齿，也成了人的门面，彰显人的健康和美丽。

"牙"字的出现较晚，只有金文，像牙齿交错的形状。小篆的"牙"字从金文衍生而出，经过隶变之后，成了现今我们所看到的样子。但是，在商代以前，牙、齿都称作"齿"。

甲骨文的齿就好像人的上下两排门牙，而"齿"的意思就是指门牙，很显然，它是个象形字。可是"齿"字的金文和小篆已经不再具有象形的意味。牙、齿在古代的意思虽然有区别，但是到了现代，

作为一个意象的代言词语，意义已经不分家了。

关于"牙"的引申义就比较多了。例如"牙口"是指牲口的年龄，又指人牙齿的咀嚼能力；"爪牙"比喻随从、差役，含有贬义。旧时还把以介绍人口买卖为业而从中取利的妇女称为牙婆，管那些不做正经生意的商贩叫作牙侩。关于"齿"字，名词意义除了表示"牙"意外，多表示年纪，所以年龄的"龄"字以"齿"做偏旁。

汉字智慧

讲到牙齿，就不得不说"唇"，所谓"唇齿相依"就是这个道理了。没有了牙齿的嘴巴，就会干瘪凹陷。就像互相依靠的两个势力，任何一方受难，另一方就跟着遭殃。"牙""齿"二字及其本义阐述了一个深刻的道理：它是人的生理和心理保护，倘若一个人自拆门墙，撤掉自己的身心保护层，无异于自寻死路。

"力"字智慧

❝ 力拔山兮气盖世。"西楚霸王项羽在进行必死战斗的前夕做下此首绝命词,其中有多少豪迈气概,又有多少心酸悲凉。纵有千斤之力,却无法力挽狂澜。此时的"力"不免愈发显得虚弱。

甲骨文的"力"字像农耕工具"耒"的形状,有柄有尖,用以翻地。因为用来耕作需要耗费很多力气,"力"字就由这个意思产生出来。不过东汉许慎在《说文解字》中对"力"的解释曾是另一种:"力,筋也。像人筋之形。"关于"力"字到底像什么,不同学者有不同的看

法，不过它始终是象形字，而且在造字时充满了动感和压力。故"力"字引申为力量、力气，又引申为能力、威力、权力等。而"力"也是汉字部首之一，例如动、勤等。

汉字智慧

　　人类在崇尚至高无上的力量时，希冀以力服人。但同时也应该认识到，力的作用往往是相互的。当你对别人施加各种压力，自己也受着同样的"伤"，只不过这种"伤口"是不可见的或是隐形的。所谓"强弓易折"就是这个道理。人们在行动和思考之前，不能做的或想得太过决绝，只有留住足够的余地，方便自己腾挪，才不会因过于强势而物极必反，使自己受到伤害。

"见"字智慧

《见龙卸甲》是一部著名的影片，讲述三国名将赵子龙未解甲归田前的故事。所谓"见龙"，大多数人认为取义与《易经》里的"见龙在田"相同，"见"字为表现的意思。而"见"字的本义又是什么呢？古人又是如何把它造出来的呢？

甲骨文的"见"上面是个横着的眼睛，下面是个朝右跪着的人。造字者描画了人的眼睛，其目的就是要突出"看见"的意思，所以"见"属于会意字。金文的"见"继承了甲骨文的造字手法。"见"字发展到小篆后，横"目"转动了一下，便成了竖"目"，其下部仍然是一"人"字。

《说文解字·见部》解

释："见，视也。从儿，从目。"段玉裁注："用目之人也，会意。"在古文当中，"见"是"现"的通假字，所以见、现二字自然有意义相同的地方，一个是看的意思，一个是表现出被看的意思。《见龙卸甲》中的"见"与"现"之间，意思就发生了交融。

汉字智慧

所谓见者看也，看到了就不能忽视，而能做到孔子所说的"见利思义""见危授命"，则更加难能可贵。我们生了一双明目，在一切可允许的情况下，看到的一切东西都值得学习和借鉴，见贤者则思齐，见不贤则自省，这是培养一个人品德、智慧、能力的方式。如果凡是自以为是，视而不见他人做法和教训，则等于有眼无珠，这样的人是好是坏，立刻就能分辨出来。

"心"字智慧

相传晚唐诗人皮日休和陆龟蒙相邀于清明节漫步郊游，最后在村头临江小酒店落座。皮日休见细雨霏霏，他临风一酌，指着江中小舟，随口吟出五绝一首："细雨洒轻舟，一点落舟前，一点落舟中，一点落舟后。"吟罢，他让陆龟蒙猜此诗所表达的汉字。

自幼享有盛才之誉的陆龟蒙，顿即领会，但并未直言相答，笑着说："请仁兄也听我赋一联句：月伴三里如弯镰，浪花点点过船舷。"皮日休一听，连连点头拊掌，当即奉菜敬酒。原来，两人的谜底都是一个"心"字。

古人把"心"作为传达情感的工具，什么"心神荡漾""心潮澎湃"，皆表达人的一种情绪。《诗·小雅·杕杜》中有一句："日月阳止，女心伤止。"意为：日子又到十月头，满心忧伤想我郎。它表达了女子思念远征夫郎的情意。从生理学角度来看，心脏是人体的重要器官，是人体青春和活力的标志，如

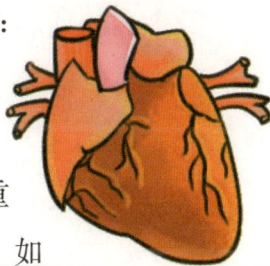

果人没有了心，就会死亡。古人也很早就意识到心脏的重要性，不仅如此，还将其认为是人的思维器官，把思想、感情等都说成由"心"而来。

"心"是古老的象形字，甲骨文的"心"字就是心脏的形象，而金文的"心"字多了一层包围，小篆的外包围分成左右两个心房。"心"字本义是指人的心脏，由于其代表着人体的中心，所以"心"就有了中间、中央的引申义。如核心、掌心、心腹等词，皆带有中央直属的意思。古人造字，凡从心和它的偏旁（忄、⺗）的字，大都与人的思想、意念和感情有关，如：志、忠、惧、怕、恭等。

汉字智慧

许慎在《说文解字》曾解释："心，人心也。在身之中，象形。"心在人身之中，它虽然不是真正的思考工具，却是人思想情感的代表。人的喜怒哀乐、贪嗔痴恨，皆喜欢用心表达。对于无心之人来说，他不但丧失了自我，也丧失了一切亲情、友情和爱情。人世间最值得人们去珍惜的不是财物和权利，而是围绕在身边的各种情义，不要因为过于追求物质，而使得自己失去这最珍贵的东西。

"生"字智慧

甲骨文中的"生"，下部的"一"像地平面，一横之上的"丫"像一棵草木的幼芽，中间是小草的茎，茎两边是小枝叶。其意思是地上刚刚长出一棵小草，一幅小草新芽破土而出，生机勃勃的样子。芽苗冒出了地面，就是"生长"的"生"，其本义是"草木生长"。

　　"生"字到了西周时期，已发展为金文，与甲骨文稍有不同，"芽苗"之下，原来的甲骨文里表示地面的"一"上又添了道短横或椭圆点，表示芽苗长在地上，是往上长的，本义还是"草木生长"。此时，"生"字已基本定型，小篆的"生"字便是循此时的"生"字发展而来的。但这字隶变以后，草木的芽苗形变成了"十"，逐渐发展成了现代楷书中的"生"字。

《说文解字》："生，进也。像草木生出土上。"所谓"进"，就是"生长""长出"的意思，即植物生长的意思。"生"字除了其本义之外，还引申出了许多其他的含义。"生"引申为后人，有了"生育""出生"的意思，如"生孩子"。《史记·秦始皇本纪》："（秦始皇）以（在）秦昭王四十八正月生于邯郸。"生育产生了新的生命，因此有了"生命"的意思。如《荀子·王制》："水火有气而无生，草木有生而无知。"有"生命"则引申出"活着"的意思，由此又引申出"生活"的意思等。"生"，除了是个独体字外，也用作"姓""性""牲""笙"等字的声旁。

汉字智慧

"生"字无论是在造字上还是在本意上，都赋予了一种勃发的意味。儒家讲"乐生不死"，意味着对生的尊重和对死的悲哀。生命是人类最宝贵的事物之一，正确的生命观是对其的珍惜和爱护，而不是唾弃。

"死"字智慧

66 生死由命，富贵在天""人生自古谁无死，留取
丹心照汗青"，古人对于生死的问题，有时会表
现这种达观的心态。生和死是一个相对的概念，有生必
有死，有死才会有新生。生对人来说无比重要，死自然
也是。

甲骨文"死"字右边看起来是一个垂首跪地的人形，
左边的"歹"表示死人枯骨，整个字像活人跪拜于死人朽
骨旁默默吊祭的样子，传达出死亡的信息，因此"死"字
形象即是死亡、生命结束之义。"死"字演化为金文和小
篆之后变化不大，死字经过隶变之后，才有今日之体。《说
文解字》里解："死，民之卒事也。"正是表达了"死"
作为会意字的意思。

由于死去的东西不会动，所以僵硬的、不灵活的东西
也称为"死"，如"死板"指不灵活、"死气沉沉"形容
气氛不活跃或精神消沉不振作；"死"字还引申为坚决之义，
如"死心塌地"是形容打定主意，绝不改变。

　　西汉史学家司马迁在遭受宫刑之后，本想结束残生，后来想到史书没有作成，便于《报任安书》中鼓励自己："人固有一死，或重于泰山，或轻于鸿毛。"死亡乃是人生的大事，普通人纵使没有大作为，无法有英雄般的死法，但也不能轻言死字。生命是自然赐予一切生物的恩德，如若对死视若儿戏，这种人必然也是无所作为。不过对死重视并不是让人怕死，而是应当死得其所，对得起自己的一生，找到自己的那座"泰山"。

"寿"字智慧

古代给老人过生日，老人最喜欢听的一句话就是"寿比南山"，如今这句祝福的话也广为流传。年龄活得越大而且健健康康，自然是让人艳羡的事情。那么，古人为什么要用"寿"字来形容人的长命百岁呢？

　　"寿"字出现相对较晚，只有金文，从"老"字，上半部分是"老"字的甲骨文的上部，足见其与"老"字有着密切的联系，因为一般多是老人较讲究"寿"字。"老"字为象形字，"寿"的形体取自"老"，而其下半部分作为声部，所以"寿"即是形声字。"寿"的小篆与金体的变化不大，近代隶书是"寿"的繁体，经过转化成为现代简体字。

　　《说文解字》里诠释"寿"字是这样说的："寿，久也。"人活得长长久久，

可不就是"寿"吗？不过，活得久固然是好事，不过这祝别人长寿可就有说道了，若是"寿"没拜明白，可就闹了笑话。

从前有个傻女婿，要到他岳父那儿拜寿。临走的时候，妻子嘱咐他说话时要多带个"寿"字。于是，他到了岳父家，见了蜡烛叫"寿烛"，见了点心、桃子叫"寿糕""寿桃"，见了面条叫"寿面"。岳父见女婿说话处处带个"寿"字，十分高兴。

正吃着寿面，看见岳父头上有一只苍蝇，傻女婿连忙用手拍过去，一边拍一边还说："不要怕，我不会拍伤寿头，打伤寿脑的。"岳父听了他这话，气得手直发抖，把碗里的面汤洒在了自己的新衣服上。傻女婿连忙用毛巾替岳父擦干净衣服，又说："好好的一件寿衣上浇了面汤，怪可惜的。"岳父气得半天说不出一句话来。

吃完了寿面，傻女婿摆弄着桌子上一红木匣子，当着岳父的面说："这寿木、寿材真够漂亮的。"岳父听了，气得昏死过去了。

原来傻女婿不了解"寿"的含义和用法，不管"寿"的感情色彩和使用场合。"寿面""寿桃"是"寿"的正面用法，是吉利的字眼；而"寿头""寿脑"在吴方言里是"傻头""傻脑"的意思;"寿衣""寿木""寿材"则是指为人死后预备的衣服和棺材。"寿"字搭配的词语不同,好坏意义当然不一样了。看来这"寿"字不能乱用,而且也不能胡乱奢求。

汉字智慧

人活一生无非想多福多寿、长长久久,此乃人之常情。但对于年龄的长久过于追求,则没有太多的必要。生老病死苦,生命的自然循环过程。太想长命百岁,反而使自己的心灵受累,去追求一些无妄的东西。就比如古代帝王希望能永存万世而炼长生不老丹一样,到头来不也得归于黄土。人不必为了某一事物而不惜一切代价地去追求,不若淡而视之,既让自己的心灵得到解脱,又活得潇洒有风度,如此一来,说不定什么时候所追求的东西就能随缘而来。

"喜"字智慧

人生有四喜："久旱逢甘雨，他乡遇故知。洞房花烛夜，金榜题名时。"大旱时期遇到大雨；远赴他乡的时候突然碰上了以前的朋友；经过甜蜜的恋情终于步入婚姻的殿堂；苦修多年学术终于得到赏识。这四种情况任何人遇到，都会欣喜若狂。那么究竟人们为什么要把内心的愉悦称为"喜"呢？

"喜"在甲骨文中上部像一把"鼓"，下半部分是"口"，整个字像笑得合不拢嘴的人以击鼓的方式表达心中的愉悦。

会餐喽！

"喜"的本义是高兴、快乐，它是一个会意字，由它的本义引申为喜爱、喜欢。"喜"字还与人们的生活息息相关，常指喜庆的事。例如结婚的时候，人们习惯把"喜"贴在大门、窗子、车辆上面。不过，结婚时用的"喜"不是本字，而是"囍"。相传这个"囍"字是王安石发明的。

　　王安石年轻时上京赶考，路过马家镇时，看见马员外家门外的走马灯上写着这样一句上联："走马灯，灯走马，灯熄马停步。"王安石拍手叫好，却因赶考而不能停留下来细想下联如何对。到了京城考完试后，主考官面试考生，轮到王安石时，主考官指着厅前的飞虎旗念道："飞虎旗，旗飞虎，旗卷虎藏身。"他要求王安石对出下联。王安石立刻想到之前看到的对联。主考官听罢拍腿叫好。

　　王安石回程时经过马员外家，以主考官出的上联来对马员外的对联。马员外大喜，当即将女儿许配给王安石，原来那走马灯上的对联是马员外女儿的选婚联。王安石新婚加金榜题名，双喜临门，所以就做了一个"囍"字，表示喜上加喜。

汉字智慧

　　人们面对喜，不要如痴如狂，只需好好享受那快乐和幸福的时光；在遇到不痛快的事情，也不要过于烦恼，敞开心胸，大度生活。酸甜苦辣是生活的调剂品，失去了任何一种，生活都会变得无味。

"药"字智慧

俗话说："一病必有一主方，一方必有一主药。"有病就得吃药，这是人之常情，而每副药当然会有主要的一味，是用来对症而非辅症。关于药还有这样一个有趣的故事。

唐代著名诗人杜甫，一生颠沛流离，饱受凄苦。他曾惨遭奸相李林甫的打击和报复，被赶出皇宫，为了糊口，不得不上山采药，进城卖药，聊度岁月。后来他迁居到离县城近的地方定居，开设了一间"百草堂"药铺，做生意货真价实，童叟无欺。一时生意兴隆，财源茂盛。

杜甫的生意一好，县内其他药店老板暗恨在心。一日"福寿堂"药铺的老板李芝宏从外边回来，听街面上的人议论："百草堂"

的药，比"福寿堂"的药炮制的好，还便宜。李芝宏回到家里，心怀不满，开了一副药方交给了家人说："你将这副处方送给'百草堂'，要他们照单抓药。如有则罢，没有你就砸烂他的牌匾和对联，叫他滚出县城。"

家人连忙来到"百草堂"，将药单往柜台上一甩，大声说："这是我家李大人急需的药，赶快照单发药。"伙计接过药单一看，愣住了。上面写着：

行运早行运迟

正行运不行运

伙计知道有人存心闹事，忙把此事告知杜甫。杜甫看了药单付之一笑。不慌不忙地拿出四味草药，摆在柜台上，原来是一片萝卜干，一块带芽生姜，一棵鲜李子，一块干桃僵。家人一看不知所措，问道："你这算什么药？"

杜甫道："萝卜干是'甘罗'之意，甘罗十二岁就当了宰相，你说他是否'行运早'？生姜芽是'姜子牙'之意，姜子牙八十三岁遇文王，是否'行运迟'呢？你看这红皮李子，虽然酸不溜的，却正是目前市场上的俏货，可说是'正行运'吧。隔年的桃子，经过雪打霜冻算不得鲜果，只能入药，所以说'不行运'了。"家人连连点头，无言对答，只说："是是是。"杜甫接着说道："这红皮李子好比你家老爷'正行运'，这桃僵好比我已'不行运'了。当今朝廷重用奸佞，嫉贤妒能，正如俗话所说'李代桃僵'，难道不是真的吗？"

经杜甫这么点评，家人恍然大悟，指着杜甫鼻子言道："你竟敢辱骂我家老爷，管叫你吃不了兜着走……"家人气冲冲回到李府，将杜甫给的四味草药和一席话当面禀明，李芝宏自知理亏，只气得吹胡子瞪眼睛。

汉字智慧

药通常是治病救人的，但有时也会成了伤人害己的事物。这不仅是药本身的性质，在药背后所隐藏的人性也是如此。

心灵的贪婪、嫉妒、小气，对人来说就是一种毒药，在这种毒药的驱使下，人往往做出伤害他人的事情，而自己也会同样受伤。倘若能够放宽心态，去留无意，宠辱不惊，这种平常心对人来说就是一味可保身心舒坦的主药。

汉字的故事

天地万物

谢 普 主编

九州出版社
JIUZHOUPRESS

前　言

　　人类历史仿佛一条涓涓细流，穿越漫长的历史时空，连接着过去、现在和未来。在奔流的过程中，文明产生、发展，并不断地趋于完善。站立起来的人，不再用动物般的方式沟通与交流时，语言产生了，随之而来的便是文字，它可以记录语言，交流信息。语言把人和动物区分开来，文字把人类社会的原始阶段和文明阶段区分开来。文字更打破了语言在时间上和空间上的限制，将语言传送到远方。

　　汉字是世界上最古老的文字之一，是记录汉语的书写符号，是华夏文明的根基，是中华数千年历史文化的载体。在久远悠长的文明中，汉字以它独有的艺术魅力和认识价值赢得了人们的赞赏和喜爱，再现了人类语言中最富有魅力的古典情怀。匀称的结构、简约的形象、美好的音韵、丰富的含义……汉字给人的美感是世界上其他任何的文字都无法比拟的，正如一位伟人说的那样："世界上有一个古老的国家，它的每一个字都是一幅美丽的画，一首优美

的诗……"

关于汉字的书写，历久弥新……汉字体系博大精深，缤纷动人，其所具有的魅力一直吸引着人们去探究、去领会。

在使用汉字的过程中，人们深刻挖掘它瑰丽的美感和深厚的文化内涵，形成了一种中国独有的充满智慧的表达方式。为了让青少年充分体悟汉字的美妙，领悟古人造字的智慧，本书精心选取了二百多个常用汉字，说明它们是如何来的；通过汉字的来龙去脉，具体地解释了每个字的发展历程；以一则则妙趣横生的故事，解析汉字间的异同；用一个个鲜为人知的逸闻趣事，带你领略汉字的瑰丽与神奇；同时，配以形象的图片，与你一同走进汉字的王国，回顾汉字的前世今生，解析汉字故事的背后通道。

本书在编撰过程中，力求避免学术性的枯燥，以故事为线索，充分挖掘汉字所蕴涵的文化信息，将青少年引入一个由汉字所带来的既博大精深又美丽动人的五彩世界。阅读本书，你不仅可以从中了解丰富的汉字知识和文化，而且能够感悟更多的人文关怀和民风民俗，从而丰富自己的知识与生活，做一个充满智慧的人。

目　录

"天"字智慧

在说"天"之前，先看一下"黥"。"黥"在小篆里由"黑"和"刀"两部分组成。这两个部分表示了施刑的工具（刀和墨），而没有表明施刑的位置。然而这种刑罚曾经被称作"天"，这就表明了施刑的位置了。且看这个"天"，它在甲骨文里下面的部分是正面直立的人形，上面是人的最高处，也即"颠"，人的额头。所以"天"刑也被称作"凿颠"。它只不过是将"黥"的部位具体化，是"黥"的下位概念。但单就一个"天"来说，它也分为好几种，如果是最高的"天"刑，那么就是砍头，是生命刑。比如《山海经》中有"刑天舞干戚，猛志固常在"，它以双乳为眼睛，肚脐眼为嘴巴，挥舞着武器，勇猛战斗。这里的所谓"刑天"，就是脑袋被搬了家。如果轻罚，则又有各种等级。

从"天"字的字源来看，当初的先民们发明"天"的时候，并没有觉得它有多么神圣，多么高不可攀，事实上它只是人的一个身体部位罢了。人们甚至还要对这个身体部位施以刑罚。后来人们顺着"天"再向上看，看到了天空的广漠无垠，产生了敬畏，这才把"天"的位置抬高。随着生产力的发展以及认识水平的提高，人们逐渐祛除了对"天"的神秘感，开始了解"天"，并与"天"和谐相处。

汉字智慧

　　王安石在变法的时候曾说："天变不足畏，祖宗不足法，人言不足恤。"此话看起来虽然张狂，但是却说出人不应抱守过去，对一切采取保守的态度，而应求新求变。路出自于探索者的脚，没有探索，不曾施为，永远无法参透生活中接踵而来的新事物。试想如果没有许多科学家、天文学家的不懈探索，人们仍然认为自己活在天圆地方当中，自以为自己是宇宙的中心，不知天外有天。"天"字就产生于人体，他并不是不可捉摸，人应当在与它和谐共荣中，寻找比起更伟大的事物，看到比它更远的地方。

"国"字智慧

代女皇武则天特别喜欢在文字上下功夫，在她执政的时候，有个幽州的书生，为了讨好献媚，向她上书说，国家的"國"字中间的"或"字，像"武"字又实际上不是"武"字，有"乱天象"之嫌，建议将方框中的"或"字改为"武"字，以"上承天意，下合民愿"。武则天一听，非常高兴，随即诏令天下，将"國"字中的"或"字换成了"武"字。可是没过多久，又有人上奏说："把'武'字嵌进'口'中，与把'人'放在口中为'囚'的意思似乎相同，此为不祥之甚，请即改。"并建议用"分"字取代。于是武则天又下令停用之前的那个字，改用"口"

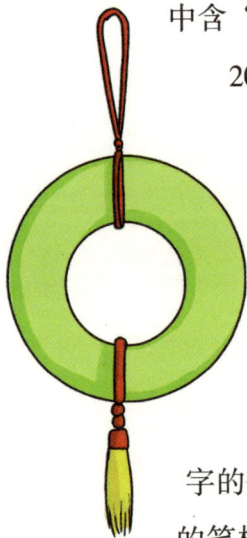

中含"分"的那个字。

20 世纪 50 年代初，中国文字改革委员会汉字整理组广泛收集异体字的资料，发现"国"字竟有 40 多种写法。历史上的"国"字发展也经过了很多反复。

在这些字中间，武则天对"国"字的修改不但没有坚持下来，反倒成为后人的笑柄。1956 年 6 月 1 日，中央颁行的简化字中，将"國"简化为"国"。这是一个从"玉"的"国"字。参加汉字改革的专家认为我国的玉文化有着悠久的历史，"玉"是珍宝，又是美好事物的象征。其意思是：让人们像爱护珍宝一样珍爱自己的国家，为创造一个玉一样美好的国家而奋斗。这就是从"玉"、从"口"的"国"字的深刻含义。

"国"字的甲骨文，中间表示国土，四周的短竖表示国界，右边部分表示用武器守卫国家。金文以及小篆也基本上延续了甲骨文的结构和含义。从甲骨文、金文的"国"字可以看出来，"或"是"国"的最初文字，"或"字里的"口"

表示城池，意思是以兵戈守卫城池，经过发展，"或"字外边加了一个方框，强调自己的边界用武装力量守卫。"国"字的本义是邦，邦就是国家的意思。

汉字智慧

　　从"国"字源可以看出来，在先民那里，就已经有了当代国家的"领土"观念，并且认识到领土与武装力量的密切关系。的确，军事实力弱小，就有可能疆土不守，就有可能遭遇外敌入侵，瓜分领土。如当年积贫积弱的中国被帝国主义列强划分势力范围一般。所以，我们不能忘记先民的告诫，要积极加强武装力量，保家卫国。而对个人来说，保卫自己的权益也应有相同的气概，古语有云："卧榻之侧，岂容他人安睡？"一个被称为"老好人"的人，实际上并不算真正的好人，而那些会为了自己和他人的利益而据理力争的人，才能称得上是真正的好人，因为他们更切实地帮助了自己和他人。

"皇"字智慧

朱元璋建立大明江山后，为了保证江山永固，世代流传，就很重视加强对各个皇子的教育，增强他们的力量。他曾经广集天下才士，任皇子们选择入幕府。当被封为"燕王"的皇四子朱棣经过一个名叫道衍的和尚身边的时候，和尚突然对他说：王爷，我可以送你一顶白帽子。朱棣早怀有不臣之心，对于侄子朱允炆的皇位觊觎已久，听了这话，心花怒放，立刻将道衍带了回去。为什么道衍和尚要送他一定不吉利的"白帽子"，他不怒反乐？原来这里面有个字谜：朱棣本身是"王"，"王"上加个"白"字，那不就是"皇"吗？这正对朱棣的心思，他怎么会生气。

皇帝的"皇"字最早见于金文，是个象形字，上面的三点，像灯光参差上出之形；中间的部

分像灯缸；下面的"土"是灯柱。根据这个字形，有的学者认为"皇"是"辉煌"的"煌"的本字，加"火"作"煌"，"皇"字的本义为"灯火辉煌"。

秦始皇称帝后，将金文的"皇"字与"朕"字作为自己的专用字，"皇"由"白"和"王"两字构成，会意字。《说文解字·王部》认为："皇，大也。从自。自，始也。始皇者，三皇大君也。自，读若鼻。"许慎认为"白"为古"自"字，即古"鼻"字。但有学者认为"皇"字中的"白"字实际指大拇指正面的形象，它表示至高无上的权力，因此，"白"字和"王"字组成"皇"就指权力。

汉字智慧

一个人身上所具有的品质，直接决定着他未来的人生。胸无大志之人，必定碌碌无为地过一生；好吃懒做之人，注定一事无成；贪婪成性之人，必定蝇营狗苟地过一生……仔细审视一下自己的习性，就知道自己将会成为一个什么样的人，只有那些一直坚持的人，才能获得他们想要的，毕竟"皇"天不负苦心人。

"主"字智慧

关于"主"字，有这样一个故事：明朝时候，徐霞客为了编修《徐霞客游记》，走遍大江南北，历尽千辛万苦。一天，他翻过一座山后，来到一处岔路口，见眼前有左、中、右三条路，他不知该往哪条路上走。正在为难之际，迎面走来一个书童，徐霞客忙走上前问路，书童看了他一眼，没吱声，随手在地上写了一个"主"字，转身就离开了。徐霞客低头略一思索，恍然大悟。于是，他按照书童的提示，沿着左边那条路走去。

原来，"往"字去掉左边即成"主"字，因此书童写"主"的意思是往左边去。

一国或一家之长，对"臣""奴""仆"有统治和使唤权力的，便叫作"主"，这样一个抽象的概念是如何造字取象的呢?

甲骨文的"主"字字形,像一堆点燃的火把,下面是木材。到了金文时期,"主"字仍保留了燃烧的火焰形象。小篆的"主"字,像一盏油灯之形,上面的一点代表灯芯上燃烧的火苗。"主"是"炷"的本字,本义即指灯台上的火焰。"主"字后来为主人、家长以及主持、掌管等义,由此派生出"君主""上帝""主要""主持""主张"等引申义来。后来,"主"本是灯台上的火焰这一本义逐渐不用了,人们便另造"炷"代替它的本义。

汉字智慧

所谓求人不如求己,整天想着让别人来为自己当家做主,像藤蔓一样依赖着大树,终究会被当作废物一样剔除。人应当独立自主,做自己的主人,人生操之在我,只看愿不愿意大胆去做,与其让别人来成为自己命运的主宰,不如由自己作为执掌人生的最高权力者。

"卿"字智慧

"卿",甲骨文是一个象形字,左右两边各有一个人,正面对着中间的"豆"(古代权贵之家的铜制食器),进食。古义"两人对食为卿"。所以这两个人,有说是一君一臣,一尊一卑,一长一幼;故此君对臣、夫对妻、大臣对下属的称呼,叫"卿"。在甲骨文里,二人对食的形象很清晰,但是已经被线条化,大致是两个人面对着"豆"一起吃饭的情况。到了金文以及小篆,相向而跪的两个人逐渐讹变为"卯",而盛食物的"豆"也成为"皀"了。因为这个字与王侯公卿的"卿"字同音,所以后来便借这个字作为政权里一定品级的官员的官衔,如"鸿胪寺卿"等。二人对食的本义,渐渐地不为人所知了。

从字源上看,"卿"从一开始就

是剥削阶级，一般人家即便二人对食，也是没有"豆"这样贵重的食器的。钟鸣鼎食之家，其富贵自不待言，"豆食之家"，其富贵也不可小觑，所以，"卿"之为人，贵族老爷是也。如同"公子""王孙"等等称呼一样，"卿"也成为对人的尊称，如同今天的"您"。

汉字智慧

中国自古是礼仪之邦，我们在与人的交往之中，应该互相尊重，多用尊称，多用"您"，如同古人多用"卿"。无论在生活或工作中，这种基本的礼仪是必须的。在当今飞速发展的时代，社会化分工越加细密，基本的礼仪已经成了自身素质的另一个侧面的体现。德国有一句谚语叫"脱帽在手，世界任你走"。有礼节不一定总能为你带来好运，但没有礼节却往往使你与幸运擦肩而过。要想在纷繁复杂的现代社会中，走得更远、更好，就要时刻注意保持礼节。

"臣"字智慧

甲骨文的"臣"字，它的形象是一只竖起来的眼睛，而且还没有眼珠子。这是什么意思呢？原来在商周时期，奴隶不仅被用作祭祀的牺牲品，而且终身从事着惨苦的劳动，不少奴隶都要被刺瞎一只眼睛，作为奴隶身份的标记。男奴隶叫作"臣"，女奴隶叫作"妾"。这个甲骨文的含义就是一只被刺破了眼睛强迫其臣服为奴的男奴隶。这只瞎眼不但"眼无珠"，还要被竖放起来（犹如神话中二郎神的竖立的第三只眼），以区别于一般的眼睛。这就是"臣"的最初含义。

"臣"在金文里与甲骨文不同，这回的眼睛里面有眼珠子了。但是到了周代中晚期的青铜器的铭文里，"臣"又像甲骨文一样恢复了"有眼无珠"的状态。由这样一路发展，便产生了后来的小篆，以及后来的隶书、楷书。既然"臣"的本意是奴隶，那么从中派生出"役使""使之为臣"的意思，那就自然而然了。比如《左传》里说："王臣公，公臣大夫，大夫臣士，士臣皂，皂臣舆，舆臣隶。"

汉字智慧

　　"臣"本来是奴隶，属于被压迫和被损害的一类人，但是后来成为王公大人的专业奴仆，竟然翻身成为社会的上层阶级。到了明末清初，由于资本主义萌芽的出现，社会上涌现出代表这部分生产力的思想，如黄宗羲认为，"臣"不是君王的奴隶，而应该是君王的师友。到了现代，作为与"君"相依相对的一个字，它彻底丧失了存在的价值。

"劳"字智慧

在说"劳"之前，先要说一下"爵"，它是盛行于商朝末年、周朝初年，天子分封爵位时赐给受封者的一种赏赐物，后来也就成了"爵位"的简称。它是一种青铜造的酒器。

金文的"劳"字，就是"双手举一爵"的意思，一个人高高地举着两只手来倒酒。这是奴隶所干的苦差事。因为古代用青铜造的"爵"相当沉重，要高高地举起"爵"来倒酒，那要花费不少气力，相当辛苦的。所以我们的祖先就是从观察奴隶举爵倒酒的辛劳状况创造了"劳"字，以表示"用力者劳"的意思。

随着字形的发展，字形的含义也有了变化，由最初的"双手举爵"逐渐发展为"双手举炬"，但是无论举什么，都是费力的"劳动"。

后来又引申出"费心""麻烦""忧愁"等意思。从事体力劳动的叫"劳力",劳累忙碌的人叫"劳人",功绩叫"劳绩"。

汉字智慧

　　古人将社会分为两极,一极是劳心者,另一极是劳力者。并且认为劳心者高贵,劳力者低贱。其实"四体不勤,五谷不分"的人,常常遭到劳动者的鄙夷。劳动光荣,因为他们用双手改善了社会的物质状况,也改善了自己的物质生活。因为劳动,人实现了对自身的期待,完成了自我的独立;因为劳动,人得到了社会的关注与认可,获得了社会的权利保障;因为劳动,人融入了整个社会之中,奉献了职业的忠诚……劳动,不只是空洞的口号,而是幸福人生的关键点。

"宰"字智慧

"宰"字的甲骨文，上面是房屋的形状，下面是古代施刑所用的曲刀。所以许慎认为，"宰"即为"罪人在屋下执事者"，即是充当家奴的罪人。"宰"的主要职能是管理全家事务。春秋时，"宰"常指卿大夫的家臣，如孔子的弟子仲弓就做过季氏的家臣。如果家奴办事办得好，忠心耿耿，赢得了主子的信任，那就可以参加多项事务的管理，甚至参与政务，这个时候，"宰"就成了卿大夫的私邑的行政长官。后来"宰"的权势日渐增大，就成为王朝中的权臣。他们一方面管理内廷事务，另一

方面又辅佐诸侯王总领外廷百官。这样的角色，就相当于后来的"宰相"。

汉字智慧

　　"宰"，本是屋底下的罪人，后来执掌机要，就有了权力。如同后世的宦官，本来是一群仆人，但是既然身处权力中心，也参与权力的运作过程，所以就自然而然地具有了一定的权力。只不过宦官即便权倾天下，也不能堂而皇之地高坐庙堂之上。而"宰"就不同，他们有了才干，便可步步高升，最后甚至能脱掉"罪人"的身份，而成为朝堂之上的宰执。他们获取权力的方法，我们无心探究。但那些位居宰相之位的人，或多或少都是有才之人，他们从最初的"罪人"而至一人之下、万人之上的地位，是改变自己命运的典范。俗话说，出身无法选择，道路可以选择，我们即使没有高贵的出身，但是可以选择积极进取的道路，用自己的智慧和努力，改变自己的命运。

"民"字智慧

　　"民"的金文，形状是上面一只左眼，下面是一根很像箭头一般的尖利的东西去刺着眼睛，眼珠子没有了。到了小篆，则从原来的形体上开始讹变，原来的尖利的器物和眼珠子变成了字体的中间的一横，尖器变成斜弯竖了，左眼的形状也变了样子。在这基础上慢慢发展，就出现了今天的"民"。

　　自有生"民"以来，人类历史上最残酷的时代莫过于奴隶制时代，奴隶主对奴隶所施加的酷刑之残酷，想想都不寒而栗。在额头上刻字以辨别归属，以及以这种方式防止奴隶逃跑；或者将奴隶剃光头发，这已经是最轻的刑罚了。严重的有割耳朵，切鼻子，砍手脚，阉生殖器，砍脑袋，活埋……应有尽有。每年在春秋两季进

行的大祭活动中，除宰杀牛羊作为牺牲供品外，还有将奴隶杀死作为"人牲"。

奴隶的来源最初是战俘，奴隶主对待那些顺从勤谨的男性战俘，就保留他们的双眼，不将其刺瞎，而对那些不顺从的，则要用尖锐的东西将他们的左眼刺瞎，作为最下贱的奴隶的标记。这些终生从事着无休无止的苦役的奴隶，就叫作"民"。

因为没有眼珠子，所以"民"是"盲"的原字。"盲"是一个会意字，上面是"亡"，下面是"目"——没有了眼睛，自然就是"盲"。后来"民"字成了与统治者相对的群众的通称，所以其中的"无目"的本意就由一个新造的"盲"字取代。

汉字智慧

　　孟子提出，"民为贵，社稷次之，君为轻"，唐太宗曾说，"水能载舟，亦能覆舟"，无论在哪个时代，"民"都是国家存在的根本，失去了民心，政权也就失去了存在的意义，故而有节用裕"民"之说。

"石"字智慧

有人说，一部浩如烟海的人类文明史，也就是一部漫长的由简单到复杂、由低级到高级的石文化史。人类的祖先从旧石器时代利用天然石块为工具、当武器，到新石器时代的打制石器；从营巢穴居时期简单地利用石头为建筑材料，到现代豪华建筑中大量应用的花岗岩、大理石装饰材料；从出土墓葬中死者的简单石制饰物，到后来的精美石雕和宝玉石工艺品；石头始终伴随着人类从蛮荒时代，逐步走向现代文明。中国不仅形成了别具特色的石文化，并将"石"引入了度量衡的世界。

许慎的《说文解字·石部》中说："石，山石也。在厂之下，口象形。"甲骨文中的"石"，右上角像石壁高耸突出的山崖，即为"厂"，

左边的一撇像山上的峭壁，上面的横是横出的岩石，下面的空处常常是人类的祖先用来躲避风雨或居住的地方。左下角像石块形，表示山崖下有石块。它的本义指崖石、石头，泛指各种各样的石料。"石"的这一来源正如反映了《诗经·小雅·鹤鸣》中的"他山之石，可以攻玉"这一名言，这句话的本义为：石头是从山上挖出来的。之后的金文、小篆，以及现在的楷书均是在此基础之上，发展演变而来的。

"石"是中国传统艺术"金、石、书、画"中的一项，是古代"石刻艺术"的简称。"石"还有一个雅号叫"寿石"。有的人认为石头的寿命比一般的动植物都要长，因而赐给它一个雅号叫"寿石"。同时，因"石"性坚硬，所以凡从"石"的字大都与石质极其坚硬的属性有关，如矿、硬、碑等。

后人又借"石"作量词，读 dàn。《通雅》中说："一石为石，再（即二）石为儋（通"担"，重量单位，约50公斤），故后人以儋呼石。"显然这里的"石"是指重量单位。"石"还用于容量单位，古代十斗为一石（dàn）。

汉字智慧

虽然"石"也曾作过量词，但我们还是习惯将它用作坚硬的"石"头。但世间莫不是"一物降一物"，即使坚硬如花岗岩，也总是会有可以让他折服的事物——水。水是柔弱的，但它却可以凭借自己的坚持将"石"头滴穿。水滴"石"穿的道理人人皆知，但却很少有人可以做到。

一位牧师的墓志铭中曾写道："假如时光可以倒流，世上将有一半的人会成为伟人。"当我们年华老去时，回首往事才会幡然醒悟，原来平凡的人生是我们自己的选择。只要我们跨过那想要放弃的一步，成功便也离我们不远了。

"寸"字智慧

在广东省湛江市赤坎区，有一座赤坎桥。这座桥是1898年湛江人民抱着"寸土当金与伊打"的信念，抗击法国的一个象征性的建筑物。在这场波澜壮阔的抗法斗争中，许多民族英雄献出了自己宝贵的生命。为了纪念这次长达一年半之久的抗法斗争，当地群众便将赤坎桥改名"寸金桥"。1960年，郭沫若题有"一寸河山一寸金"之句，"寸金桥"名声更著，这个标志性的建筑更加的引人注目。

《说文解字·寸部》："寸，十分也，人手脚一寸动脉谓之寸口。从又，从一。"林义光《文原》："又，像手形，一说手后一寸之处。"二人的观点不谋而合。

"寸"的金文像一只手，在手腕一寸长的地方叫"寸口"，即中医诊脉处，加一点作为指事符号，表示此处为"寸"。小篆中的"寸"已经开始线条化，但仍然可以看

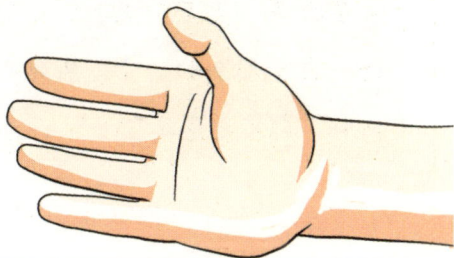

得出字的雏形。发展到隶书阶段，"寸"字已经讹变得失去了原来的字形，在此基础上发展出了后来的楷书。正如《说文解字》中许慎所说，长度单位"寸"就是古人根据这一距离来确定的，也有人认为"寸"的长度正好是自身中指中关节的长度。无论是哪一种观点，"寸"字的产生都是与人的手有关的，所以，从"寸"的字都与手的动作有关，如"封""对""射"等。

　　"寸"在长度单位中是较小的长度单位，因此又引申出"极短"或"极小"的意思。如《淮南子·原道训》："圣人不贵尺之璧而重寸之阴，时难得而易失也。"其意思是圣人不看重大块璧玉，而十分重视一分一秒的时间，这是因为时间对于人生来说太难得，而却容易流失。

汉字智慧

　　正是由于"寸"的微小，让人们在不经意间失去了很多，直至千里之堤崩溃之时，才发现原来一切源自于那个如"寸"般渺小的蚁穴。因而无论在何时，都不要忽略"寸"的力量。

"尺"字智慧

清朝康熙年间，张英任文华殿大学士、礼部尚书。桐城老家的旧宅与吴家为邻，中间有一块空地以供交通之用。后来吴家建房要占用这块空地，张家不同意，双方闹得不相上下。期间，张家人写了一封信给张英，要求他出面干涉此事。张英给家里的回信只写了四句话："千里来书只为墙，让他三尺又何妨？万里长城今犹在，不见当年秦始皇。"于是，家人主动让出三尺空地。吴家见状，也让出三尺地，形成了一个六尺的巷子。

关于"尺"的确定众说纷纭，《说文解字·尺部》："尺，十寸也。……从尸，从乙。"许慎认为"尺"是在"寸"的基础上确定的；有的人认为一拃为一尺，一拃就是张开手拇指与食指其间的距离，也有的人拇指与小指其间的距离为一拃；也有的人认为古人以男子的臂长为标准，确定下来的长度单位

叫"尺"，这一长度与我们今天所说的"尺"的长度大致相当。无论是哪一种说法，"尺"的长度的确定都直接或间接地与人体有一定的关系。

"尺"对"寸"来说是长的，因而"尺"有时比喻长的东西。如《楚辞·卜居》："夫尺有所短，寸有所长。""尺"对于"丈"来说仍算短的，因而"尺"又用来比喻短小或狭小。如《孟子·公孙丑上》："尺地莫非其有也，一民莫非其臣也。"其意思是：（当时）没有一尺土地不是纣王所有，没有一个百姓不归纣王所管。

汉字智慧

与"寸"相比，"尺"代表的是长；但与"里"相比，"尺"就显得短了，毕竟"咫尺"并不等于"千里"。人们心中总是会有一种完美的倾向。因而，越来越多的人在追求"全能"的道路上越走越远，他们希望自己是各个方面的全才，希望自己使用的东西一件可以顶十件，希望吃的食物可以同时拥有所有的营养成分。

"丈"字智慧

《水浒传》如同杜琪峰的电影一般，是男人的天下，其中少数的几个女子基本上也只是为陪衬英雄而存在的，故而着墨总是少之又少。这其中有一个漂亮、貌美、英武的女性形象，她是梁山第一女将，一对日月双刀神出鬼没，更有阵前用绳套捉人的绝技，此人便是外号为"一丈青"的扈三娘。"一丈青"一词不单以喻其美丽，还喻其凶狠。"一丈青"乃一种大蛇，北京的香山地区便有这种蛇，长一丈余，黑色，常隐于草丛之中，凶狠无比。这其中的"丈"是个长度单位，最早出现于战国时代的

金文中。

金文中的"丈"字字形像手杖，像连枷（古代的一种农具），像曲头的武器，还未有统一的定论。到了小篆时期，字形确定，是以"手"拿"十"的形状，其中的"十"字，横画长，竖画短，但不是数字，而是一种古代丈量田亩、土地、道路的工具，这种工具大约产生在晚周。这个字发展为秦代的隶书时，形体开始变化，发展为汉代隶书时，手指和旋把合变而为撇，手的腕肘变为捺，在此基础上，发展演变成了今天楷书中的样子。

《说文解字·十部》曰："丈，十尺也，从又，持十。"其中的"又"就是"手"，十尺就是一丈。段玉裁注："周制八寸为尺，十尺为丈。"这里二人提到的都是"丈"的引申义，"丈"的本义为工具，是个名词，后来才引申出动词与量词之义。古代一个成年的男子约有一丈高，所以称其为"丈夫"，而称那些伟男子，则为"大丈夫"，不过古制的一尺只相当于今天的 0.6 尺。

汉字智慧

　　"丈"在古代已经是一个极大的度量单位了，但他并不能丈量一切，毕竟这个世间永远都有一片它无法企及的天空。人生也是如此，上天给予每个人的，都是与众不同的。每个人的身上都会有别人所不具备的优势与闪光点，同样的，也会有属于自己的缺点与弱势。一个人的成就，除了要发挥自己的优势外，还要改变自己的弱势。蓓蒂·施莱姆说："克服缺点就是进步。精力要用在克服缺点上，优点是埋没不了的。"集中火力攻克弱势，让自己以一日千"丈"的速度迅速进步，才可以使自己不断地走向完善。

"钱"字智慧

《晋书·王衍传》中有这样一个故事：王衍标榜清高，从来不说"钱"字。他的妻子郭氏曾多次设法逗他说"钱"，都没有成功。一天晚上，郭氏趁王衍睡熟时，命人把铜钱围绕着床，堆放在地下，王衍醒来时，必定无法下床行走，便会叫人把"钱"拿走。不料第二天早晨，王衍见此情景，唤来婢女，指着床前的钱，说："举却阿堵物（意思是：拿走这个东西）。"从此，"阿堵物"便成了"钱"的别名，并且带有轻蔑的意味。

商代以"贝"为货币，周代开始以青铜铸造货币，后来所铸造圆形的都叫作"泉"，以泉水流行遍布的意思来表示货币。所以，中国古文字中最早的"钱"字出现于战国末期，当时金文中的"钱"字，是以"金"为形旁、以并排的二戈为声旁。到了秦代，"泉"便专作"泉水"用，"钱"便专

作货币用，所以小篆中出现了在金文基础上发展而来的"钱"字。后来的繁体"钱"字的字形与小篆中的字形并没有多大的差异，只是为了方便书写而在发展的过程中简化为现代楷书中的"钱"字。

自古以来，"钱"就是交换的媒介，后来所铸的外周浑圆内有方孔的"钱"也暗含了"天圆地方，包罗万象"之意。直至20世纪初，纸币开始通行，"钱"还使用了一段时间。总之，"钱"作为货币使用，在中国至少流通了将近三十个世纪。同时，"钱"也是一个计量单位，十钱为一两。

汉字智慧

当今的社会是一个追求效益的社会，作为一名商人，如果没有"钱"供你运用支配，就如同是无米的巧妇，想成为富有者，可谓空中楼阁。经商要有钱，也要有使用钱财的能力，如何使用现有的资金来获取利润，是对商人的一个考验。有资金，有效地使用资金，才能使利润滚滚而来。

"戈"字智慧

"戈"的甲骨文，是个典型的象形字，表明戈是一种勾啄兵器。中间的横画像戈头：其中的一侧是戈刃，用以啄勾敌人，另一侧是戈尾，用作戈头缚在戈柄上的支撑。竖画是戈柄，下端短横表示戈柄插在地上或戈柄的镈，上端的短横表示枝桠——古人选取戈柄时有意保留一段枝桠，以防止戈头的脱落。这个字形象地向我们展示了"戈"的全貌，甚至比实物都能更传真，因为出土的文物毕竟不能看到枝桠——戈柄是木质的，很难保存这么久。

"戈"在金文里与甲骨文相比，戈头上多了一个装饰物，在牧野之战中，商朝的军队"前徒倒戈"——在战场上起义，结果帮助周武王顺利地攻打下了朝歌。《左传》里，晋文公在齐国，姜氏劝说他离开，他不肯，于是姜氏和子犯谋划，将他灌醉，然后带出齐国。晋文公酒醒之后，"以戈逐子犯"——很生气，拿着"戈"就去。"戈"在殷周时代就是最常用也

是最重要的武器。"戈"既然在那个时代的作战中扮演着重要的角色,人们在造字的时候就常常将其作为零部件。比如一个"臧"字,本意是成为奴隶的战俘。在甲骨文中是个会意字,从戈从臣,臣是奴隶的意思,于是整个字的意思就一目了然:用武力俘获战俘,强迫其劳动,将其变为奴隶。

汉字智慧

从"戈"字构成的一些文字来看,"戈"是私有制产生发展的巨大印记:用武器去战斗,去掠夺,去强迫服从,这已经是人与人之间的关系,而不再是人类用来防御自然界的毒蛇猛兽了。用"戈"来对付同类,这说明"戈"字褪去了它的自然属性,而具有了社会属性,从此成为人类调节社会关系的一种工具。操戈相向,你死我活,这是一幅彼此残杀的血淋淋的场面。身处现代社会,还存在着比"戈"更可怕的武器,所以我们衷心祈愿"戈"能够永远废止不用。具体到平时的为人处世,也应该以和为贵,凡事可以好谈好说,应该以理服人,以德服人,而不应诉诸暴力。

"武"字智慧

"武"，甲骨文中，上面是"戈"，"戈"是古代作战时用的兵器，在这里指代交战用的武器。下面是"止"，在这里表示"行走""行动"之意。可见，作为一个会意字，"武"字的含义不言而喻：举着戈矛上战场，去跟敌人战斗。如于省吾先生在《释武》中说："武从戈，从止，本义为征伐示威，征伐者必有行，'止'即示行也。征伐者必以武器，'戈'即武器也。"这也是坚持"拿起武器去战斗"的意思。

而许慎却在《说文解字》里提出了截然相反的看法："武，楚庄王曰：'夫武，定功戢兵，故止戈为武。'"他认为武字的含义便是"止戈为武"。他引的楚庄王的话的意思是：武，是为国家建立功业的重要行动，它可以止住兵戈不用，所以能够制止战争，就是"武"。但是毫无疑问，楚庄王并不是一个文字学家，他说这话，不过是借文字之酒杯，浇胸中之块垒，是为了表达一种反战的思想罢了。不错，春秋无义战，谁能在春秋战国时代用武力止住混战不休的局面，将老百姓从战争的水深火热之中解救出来，那确实可以称为"武"。但是这不一定是"武"字本身的意思。

"武"字后来引申为"武器""兵器"的意思，这是因为"武"中含有"戈"，而"戈"是作战用的兵器。又由于"武"中含有"止"字，在战场上时，人的足迹总要在地上留有足迹，因此"武"又引申为"足迹"的意思。如《楚辞·离骚》里有句子曰："忽奔走以先后兮，及前王之踵武。"意思是：我匆匆忙忙前前后后地为你奔走效劳，目的是为了要追赶上先王并踏着他们的足迹前

进。"武"字还用作姓。周平王的小儿子出生的时候手掌上有一种特殊的纹理,看上去就像一个"武"字,于是就给他取名叫姬武(见《姓纂》一书,"周平王少子生而有文在手,曰武,遂以为氏")。其后的子孙就有一支以"武"为氏的,武姓由此而生。

汉字智慧

"武"的最初含义是举着武器去跟人战斗,而在当今之世,人们更加愿意望文生义,取"止戈为武"的意思,因为人们渴望和平,憎恨战争。"战争也爱吃精美的食品,他带走好人,留下坏人",这话未免有些偏激,但战争确实带走了无数人的生命,破坏了无数美满的家庭,造成了无数的人间惨剧。所以武力不能作为解决纷争的最佳办法,在和平之声中,运用灵活的头脑和美妙的语言,任何事情都可以迎刃而解。

"弓"字智慧

"弓"，金文与其甲骨文写法类似，不同的是在甲骨文里，"弓"字既有弓背又有弓弦，而在金文里的"弓"字似乎只有个弓背，而没有弓弦。小篆的"弓"字，比甲骨文和金文简化了些，但仍然是象形字。弓箭具有悠久的历史，从考古学家在山西旧石器时代后期遗址里发现的石箭头来看，我国的弓箭的历史要十分之早，早在三万年前的旧石器时代就已经开始使用。所以传说中伏羲制造了弓箭，又说黄帝制作了弓箭，还有的说是后羿发明了弓箭，这些说法都可以随着考古的发现而不攻自破。

最早的弓箭是异常简陋的，那时的"弓"也不是如今的模样，而只是一个半月形。古人将一根树枝或者竹子一弯，再安上弦（一般是藤条或者兽筋），就成了一张"弓"。不过弓体弯曲较大，因此整个"弓"的发射力就不大。

后来有人加以改进，将弓体中央的部分凹了进去，这种返曲了的"弓"相对的弹力就大了很多。从甲骨文、金文关于"弓"的形状来看，这时的"弓"已经是返曲状，由此也证明弓的发明在"弓"字之前。

汉字智慧

弓箭的发明是人类的智慧的一次跃升，它是以后的枪弹等现代武器的思想鼻祖。它由最初的粗陋逐步得到改进，而一个"弓"字，则记录了这个改进的结果。这也体现了文字的一个特征：描摹，以及记录。从"弓"字的形状中，可以看出"弓"是弯曲的，它在弯曲中积聚张力，以便将箭射出去。为人处世也是一样的道理，"宁为玉碎，不为瓦全"是一种大无畏的精神，但从另一个角度来说，也不失为一种愚昧。人不能够总是宁折不弯，在不涉及原则问题时，也应该能屈能伸，须知蹲下是为了跳得更高，躬身是为了跑到得更快。

"兵"字智慧

❝兵",甲骨文、金文、小篆都是会意字,上半部分是"斤"字形,斤是古代的斧子一类的工具;下面一半是双手的形状。有的学者认为,这个"兵"字是双手挥着斧子之类的东西进行斫砍的意思。另外一些学者认为双手挥着的是兵器。不过学术界的通说是许慎的说法,他在《说文解字》里认为:"兵,械也。"也就是"兵"的本意是"兵器"。荀子有言:"兵不血刃,远迩来服。"这大概是在宣扬儒家的"仁政"思想,也就是能实行仁政者,不用动刀动枪,不用杀人流血,远近的人自然都会来归顺。

由"兵"具有的"武器"之意,逐渐引申为拿着武器的人,如"士兵""军队"。还由"军队"引申为使用军队进行战

斗的事，即"军事"。如《孙子兵法》说：兵者，诡道也。意思是，军事，是一种诡诈的事。

汉字智慧

　　操着兵器的人，相比那些手无寸铁的人来说，就有着一种优势，于是旧社会的"兵"们就常常滥用这种优势，横行霸道，欺压人民，引起老百姓的极大愤慨，于是把"兵"字拆开来念，称为"丘八"。这种理解无疑是对"兵"字结构的一种误解，但是反映了人们对危害百姓的军队的愤怒。一个手中握有权势的人，无论权势有多大，对某些人而言，他都已经成为了强势者，若将这一强势用来作恶，必定产生更大的破坏力，而若将这一强势用来行善，则必定产生更大的影响力。善与恶只在一念之间，请千万慎用手中的权势。

"旋" "旅" 智慧

"旋"字的甲骨文，其中含有的元素有古代的旗帜，有人的足部，即是指代人。金文和小篆的结构大致未变。许慎认为："旋，周旋，旌旗之指麾也。"也就是说，"旋"的意思是人在旗帜下，随着指挥的旗帜而旋转，体现了旗帜对人的指挥作用，也即在很早的时候，人们就已经用旗帜指挥千军万马，并且使这个思想一直延续到现在。

由"旋"的这个意思，引申出了"周旋""旋转"的意思。如古人云"列星随旋"，意思就是星星在空中旋转。又由"旋转"之意，引申出了"归来"之意，比如"凯旋"，就是奏着凯歌班师，也即得胜归来。

"旅"字的甲骨文，其中含有一个旗帜的意思，旗帜下有两个人，指代多个人，

于是这个会意字的意思就明明白白："旅"，就是一个旗帜之下的许多人。金文的"旅"字多了一个"车"字，意思也随之变成：车上插着一面旗帜，而许多战士聚集在大旗之下。小篆与甲骨文和金文的结构大致相同，仍然是个会意字。《说文解字》说：旅，军之五百人为旅。也就是说，五百个人为一"旅"。由整个字体的演化过程来看，旅，就是一群接受旗帜指挥的人。于是旅便引申成为军队的意思。又由于军队行军常常需要走路，于是"旅"又引申出"旅行""旅途"的意思。

汉字智慧

"旋"与"旅"，都是因旗而生，用旗帜指挥众人，这是古人的绝妙发明，直至今日也没有被淘汰。旗帜成为了目标的代名词，人只有在树立了目标之后，才找到了那面属于自己的旗帜，才能在人生的路上朝着那面迎风飘扬的大旗勇往直前，否则就只能如同一只无头的苍蝇一般，虚度年华。在开始宏图大业之前，先找到自己的那面旗吧。

"矮" "射" 智慧

据说，女皇帝武则天有一次饶有兴趣地对群臣说："寡人发现，'射'由身、寸构成，一个人身高只有一寸，这不是矮字吗？而'矮'字由矢、委构成，委原是发放之意，把矢（箭）发放出去，这不是射吗？所以寡人认为，'矮''射'两字应该互相调换过来使用，众卿以为然否？"群臣当然说："然。"

然而从字源上仔细推敲，我们却要说"否"。从"射"的金文中可以看出来，"射"在金文中是个由弓、矢、手三部分组合成的会意字，意即箭搭弓上，以手发射，故其本义是"射箭"。而"矮"字右边"委"的甲骨文和金文形体是一个跪在地上的女奴隶手拿一蔸干枯蜷曲的禾的形象，禾稻枯萎蜷缩，

43

比盛长挺拔之时显得短小。"矢"加"委",表示枯萎的禾只有一箭之长了,故"矮"的本义为短小。

"射"字的出现,标志着战争武器的一次变革,从此人们不用近身肉搏,就可以将对方消灭。这是后来的枪弹、导弹等武器的思想源头。由于弓箭在古代的战争中占有如此重要的地位,人们甚至将"射"作为"六艺"之一。而在"矮"字中,先民们用枯萎的禾苗和弓箭作为尺度,来形容"短小",充分说明"禾"与"矢"在他们生活中的重要性。他们用"矢"来抢夺"禾",用"矢"来保卫"禾",也就是用武力来抢夺和捍卫生活资料。

汉字智慧

"矮"和"射"各自有其独特的产生方式与意义,并不像武则天所说的那样,应该换过来用。正如每个人都有自己独特的魅力一般,有的人站在台上就会变得金光闪闪,有些人在运动场上就会熠熠生辉,有些人走进实验室就会变得如痴如醉……别总是盯着别人身上的闪光点看,你自己的身上也有别人所不具备的光亮。一定相信:你自己是独一无二的。

"我"字智慧

在电视剧《历史的天空》里，姜必达写了一个"我"字，说："我"，就是"找戈"，什么时候找到"戈"了，那就是"我"了。这当然是在对汉字进行粗糙的拆解，其实"我"字的甲骨文写法是，像一种刃部有齿牙的长柄大斧，是用来行刑杀人或肢解牲口的。这种兵器后世罕见，所以"我"字本义也不常用，后来就借用为第一人称代词，指"自己""自己的"。

说"我"是一种兵器，还可以从出土的文物中得到佐证。1978年，湖北随州市曾侯乙墓中出土了一种类似三戈戟的兵器。现在的陕西博物馆还珍藏着一个西周时期的"我"。有的学者叫它多戈戟，学者们较一致地认为这种三戈戟就是"我"。

"我"是一种武器，武器是用

来争夺攻占的。而互相争夺和互相抢掠，这是私有制产生以后才出现的现象。部族与部族之间，个人与个人之间，往往用"我"互相攻击，就是"为我"，就是为了维护和争夺"我"的利益。于是"我"字便引申出"私有的""我的"的意思。

汉字智慧

先民们拿着"我"，互相抢夺财富。如今，我们不需要这种武器了，但是仍然要找到"我"。这个"我"就是我们的理想和追求，就是我们最擅长的事情，就是我们的资源，我们的方法，我们的途径。只有找到了为自己打开一片天地的"武器"，或是知识，或是机遇，人生才会有奋斗方向，变得更有意义，不至于每天在浑浑噩噩中，度过一生的时光。

"取"字智慧

金庸的小说《神雕侠侣》里，杨过在郭襄过生日的时候送给她一个大皮袋子，作为生日礼物，打开一看，原来是满满一袋子人的耳朵。这是杨过率领英雄们灭了蒙古军队的一个先锋队，将他们的耳朵割了下来。看起来有些残忍，但这是古已有之的战争中的惯例。在《左传》里，郑国公子归生接受楚国的命令攻打宋国，结果宋军大败，郑军囚禁宋国的华元，俘虏了250人，割下了被打死敌人的100只耳朵。

为什么要割下耳朵？其实，这是古代统计战功的方法。先秦时，双方交战，获胜的一方常常割下敌人的左耳，以左耳的数量来衡量功绩。"取"字就记录了这一种统计战功的做法。

"取"，甲骨文中是一个会意字，描绘的是一个人用手割取另一个人的耳朵。金文和小篆的"取"字均与甲骨文"取"字的结构相同，只不过耳朵的形状已大大走样了。它的字形到小篆的时候并没有停止演变，直到隶书才基本固定。"取"的本义是捕获战俘，杀死敌人后割耳朵，是"获"意，所以后来便从这本义引申出"捕捉""擒拿""获得""接受""收取"（如"取之于民，用之于民"）、"选取""择定"（如"取景""取道"）、"拿""拿出""战胜""收复"等义。

汉字智慧

　　最初的"取"字发源于战争，是赤裸裸的"夺取"之意，不但夺取了别人的财富，而且夺取别人的性命，还将耳朵割下，作为功劳的证明，充满血腥的味道。这种"取"的方式，无疑会遭到历史的抵制。如今，人们奉行"君子爱财，取之有道"，无论是"取"什么，功名、利益，都应在正当的前提下取得。"为达目的不择手段"，早已变成了为人们所唾弃的一种思想，阳关大道就在眼前，我们又何须去挤那危险的羊肠小道呢。

"师"字智慧

《诗经》云："我待我御，我师我旅"。意思是：无论是步行或驾车，我的部队是成师又成旅。这里的"师"和"旅"，都是古代军队的编制单位。《说文解字》说：旅，军之五百人为旅。《说文解字》又说，"二千五百人为一师"，这是周朝军队的编制。可以看出来，在这种编制里，五旅为一师。

显而易见，这里的"师"字与我们平时"师"字最常用的"老师"之义不太一样，那么，"师"字的最初的意思是什么呢？

"师"，甲骨文、金文和小篆都是一个会意字，本义为古代军队编制的一级。也有的学者认为，"师"为形声字，左面部分是声旁，原读"堆"，又读"诗"；

右面是形旁，指代一幅丝帛形，也是古代系在腰间前"围裙"样的"佩巾"的形象。后来，这种腰前佩巾成了有地位的高贵的人穿的"命服"的一部分。古代的老师很有地位，所以也要穿"命服"。不过这个解释有些牵强附会，身份高贵、可以穿命服的人很多，奈何专门指"师"？

"师"字最常用的意思是"老师""教师"等，许慎在《说文解字》中说："师教人以道者之称也。"意思就是说："师"是一个名称，指的就是那些教人们懂得务事道理的人。教师一般指直接从事教育工作或其他传授知识、技术的人，也用来泛指在其他方面值得学习的人。先秦时期就有师傅、师长、先生等称谓，一直沿用至今。后来"老"与"师"合用，成为"老师"，就是对年辈最高学者的称呼。比如，司马迁在《史记，孟子荀卿列传》中说："齐襄王时，而荀卿最为老师……"意思是在齐襄王时，荀子是年辈最高的学者。但到了后来，人们就习惯地把"老"和"师"并称，也不再专门指代年辈最高之人，凡是传道授业解惑者，一概称为"老师"。

古代有一种官职叫"太师"，"太师"有两种含义，第一，古代称太师、太傅、太保为"三公"，这是最高的官阶。后来演变为官衔，表示官阶高，或者表示恩宠，并没有实职，如宋代名臣赵普、文彦博等曾被加太师衔。其二，古代又称太子太师、太子太傅、太子太保为"东宫三师"，都是太子的老师，太师是太子太师的简称，后来也逐渐成为虚衔，多为在政治斗争中失败了的失意者来担任。

汉字智慧

从"师"的字源来看，它是一个"文武全才"的字，首先是"武"，作为一级军队编制，它有两千五百人的力量。其次是"文"，先是作为老师，后来作为文臣，地位逐级上升。"师"，是一个内涵异常丰富的字。但是作为教育意义上的"师"，并不一定是专业的教师。孔子说："三人行必有我师焉。"其实不一定是三个人，两人行也一定有我"师"。韩愈的《师说》中有："师者，所以传道、授业、解惑也。"每一个可以给我们帮助的人，都是我们的"师"。

"军"字智慧

"军",《说文解字》云:"军,环围也。四千人为军。"

由此可知,"军"是一种编制单位,四千人为一"军"。在甲骨文里没有"军"字,西周以前最高的编制单位是"师",所以"军"字应该是春秋以后才出现的编制单位。

"军"字为会意兼形声字,金文从车,从勹(环臂有所包),就是用车环绕之意。勹也兼表声。小篆变为从勹。隶变后楷书写作"軍"。如今简化作"军"。《说文解字》云:"军……从车,从包省。军,兵车也。"上古时候,车不仅是普通的交通工具,还是重要的战具。古代车战时,休整的时候要把车围起来扎营,防止敌人侵袭。"军"的本义为"以车自围扎营",即"驻军"。引申为"包围"之义,用作名词,指"营垒""士兵""军队"等。"军",如今既可单用,也可作偏旁。凡从"军"

取义的字皆与军事活动等义有关。

在现代社会，"军"是现代陆军的编制，由若干个师或者旅组成。"军"作为一个战略单位，一般用于完成特定战役中的军事或勤务任务或者担负战略任务。在编制上通常由多个技术兵种混合编成。"军"的指挥官称为军长，军衔一般是中将或者少将。一般兵力在 3 至 5 万人左右。各国有所不同，就是在一个国家每个时期也有变化。如果编制兵力在 10 到 30 万人左右，就组成了"军"的另一种编制——集团军，在战时也有叫方面军的，如红军第四方面军。它的最高统帅也是军长（有时为司令）。

汉字智慧

从"军"的字源来看，这个字直接明了地陈述了一种战法：用兵车围住自己，以防敌人偷袭。大概当时的军队用军车作战，都采用这一方法。这里体现的战争智慧暗合《孙子兵法》，孙子认为，军队作战，应该先为"不可胜"，再寻求敌人的"可胜"。也就是先让自己立于不败之地，然后再寻找可乘之机，消灭敌人。

"游"字智慧

在小说或者影视作品中我们经常可以看到这样的镜头：古代战场上两军对垒时，双方擂鼓助威、摇旗呐喊，放眼望去，战场上旌旗飞扬。古代重大的户外活动或军事行动，都要大张旗鼓以壮声威。中国从原始社会后期起即以旗帜作为聚集族人的标志。当时的旗帜样式简单，只是系在竿头上的象征性物件或图形。而"游"字的来历，也与古代的旗帜有关。

"游"字原写作"斿"，甲骨文和金文是一个象形字，像一人手持大旗在行走，大旗上方旗幅飘扬的样子。它的本义为"执旗行进"，又特指旗幅上的飘带饰物，后来，金文出现了加"止"形的"遊"，表示"行动"之义。小篆从水斿声，是表示在水中浮行的意思。但今天不论是"游"义还是"遊"义，

都只用"游"字了。

　　另外，古代帝王所戴的皇冠前后下垂的玉串，也叫"斿"，亦称"旒"。这种旗上飘带的数量和颜色，按《周礼》的规定，地位越高，旗斿越多：天子十二斿，公爵九斿，侯、伯七斿，子、男五斿。殷商时代，商王所圈定的狩猎地区，也叫作"斿"。

汉字智慧

　　"游"，无论是"游行示威"，还是"旅游"，都有个"行走"的意思。其实人生就是一场漫游，老天生下我们，让我们看到各种各样的事情，体会到各种各样的感觉。在某种意义上，我们应该以"游"的态度来对待我们的人生，不要那么沉重，不要那么严肃，在应该放松的时候，好好享受我们的人生。

"奇"字智慧

在古代，由于马在战争、交通、礼仪及耕垦等方面具有重大作用，被称为"六畜"之首。因此历代政府都很重视养马，尤其是为了战备需要，常常设官管理。而马之为用，在民间也十分重要，人们养马以供耕田和代步。所以在中国畜牧业史中，以养马的历史最为悠久，据考证，在原始社会末期至奴隶制社会早期，就已经开始了养马。

而"奇"字的产生，与马大有关系。

甲骨文中，"奇"字像一个人跨在马背上的形状，其中的马形极其简略；或在马下加一口形。小篆的"奇"字讹变为从大从可。

奇的本义为骑马，后来多用为怪异、奇特之义，而其本义则为"骑"字所代替。"骑"除了表示人跨坐在牲畜或其他东西上，作动词使用外，还作名词用，如"铁骑"等。不过这时读"jì"，去声。古代也把一人一马称为"骑"，例如"一骑红尘妃子笑，无人知是荔枝来"。这是说杨贵妃的故事，她喜欢吃鲜荔枝，唐玄宗就专门设驿站给她传送荔枝。一人一马在尘土中飞奔，这是给杨贵妃送荔枝来的，没有人知道，但是贵妃知道，所以她很开心，展颜而笑。

"奇"（读"jī"，平声），还指数目不成双的数，跟偶相对，如一、三、五、七、九等。

关于"奇"字有一个成语是"六出奇计"，原指陈平所出的六条妙计，后泛指出奇制胜的谋略。语出《史记·陈丞相世家》："凡六出奇计，辄益邑，凡六益封。"故事的缘由是：楚汉战争中，陈平投奔刘邦以后不久，正好赶上刘邦先后被围荥阳城、晋阳平城白登山，韩信称王等棘手之事。陈平为刘邦连出了六条奇特绝妙的好计谋，使刘邦转危为安，化

险为夷。而他本人也被增加了封邑，六出奇计，六次被封赏。

　　"奇"的本意为骑马，这是个象形字，后来演变为奇特、怪异之意。如陈平"六出奇计"的"奇"。这里的"奇计"是计策里的"黑马"，出其不意，故能出奇制胜。

汉字智慧

　　事有反经而合权者，应该因地制宜、因时制宜，不一定要墨守成规，而应该推陈出新，以"奇"制胜。每一次的"奇"，都是一次主动权之争，无论什么时候，以最快的速度准备就绪，然后出其不意，攻其不备，便能在职场中突显出自己的实力，便能在商场上抢占先机，便能比别人早一步迈上成功之路。

"王"字智慧

上古时期斧子在先民的狩猎和采集生活中是一种重要的劳动工具，在部落之间的冲突或战争中也是一种重要的武器。随着部落首领权力的不断扩大，他们所使用的斧钺逐渐演变成一种象征权威的兵器，因此，古人造字便以这大斧作为权力的象征，作为"王"字，以下是"王"字的发展演变。

甲骨文"王"字是个斧头的形状，上端表示斧柄，下端表示斧头的刃。金文"王"字的形体和甲骨文基本一致，只是下端表示斧刃笔画更粗，更像实物。到了小篆阶段，表示斧柄的两横还在斧头顶，但斧身和斧口却已经变形，在这个基

础上发展到隶书和楷书中的"王"字，已经看不出半点斧头的形状。

汉字智慧

　　在中国古代，历来就有所谓的"王""霸"之分。"王"（wàng，去声）天下者，施行"仁政"，百姓心服口服，争先恐后地去投奔。霸天下者，众人心不服，但是"力不赡"，只好口服心不服。这样比较起来，应该是"王"天下者更胜一筹。但无论是"王"天下还是霸天下，都是为了一己的私利，所谓的"仁政"，不过是更为巧妙的统治方法而已。如今，天下为公，"王"霸雄图，尽归尘土，人们的命运掌握在自己的手中，只要有足够的勇气与毅力，便可以成就一番如古代帝王般的"霸业"。

"斩"字智慧

说起"斩"字，有一个有趣的传说。北宋仁宗时，国舅鲁斋郎，倚仗皇威，胡作非为，老百姓都敢怒不敢言。包公下决心要为民除这一大害。但鲁斋郎与皇帝的关系非同一般，要杀掉他并不是一件容易的事儿，怎么办呢？包公思虑了半天，终于有了主意。他先给皇帝上了一个奏折，说有个"鱼齐即"的人，坑害百姓，作恶多端，而今又有几条人命，该当何罪。皇帝看后，不假思索，立刻批了个"斩"字。包公拿着圣旨，回去就把鲁斋郎狗头铡伺候了。皇帝听闻此事，大惊失色，忙问包公是怎么回事，包公就把批文交了上去。皇帝看了，确实是自己的"御笔"所批，白纸黑字，丝毫不差。——原来，包公在写"鱼即齐"的时候就留了心眼，等皇帝在批文上批了"斩"字，

回到府里就在"鱼齐即"上各添了几笔，变成了"鲁斋郎"。

皇帝批的这个"斩"字，到底是不是传说中的包公的铡刀伺候，或者是刽子手"杀头"呢？

"斩"字的小篆字形是由"车"和"斤"组成。"斤"，在古代是斧，这里指代刀斧之类的杀人工具。许慎说："斩，截也，从车斤，斩法车裂也。"也就是说，"斩"，是车裂之刑。什么叫作车裂之刑呢？车裂之刑，古人叫作"轘"，许慎说："轘，车裂人也。""轘"字当与环形有关。

《左传》中有这样的事："王遂杀子南于朝，轘观起于四竟。"也就是说在朝堂上杀了子南，将观起在国境上"轘"了一下。有人理解"车裂"为将一个人的头和四肢各拴在一辆马车上，然后驱赶马车同时朝五个方向奔走，就可以把这个人"五马分尸"了。但如果是这样，不可能将观起在国境上多次地五马分尸，所以"轘"字应该有新的解释。

　　合理的解释是，将观起拖曳于一辆马车的后面，在楚国边境上奔跑，让他的身体与地面摩擦碰撞，痛苦而死。这样既杀了观起，又对楚国的百姓起了震慑作用。所以杜预说："轘，车裂以徇。"就是这个意思。

汉字智慧

　　古人对罪犯施以"斩"刑，目的之一是发挥刑罚的威慑作用，警告人们不要犯同类的罪行。然而威慑从来不是最好的预防，最好的预防是平时的学习和教育。对于个人来说，应该做到古人所说：莫以善小而不为，莫以恶小而为之。防微杜渐，谨言慎行，无论做什么事，都走积极健康的光明大道，这样就可以将违法犯罪的可能扼杀在摇篮之中。

"岁"字智慧

人们大概很难相信，"年年岁岁花相似"的"岁"字，"爆竹声中一岁除"的"岁"字，竟然是古代的"刖"字，也就是把人的两只脚生生砍掉的一种惨绝人寰的酷刑。然而事实就是如此。

"岁"字的甲骨文是将一把利戈放在两足之间、表示把两足砍掉的形状。这种酷刑，就叫作"岁"，后世叫作"刖"。商周的统治者非常残暴，商纣王还亲自发明了"炮烙"之刑，也就是把人绑在烧红的铜柱子上，活活烤死。他们往往把人（包括罪犯、奴隶、战俘等）像牛羊一样，当作祭天祀地的牺牲品。在甲骨文里，常常可以看到"岁"字，如"岁卅羌"，就是肢解三十名俘虏（羌）作为祭牲。

"岁"在金文和小

篆里，"戈"和"止"的形状渐渐发生了改变，两足已经移到戈柄左方来了。但经过隶变，便使这个文字在先秦时代的结构完全遭到了破坏，并在隶书的基础上，渐渐产生了繁体字。但由于繁杂难写，后来在宋元时代的民间，又产生了更为简便的"岁"字，最后就成为我们今天使用的简化字。

在夏商时代，一年一祭祀，每年祭祀时都要杀人作"牺牲"，于是由此意思，引申出"年"的意思。由杀人方法演变成时间概念，而且随着这个引申义的日渐流行，"岁"字本来的恐怖面目，渐渐地就被掩盖了。

汉字智慧

王安石有诗云："爆竹声中一岁除，春风送暖入屠苏。"可是在古代，对于处境悲惨的奴隶来说，每到年底，就是自己魂兮归去的时候。"岁"字所反映的历史，就是酷刑肉刑大行其道的历史。如今，它的恐怖的本来面目，已经一去不回了，人们只希望"岁""岁"平安，继而追求更美好的生活，在未来的每一天都有新的进步，新的成果。

"廌"字智慧

传说中，仓颉造了很多字，却不会造一个"法"字，他忧愁了好久，仍不得要领。后来他看见一个状如山牛、头上长了一个犄角的怪兽，它见到那些长得七扭八歪的树就顶，见到那些做了不合理的事的人也顶，总之就是匡扶正义，打击邪恶，他打听到了这个怪兽名叫"廌"，于是灵机一动，以这个字为基础造出了"法"字。

"法"的古文字是"灋"字，许慎在《说文解字》中说："灋，刑也，平之如水，从水；廌，所以触不直者去之，从去。"意思是，之所以偏旁为"水"，是因为法律如水那样公平；而之所以有"廌"，因为"廌"是传说中古代的一种独角兽，生

性正直，古代用它进行"神明裁判"，见到不公平的人，会用角去顶，因此也就有了"去"。

汉字智慧

公平，是人类永恒追求的价值，自从先民们造出这个含有公平之意的"灋"字，到如今的法治理想，"廌"所表达的理想，从未被忘却。我们今天建设法治社会，完善立法，改善司法，都应该照顾到社会上各个方面的利益，做到公平合理。而人与人之间的相处，也应当心存公平，坦荡无愧，它是做人应具备的品德之一，是一种修养，可以为人赢得他人的尊重和敬佩。

"辜"字智慧

"辜"字，金文和小篆由"古"字和"辛"字两部分组成，因此在分析"辜"字之前，要先分析"古"和"辛"字。

"古"，甲骨文是一个象形字，是将甲盾放在神座上表示"事故发生，大祸将临"。金文把甲盾由金的变为圆的了。小篆，则又将甲盾由圆点变成横画。慢慢地发展为后来的隶书和楷书。

"古"的本意是"事故""祸患""凶险"，在甲骨文里，它与"故"是同一个字。这个字充满了不幸的象征，用来作"辜"字的头，既表意，又表音。奴隶、囚犯、战俘即将受到磔杀（分裂肢体）之刑，这正是"事故发生，大祸将至"。不过，这种野蛮残忍黑暗的时代终于成为了过去，作为这个时代的一部分的"古"字也成为了历史，于是人们便把这个字引申为"过去的时代"的意思，又引申出"历时久远的""旧日的""原来的"等意思。

而"辜"字下面的"辛"字，原来是上古时代的一种用来行刑的刀的形状，而且是一种"凌迟"之罪的刑具。关于凌迟，古书有记载，"先断其肢，后抉其吭"，就是先将肢体斩断，再割断咽喉，极其惨烈。"辛"上加"古"，完全反映了当时对奴隶等施行的酷刑的情况，让人触目惊心。既然是一种酷刑，便从这个字中间引申出"罪""犯罪"的意思来。

汉字智慧

人们常常用"死有余辜"来形容一个人的罪大恶极，然而对于这个"辜"刑来说，它对人的折磨，反映了那个时代的统治者的残忍和残暴。那些被施以"辜"刑的人，很多是"无辜"的。幸而，这个文字已经超越了历史赋予它的原本意义。

"则"字智慧

"则",从金文里可以看出来,"则"字左边是一只鼎,右边是一把刀,"则"就是刻字于鼎的意思。公元前 536 年,郑国的子产"铸刑书",将刑法铸于鼎上,作为国家的常法。这在法制史上是一件具有历史意义的事件。随后,晋国的赵鞅又把范宣子所作的刑书铸在铁鼎上。这两件事,就是历史上著名的"铸刑鼎"事件。而"则"字的字形,就反映了这个事件。"宪令著于官府"(商鞅),则天下百姓知道行为规则,就不至于手足无措,动辄陷入法网之中,这样就大大限制了奴隶主贵族滥施刑法的特权。《史记》里有个很著名的故事,说汉文帝有一次外出,有一个百姓不慎惊动了皇帝的马,惹得

汉文帝勃然大怒。廷尉张释之判该人违反了"戒严令"，当处罚款。汉文帝更加愤怒，认为处罚太轻，应该处死。但是张释之据法力争，认为法律是公布于天下的，老百姓都充分信任，如果这样有法不依，朝令夕改，那么就会让老百姓对国家的法律失去信任。于是文帝也不得不承认张释之是正确的。

汉字智慧

由于中国古代的法律重刑法轻民法，所以从所铸的刑鼎中，主要能看出刑法的法理来，比如法无明文规定不为罪，法无明文规定不处罚，就是"则"字所体现出来的内涵。无论是法律还是法规，本身就是一种全民的限制规范，而不应只局限于部分人群，或某一方向。而规则更应该是无处不在，无处不有的。俗话说，没有规矩，不成方圆。在现代社会，许多事情都应规范化进行，才能提高整体效率，并且有助于集体创新。人与人交往、生活中，也应当遵守一些必要的准则，自有无章的生活规律，只会让自己陷入更糟糕的境地。

"一"字智慧

汉字是以象形字为基础的。当古人想要表示一个具体的实物时，可以画出实物来，如想要表示一匹马时，可以画出一匹马来。但是，对于一些抽象的事务，则无法用这种方法表示，如想要表示一天时，就不知该如何是好了。古人经过长时间的探索后，用一横来表示比较抽象的概念。这一横便是"一"字。

"一"是一个神奇的汉字，从古至今，"一"的外形始终如一。我们可以看到，无论是甲骨文、金文，还是小篆、楷书中，"一"始终都是一横。清代学者段玉裁说："一之形于六书为指事。"意思是"一"字按照六书的分析为指事字，"一"是古人的记数符号，可能是画的一道横杠，也可能是一个筹码。可见，"一"字的本义为最小的正整数。

不仅如此，"一"在汉字里是最简单的了，笔画最少，书写最简捷。俗话说："扁担横在地下，不知是个一字"，那是形容一个人真正是目不识丁，是"一字不识"的文盲。但"一"字的含义却不仅限于最小的正整数这个本义。随着社会的发展，"一"字延伸出了极其丰富的含义。

据说，周恩来总理有一次看京剧《霸王别姬》，就用了六个带一字的成语，对其中的故事作出了精辟的概括。戏中，刘邦起兵攻打项羽，项羽连忙召集大臣商议，众人纷纷劝诫，但他却执意要发兵与刘邦对抗。到此，周恩来评论说："一言堂。"事后，项羽回到寝宫，虞姬也劝他不可发兵，项羽仍将其当作耳边风。周恩来说："一家之长。"发兵之后，项羽未听谋士之言，固执己见，周恩来说："一意孤行。"很快，项羽便中了刘邦之计，被困垓下。周恩来说："一筹莫展。"困境中的项羽借酒浇愁，唱出了著名的"垓下曲"，周恩来评道："一曲挽歌。"项羽最终看着虞姬自刎而死，自己也兵败身亡。周恩来说："一败涂地。"短短的一出戏，六个"一"字便作出精彩的评述。

汉字智慧

　　"一"字丰富的含义不胜枚举，由于"一"字常用以表示人或事、物的最少数量，所以便有了"最少"的意义，由"最少"又可以引申出"偶然"的意思。"一"字还可以表示序数，如"一不做，二不休"。此外，"一"字还有"专一""纯正""全部"等义。

　　但最重要的是，在古人眼中，"一"是至高无上的，是万事万物的开端，由于有"一"，才派生出了整个世界。正如老子在《道德经》中所说的："道生一，一生二，二生三，三生万物。"一切的道理，一切的事物，都是由"一"而发端的。一是万物之母，老子还曾说："天得一以清；地得一以宁；神得一以灵；谷得一以盈；万物得一以生；侯得一以为天下正。"再简单不过的"一"，却是天地间万事万物最初的源头。在现实生活中，我们要开动脑筋，善于把握住关键的"一"，就等于扼住了成功的喉咙，达到以简制繁、四两拨千斤的奇妙效果。

"二"字智慧

数字中，"一"的后面就是"二"；文字里，"一"是一条横杠，"二"是再加一条横杠。古人云"积画为数"，同"一"一样，古人也是用两个筹码或画的两道来表示"二"字。

我们可以看到，"二"字的写法，从古到今都没有多大的变化。从甲骨文开始，"二"字就是这么两横，如果非要追究其差别的话，也只不过是甲骨文中"二"字的两横一样长，而到了楷书时，上面的一横要略微短一些。

"二"为指事字，本义为数字"二"。一加一等于二，那便是数目。"二"字还表示序数，有"第二"的意思。二字加第，表示第二。有时不加第，也表示第二。一套

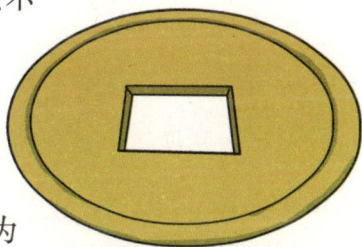

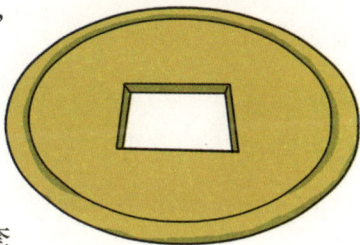

书，有好多本，第一本上写着一，第二本上写着二，这个二就是第二的意思。"二"字由"第二"的意思还引申出"副"的意思，如京戏有二花脸，就是副净。二掌柜，也就是副掌柜。船上除了大副外，还有二副。"二"有"再次、两次"的意思，如《宋史·吴璘传》："此孙膑三驷之法，一败而二胜也。""二"字还有没有匹敌，没有可比的意思，也就是"天下无双"的意思。《汉书》上说："天下少双，海内寡二。"这里，双就是二，二就是双。

在实际使用中，"二"字还有一个大写的"贰"字。其实"贰"当初并不是表数目的。《说文解字》云："贰，日益也。"段玉裁作注时说："当云副也，益也。"可见，"贰"的本义为"副"，"副"作为表数目"二"字的大写是一个假借。但却是这个假借，让"二"引申出了有二心、背叛的意思。叛逆之人被称为"贰臣"。

清朝乾隆年间，在《清史列传》中附录了一个部分，名为《贰臣传》，其中所收录的均为降清的明朝官员，即便是如李永芳、洪承畴等，曾为清朝立下汗马功劳的降清之士也收录其中，那些如龚鼎孳之辈，先投降了李自成，后又投降了清朝之人，按乾隆的说法，即为不只做了一次贰臣的人，自然也全部收录其中。乾隆指出：这些人"遭际时艰，不能为其主临危授命"，从封建道德出发，实在是"大节有亏"。这些人尽管为清朝作出了贡献，其子孙甚至还在清朝做官，但以"忠君"的标准衡量，他们是不完美的。在古代以忠君为标准的道德观念下，"贰"是一个永远都无法抹去的污点。

汉字智慧

　　"二"有数目成对的意思，它不再像"一"那样完美但孤立。老子在《道德经》上说："有无相生，难易相成，长短相形，高下相倾，音声相和。"这很深刻地注意到事物正反两面的相辅相成的哲理，没有长，也就无所谓短，同样，没有高，也就无所谓低。没有困难，也就无从去克服和超越。"二"辩证地表达了矛盾对立双方的依赖关系。任何事物都存在着它的对立面，因此，当我们在人生中遇到困难或对手时，大可以怀着感恩的心去看待，因为它们的出现，往往是鞭策我们前进的动力。

"三"字智慧

    "三"是一个表示数目的字，和"一"字、"二"字一样，都是原始的记数符号，且古今的写法变化不大。

"三"字在甲骨文里的写法就是三条横杠，直到楷书中仍然如此，一写就是几千年不变。

中国人偏爱三或三的倍数，古今皆然。《说文解字·三部》："三，天地人之道也。"人们观察天地、日月星辰及人类社会，常"以三为法"，来描述自然与社会。如"三才"指天、地、人；"三光"指太阳、月亮、星星；"三星"指福、禄、寿；"三友"指松、竹、梅；"三伏"指初伏、中伏、末伏；古代说"三军"，是反映上军、中军、下军；今天说"三军"，则是说陆军、空军、海军。

我国土生土长的道教和从印度引进的佛教

也对"三"情有独钟。道教的最高神称为"三清"，即玉清元始天尊、上清灵宝天尊和太清道德天尊；道教将宇宙划分为上界、地界、水界三部分，将时间划分为无极界、太极界和现世界。佛教将世界分为天堂、人间、地狱三部分；佛教的经典分为三藏：经、律、论；佛教对信徒提出了"三皈依"，即皈依佛、皈依法、皈依僧。佛教中的"三生有幸"，说的是前生、今生和来生。以上的"三"皆是实指。

"三"还有虚指之意，泛指多。T·丹齐克的《数：科学的语言》一书指出，许多原始民族用于计数的名称只有一和二，他说："南非洲的布须曼民族，除了一、二和多之外，再没有别的数字了。"列维·布留尔在《原始思维》一书中写道："在非常多的原始民族中，用于数的单独名称只有一和二，间或还有三，三的意思实际上是多一个。"可见，"三"是人类早期所能认识的最高数了。

"三"代表多，在汉字的造字上得到了充分的体现。如三"木"成"森"，《说文解字》中说"森，木多也"；三"水"为"淼"，《说文解字》中说"淼，大水也"；三"火"为"焱"；三"人"为"众"……无不体现了"多"的含义。

平常所说的"三人行，必有我师"中的"三"，并非实指三个人，而是说，只要是几个人一块走，总有人可以做我的老师，我可以选择好的人向他学习，选择其中不好的人作为我的借鉴，不做人家做过的错事。成语"韦编三绝"，来源于孔子晚年常读《易经》，以至于把编竹简的皮条都弄断了很多次。这里的"三"便是多的意思，故而"韦编三绝"用来形容人勤奋好学。凡此种种，无论是实指的"三"，还是虚指的"三"，都是历来被人们所看重的一个数字符号。

汉字智慧

"三"字笔画简洁，既能实指，又能虚指，同时还能体现出"多"的含义，正因为"三"字具有这么多内在的有点，才会被人们喜爱。人也是一样，只有真正有才华、有品德、有准备的人，才能得到机遇的光顾，并抓住它。

"四"字智慧

“四"是一个数目字，它也是在数目字里，写法古今变化最大的。

古时"四"跟"一""二""三"一样，都是叠起的横画，只是"四"到了小篆阶段，又借用了金文中发"四"时的口型，再经简化，才逐渐演变成目前的"四"字。《说文解字》中说："四，阴数也，象四分之形。凡四之属皆从四。"注云："谓口象四方，象征阴阳之气，散布四方。八象分也。"

古希腊智者普罗泰戈拉最著名的哲学命题便是："人是万物的尺度。"正如他所提出的理论，人有十根指头，所以世界各地都独立地发明了十进制的计数方法。人的眼睛、鼻孔、耳朵都各

有两只，所以不少古民族也都曾用过二进制。每个人都有两只手和两条腿，所以古人管它们叫四肢百骸，摔上一跤便叫四脚朝天。不只是人，动物也大多是四条腿的，所以，在各个民族的语言当中，"四"是神奇的，都曾一度被重视过，在中华民族这里，也不例外。

在中国传统的文化里面，人们双数总是格外地喜欢。古人并不认为世界是单的，是唯一的，完整的状态应该是双的，也许对立，也许并行。然而数字四是双的双，所以更有非凡的意义。如中国古代四大发明：造纸术、指南针、火药、印刷术；古代四大神兽：东方青龙、西方白虎、南方朱雀、北方玄武等。在天文历法中，冬至、夏至、春分、秋分即"黄帝四面""四仲中星"的内涵。佛教中，中国四大菩萨：观音菩萨、地藏菩萨、普贤菩萨、文殊菩萨。道教中也有四大名山：江西龙虎山、湖北武当山、安徽齐云山、四川青城山。民间有四大美人：西施、王昭君、貂蝉和杨玉环；四大才子：祝枝山、唐寅、文征明、周文宾等。就连武侠的世界中，也有四大恶人：段延庆、叶二娘、南海鳄神和云中鹤；四大名捕：无情、铁手、追命和冷血。

汉字智慧

随着时间的发展，"四"逐渐变成了一个"不吉利"的数字，因为"四"和"死"谐音，于是，人们便把二者联系了起来。在电话号码中，人们对"四"避之唯恐不及；在大楼里，没有"四"层，甚至连"十四层"都成了禁忌。这无疑是一种盲目的迷信，我们不知在何时摒弃了传统文化中富有哲学的认识，将其转换为一种毫无根据的文字游戏和民间迷信，这也是一种文化的迷失吧。其实与其相信一些莫须有的东西，抱有莫须有的迷信思想，不若看清眼前和当下的事情，做好分内应该完成的事，人才会活得实际、活得充实。

"五"字智慧

积画为数到"五"时，已经不能再用简单的几横来表示了，正如《说文解字》中所说的："五行也。从二。阴阳在天地间交午也。凡五之属皆从五。"

甲骨文的"五"字，从二，从乂，像二物交错之形，"二"代表天地，"乂"表示互相交错，"五"的本义为交错。用交错的笔画表示，这是先民以结绳记事。用两根小枝斜插在第五个绳结上，这便是古文字中的"五"。"五"字在古籍中常与"午"字相通用，本义为"交午、纵横交错"，后借用为数目名称。

数字"五"在中国传统文化中具有特殊的含义，它象征着吉祥、如意，比如"五福临门"等。其中，"五行"指古代称构成各种物质的五种元素，即水、火、木、金、土，福娃的创意便基于中国的五行之说；"五

方"指东、西、南、北、中;"五音"指宫、商、角、徵、羽五种音调,也叫"五声";"五经"指儒家的五部经典,即《周易》《尚书》《诗经》《礼记》《春秋》;"五常"指仁、义、礼、智、信;佛教称不杀生、不偷盗、不邪淫、不妄语、不饮酒为"五戒"。

此外,耳、目、口、鼻、眉为"五官";心、肝、脾、肺、肾为"五脏";酸、辣、苦、甜、咸为"五味";花椒、八角、桂皮、草果、茴香为"五香";青、黄、赤、白、黑为"五彩";金、银、铜、铁、锡为"五金";泰山、华山、衡山、恒山、嵩山为"五岳";稻、黍、稷、麦、豆为"五谷"等等。

汉字智慧

无论是"五行""五常",还是"五谷",无不代表了人们对生活的一种希望,展现了人们对幸福的一种祈盼。这个充满吉祥意味的数目字,以其特有的方式,从古到今,一步步地渗透到了社会生活的各个方面,表达了我们对于生活最美好的祈盼与祝愿,而"五"也就变成了幸福的引领者。

"六"字智慧

在中国的传统观念中，"六"一直以来都是一个倍受喜爱的数字。

早在甲骨文和金文时期，"六"像一间结构简陋的房屋。"六"的本义是指草庐，是一种建于田间或郊野作为临时居所的房子。"六"为"庐"的本字，所以借"庐"的形状作"六"字。

"六"在人们的观念中，只不过是一个数目字而已，但它却也有一段惊心动魄的历史，也曾成为一些人身份的象征。早在远古时代，东夷部落首领的后代散居在江淮一带，于是，周王将安徽六安一带的土地分封给他们，并允许他们建立"六国"。到了春秋时期，六国

被当时的楚国所灭，后代的国君便都以原来的国名"六"作为其姓氏。

"六"在其发展的历程中，逐渐地丰满起来，成为了一个充满文化内涵的数目字。如"六合"指上下和东西南北四方，代指天下或宇宙；"六亲"指父、母、兄、弟、妻、子，又泛指亲属。佛家认为，眼、耳、鼻、舌、身、意六者是罪孽的根源，如悉皆消除，谓之"六根"清净。美术范畴中画忌"六气"，即俗气、匠气、火气、草气、闺阁气、蹴黑气；画有"六要"，指的是气、韵、思、景、笔、墨等。戏曲中有六场，即胡琴、月琴、南弦子、单皮鼓、大锣、小锣等。

在中国人的传统观念中，三个"六"加在一起就代表着吉祥与顺利，符合"六六大顺"之意，所以，每到三个"六"连在一起的日子，便成了无数新人喜结良缘的"黄道吉日"。但这样的时间在西方人的眼中却是个会引起恐慌的日子，

因为在《新约圣经》的最后一章《启示录》中，提到"666"这个数字与魔鬼撒旦有关，所以，他们总是竭尽全力地想要避开这样的日子。

汉字智慧

　　同一个数字，在不同的文化中，代表着不同的含义；同一个事件，在不同的人眼中，具有不同的意义。有时，在别人看来，毫不起眼的一个变化，也可能会让我们的人生发生翻天覆地的变化。

　　面对突如其来的变故，我们总是会变得"六"神无主，手足无措。《幽窗小记》中有一副抒情志联："宠辱不惊，看庭前花开花落；去留无意，望天上云卷云舒。"虽然是描写为官之人应有的态度的，却也适用于人生中的起起落落。与其让自己的人生在慌乱中度过，不如以一种宠辱不惊的心态去面对现实，以一种博大的胸怀去对待人生路上的悲与喜，那样才算得上是真正的风流人物。

"七"字智慧

在甲骨文和金文中，"七"字是在一横画中间加一竖画，表示划物为二，从中切断之义，"七"为"切"的本字。后来借用为数目字，于是在"七"字的基础上再加刀旁，以作为切断的专字。《说文解字》中说："切，刌也，从刀，七声。"《广雅·释诂》："切，断也，割也。""七"的形、义都有"切"的意思，所以古人便把七月作为处斩犯人的月份。

随着金文的出现，甲骨文和金文的"七"字，与金文的"甲"字和小篆的"十"字非常相像，容易混淆。为了避免这种现象，到了小篆阶段，便把甲骨文和金文"十"字的竖笔的下半截变成了"竖弯竖"，于是以小篆为基础，便相沿发展而成为现在的"七"字。

"七"是一个神秘

的数目字，它既深入于中国的传统文化当中，又存在着一种莫名的禁忌。在中国文化中，与"七"有关的很多，如古诗多以七言为主体。战国有七雄，汉有建安七子，晋有竹林七贤。佛教把地、水、火、风、空、见、识等七种要素，谓之"七大"。太阳的光线有七色：红、橙、黄、绿、青、蓝、紫。人有七情：喜、怒、忧、思、悲、恐、惊。这些应该归源于"七"在人体及天地万物中的规律性。《易经》曰："反复其道，七日来复，天行也。"王弼注："阳气始剥尽至来复，时凡七日。"孔颖达疏："天之阳气绝灭之后，不过七日阳气复生，此乃天之自然之理，故曰天行。""七日来复"之说，揭示了天地阴阳的循环规律及人体的节律变化。就连西方也以七天为一个星期。

汉字智慧

俗话说："打蛇打七寸"，任何人都有弱点，一个管理者要正常的实现管理，不仅要能够发现员工的长处，更要能够抓住员工的弱点，这样，只有能够根据其弱点对其进行有效的控制，才能够有效的发挥其长处。

汉字的故事

日月星辰

谢 普 主编

九州出版社
JIUZHOUPRESS

前　言

　　人类历史仿佛一条涓涓细流，穿越漫长的历史时空，连接着过去、现在和未来。在奔流的过程中，文明产生、发展，并不断地趋于完善。站立起来的人，不再用动物般的方式沟通与交流时，语言产生了，随之而来的便是文字，它可以记录语言，交流信息。语言把人和动物区分开来，文字把人类社会的原始阶段和文明阶段区分开来。文字更打破了语言在时间上和空间上的限制，将语言传送到远方。

　　汉字是世界上最古老的文字之一，是记录汉语的书写符号，是华夏文明的根基，是中华数千年历史文化的载体。在久远悠长的文明中，汉字以它独有的艺术魅力和认识价值赢得了人们的赞赏和喜爱，再现了人类语言中最富有魅力的古典情怀。匀称的结构、简约的形象、美好的音韵、丰富的含义……汉字给人的美感是世界上其他任何的文字都无法比拟的，正如一位伟人说的那样："世界上有一个古老的国家，它的每一个字都是一幅美丽的画，一首优美

的诗……"

关于汉字的书写，历久弥新……汉字体系博大精深，缤纷动人，其所具有的魅力一直吸引着人们去探究、去领会。

在使用汉字的过程中，人们深刻挖掘它瑰丽的美感和深厚的文化内涵，形成了一种中国独有的充满智慧的表达方式。为了让青少年充分体悟汉字的美妙，领悟古人造字的智慧，本书精心选取了二百多个常用汉字，说明它们是如何来的；通过汉字的来龙去脉，具体地解释了每个字的发展历程；以一则则妙趣横生的故事，解析汉字间的异同；用一个个鲜为人知的逸闻趣事，带你领略汉字的瑰丽与神奇；同时，配以形象的图片，与你一同走进汉字的王国，回顾汉字的前世今生，解析汉字故事的背后通道。

本书在编撰过程中，力求避免学术性的枯燥，以故事为线索，充分挖掘汉字所蕴涵的文化信息，将青少年引入一个由汉字所带来的既博大精深又美丽动人的五彩世界。阅读本书，你不仅可以从中了解丰富的汉字知识和文化，而且能够感悟更多的人文关怀和民风民俗，从而丰富自己的知识与生活，做一个充满智慧的人。

目 录

汉字的故事

"日月"二字智慧

古代蒙学经典《千字文》开篇便写："天地玄黄，宇宙洪荒，日月盈昃，辰宿列张。"茫茫昏黄的天地间山水相接，日月星辰升起复落，如此循环往复，暑往寒来生生不息。它首先将自然中的事物和地理现象教会刚刚识字的幼年学子，将天地、日月的概念早早地留在了人们的心间。说起日、月二字，都是最早出现的象形文字之一，几乎在每一个文明国家都是如此。

距今约四五千年前，中国、古希腊和埃及都出现了象形文字，表现太阳的象形字都是一个圆圈，圆圈之中有一个点。一些学者们认为这一点是指太阳的黑子。"日"字就这样产生了。

而"月"字与"日"字一样都是象形字。不过，月虽然也是圆的，但是与日不好区分，所以为了区别二者，古人把"月"字写成月缺的形象。因为月满的时候少，月缺的时候多；圆月只好让步，变成弯月了。

汉字智慧

日月交替，岁月如梭。"日""月"在东升西落中展现了天体的运行、时间的规律，同时也说明了时间的珍贵。时光燃尽的人每天都期望看到第二天的太阳，然而，却又许多人浑浑噩噩，虚度青春。一寸光阴一寸金，人们做事时往往埋怨时间不够，却从没想过自己曾经浪费了多少。人生在世最多不过百余年，哪有许多日月供我们挥霍，往日虽然不可追，但是未来时光却可以由自己一手掌握。

"明"字智慧

《易经》中有记载："日往则月来，月往则日来，日月相推而明生焉。"意思就是说，天空中日月交替的现象使大地明亮。古人根据天地始终都会明亮的自然现象创造了"明"字，取意简单，一日一月而已。这恰恰也说明了"明"字为会意字。

"明"字甲骨文左边为"日"，右边为"月"，金文也是如此，然而小篆的结构却发生了巨大的变化。有人认为，这是由"明"讹变而来，其实却是古人另造的一个"明"字。小篆的"明"字左边的"囧"表示

窗户，意思是夜间月光照进窗子，使整个房子亮起来。其后，"明"与"朙"在古文中并用，简化字则又取用了古文的"明"，因为"明"表示光明的意思比"朙"更形象，书写方便。

汉字智慧

　　"明"的本义为明亮，引申义有明白、清楚、明察的意思。有句成语叫作"明察秋毫"，就是指人能够洞悉世间的各种事物，观察入微，不受蒙蔽，对是非善恶分得相当清楚。其实如果人心如日月，就可以明辨生活中的是非善恶；但如果故意蒙蔽自己的双眼，不分善恶对错，这种人必然遭人唾弃。常人虽然做不到明察秋毫，但是却可以自律、自省，修养自己的道德，做一个明慧之人。

"旦暮"二字智慧

日升日落的时刻，被古人称之为"旦""暮"。说起"旦"字，让人立刻想到《尚书大传·虞夏传》记载的故事：舜将帝位禅让给禹时，曾唱过一首《卿云歌》，歌曰："卿云烂兮，缦缦兮。日月光华，旦复旦兮。"这"日月光华，旦复旦兮"寄托了舜对禹的愿望，他把帝位禅让给禹，希望日月光辉长久照耀大地每一天，此句话中的"旦"，象征了舜禹禅让将给天下带来无穷光明与福祉。

"旦"的上半部分为"日"的甲骨文，表示太阳，而下面的"口"字形，则表示地面。太阳从地面冉冉升起，在快要离开地面的时候，由于太阳光过于耀眼，下方的光线仿佛和地面相粘连。这种现象在古人的诗词、文章当中常常出现。例如清代桐城派散文家姚鼐在《登泰山记》中，这样描写日出景象："日上，正赤如丹，下有红光，动摇承之。"这正是数千年前古人创造"旦"字所反映的景象。所以"旦"的甲骨文和金文均表示"日"连着地面，只不过金文体的"旦"字，将下面的"口"字形地表改成实心。

不过，为了便于书写和构型，小篆的"旦"字将下方的实心黑块改为一条横线，用来表示地平线，经过隶变之后，旦字有了棱角，成为了今日我们看到的样子。

"旦"的原意为早晨，黎明通常是光明和希望的象征，因为其昭示着新的一天开始。不少典籍还出现了"旦旦"一词，比喻天明，同时也表示人有坦然诚恳的心。《诗·卫风·氓》中就有"言笑晏晏，信誓旦旦"的说法。

言"旦"字则必然提"暮"字，因为二者是相对的概念。古人造"暮"字也是非常有趣和形象的。请看下面"暮"字的字体演变。

甲骨文的"暮"看起来是一个"日"没进树丛之中（四个"木"）；金文和小篆则是"日"落入草丛之中，表示暮色苍茫沉于草间。小篆的"暮"字隶变后，很显然它不是我们今天看到的"暮"，而分明是"莫"字。原来，先秦文字以"莫"当作"暮"使用，但是后来为了区分意义，就把"莫"字用来做否定词，表示"没有"，而另外在"莫"的下面加了个"日"，强调日落西山，故作"暮"字。

汉字智慧

旦、暮两字同时出现的时候，让人立刻想到了清晨和傍晚交替得如此之快，时间又是如此的短暂。有限的人生容不得一丝一毫的浪费，它能够创造许多无限的价值。有句名言说：谁对时间最吝啬，时间对谁越慷慨。要时间不辜负你，首先你要不辜负时间。对每一个早晨倍加珍惜，接下来的一天就会让自己活的更充实；对每一个傍晚迟暮感到惋惜，就会告诫自己第二天还要更努力，这样的人生才是积极的、明智的。

"星"字智慧

浩瀚的宇宙给人们带来了无限的想象，尤其是一颗颗闪烁的明星，引人遐思。从古至今，静谧的夜空下，多少人遥望美丽的星海，诉说着古老的传说。"星"字，便是古人仰望星空的产物。

《说文解字》讲："星，万物之精，上为列星。"甲骨文的"星"字，像夜空中繁多的星星，即用五个方块来表示星星，"生"代表读音。金文、小篆的"星"字，上面用三个"日"来代表星星，这是因为在上古时以"三为数之众"，"三"就是"多"的意思。此后，随着汉字的不断简化，"星"的三个"日"变成了一个，被放在上

方，下面则是"生"字。

　　星本是夜间天空中发光的星斗天体，它的运动过程所展现的美，让人们习惯用它来做一些比喻。如"星移斗转"指星斗变换位置，表示季节改变，比喻时间流逝。又由于人用肉眼看星星，感觉星芒点点，非常细小，所以"星"字又指细碎之物。除此之外，由于星能点缀黑暗夜空，所以人们还用其比喻在某一方面事业杰出人物，如"影星""歌星"等。古代专门以星象来推算吉凶祸福的行业也叫"占星"。

汉字智慧

　　星空固然美妙，看似始终一模一样，但是今夜看到的星空绝对不会与明日看到的星空有所相同。星亮、星闪、星灭，昭示着世间万物始终都在运动、消亡和再生。同时也说明，唯有不断运动着的，让自己不断燃烧，才能放射出更美的光芒。星的命运与人的命运如此相似，伏尔泰曾说："生命在于运动。"人只有不断让自己前进、拼搏，生命才可以绽放出盛世莲花。

"宇宙"二字智慧

传说太古的时候，天地是不分的，整个宇宙就像一个待孵的鸡蛋，混沌一团，分不清方位。但是在这个混沌之中，正孕育了一个伟大的英雄，他就是"盘古"。盘古开天地，为人类撑起了一片浩瀚的天空和广袤的大地，而昊空正是古代原始人对宇宙的理解，他们按照自己的生活环境对宇宙的构造进行了推测。西周时期，古人提出的早期盖天说认为，天穹像一口锅，倒扣在平坦的大地上；后来又发展为后期盖天说，认为大地的形状也是拱形的。

那么，到底什么是"宇宙"呢？

"宇"字的甲骨文和金文几乎一模一样，二者上面的"宀"即为房子的形状。"宇"字本义为房檐，后引申泛指"房屋"，如殿宇、庙宇；后来"宇"字词义扩大，又指空间，例如"席卷天下，包举宇内，囊括四海之意"；"宇"字还有风度、仪表等义，例如"器宇轩昂"。《说文解字》解释："宇，屋边也。从宀，于声。"可见，"宇"字为形声字，形旁为"宀"，声旁为"于"。

"宙"字的出现则晚于"宇"，《说文解字》上解释"宙"为："舟用所极覆也。从宀，由声。""宙"本来与"宇"的意义相同，皆为"栋梁"，后来才引申为：舟车所到的地方。后来"宙"的词义发生扩大，用来指"古往今来所有的时间总和"。

"宇宙"一词最早由墨子提出。他用"宇"来指代东西南北、上下左右的空间；用"宙"来指代古往今来的时间，即"四方上下谓之宇，古往今来谓之宙"。"宇""宙"二字合在一起便是指天地万物，不分大小、远近、古今、可知与未可知。近代科学解释，"宇宙"是指整个物质世界，它处于不断的运动和发展中，它是广阔时空和其中各种天体、物质的总称。这个范围之广大，不足以用语言来形容。

汉字智慧

　　宇宙内所有的物质及其本身，总是周而复始地从诞生到消亡、再诞生、再消亡，如此循环往复，万物才生生不息。古语有云："流水不腐，户枢不蠹。"不断的动才不会有腐败，才会有新的事物浮现。人只有不断地争取，才可能创造更辉煌的未来。

"山"字智慧

山不在高，有仙则名。一座山的高矮不会让它有什么特色，关键在于是否有仙人居住在这里，使其闻名于天下。我国的名山何其多，倒不是因其有"仙人"居住，而是因其风景秀丽、地质状况奇特。说起"山"，学术上的概念是指地壳上升地区经受河流切割而成，一般指高度较大，坡度较陡的高地。按高度可分为高山、中山和低山，按成因可分为构造山、侵蚀山和堆积山。古人可不会把"山"分得如此之细，他们直截了当地画了山的形状，"山"字就这样产生了。

甲骨文的"山"字，正像一座由多个高峰组成的山岭形状。《说文解字》上讲："有石而高。"其意思与甲骨文的象形意思相同，所以"山"为象形文字。但

为什么要画三个峰相接表示"山"呢？原来古代的"三"字表示多数，用三峰列而为"山"，便指多个峰峦相连的意思。这是古人用"远取诸物"的办法所创造的一个典型象形字。"山"字演变为小篆之后，线条变得明晰，但是直到经过隶变，"山"字才是我们今天看到的模样。

"山"的本义是山峰。引申义有高大，众多等。如"人山人海"。因为山是高耸的，所以后来还引申出"大声"的意思。古时臣子朝见皇帝时，三跪九叩，"山呼万岁"。这里的"山呼"意思是高声大呼。后来人们在造凡是与"山"的形状有关的字，都用"山"字旁，如嵩、峻、巍、岭、屿等。

汉字智慧

司马迁用"死有轻于鸿毛，重于泰山"来形容人对"死亡"的态度。"泰山"在这里表示的是人应当死得伟大，死得要有分量、有价值。可见，"山"的巨大和其不可撼动的形象，是人们追求的理想性格之象征。普通人可以不必追求自己生得多么伟大，死得多么光荣，但在追求理想的时候，意志却可以稳若泰山、坚定不移，而"坚持"往往让人更快地接近目标。

"土"字智慧

土壤是万物生长之本。人类靠泥土生存，因为有土地人们才能从事农业生产，创造衣食。所以世界上任何一个民族对土壤都有深深的情结。我国的古代人民在祭祀时，常常把土块垒成高坛，祷天降祥，祈土纳福，由于土壤能够生长东西，所以人们把垒起来的土当作神祭拜。这是早期的"自然崇拜"现象。而"土"字的造字就是由这种风俗而来。

"土"字的甲骨文看起来像是一堆土的形状；金文和小篆皆是由甲骨文演变而来，其小篆体更是与现代的"土"字相同。《说文解字》讲："土，地之吐生

万物者也。二像地之下，地之中。丨，物出形也。""土"
是社的本字，本义是聚土为社祭地神。经过引申后，它才
由祭祀的"土"变成了普通的泥土、土地。由于人与土地
的关系很深，所以人们干脆把家乡也称作土，例如"乡土"
一词。"土"可作偏旁，汉字中凡从土之字都与土壤或土
地有关，如地、城、垣、埋等。

汉字智慧

中国人的乡土情结几千年来深重异常，在传统
的封建制度下，人们被束缚于土地上，生于斯、长
于斯、死于斯，因此"安土重迁"的观念已经深入
人心。鸟恋旧林，鱼思故渊。在中国，无论是时光
流转、社会变迁，还是政府更迭、人事代谢，乡土
情结和亲情观念早已化成鲜红血液，流淌在炎黄子
孙的骨髓之中。人们不要把乡土当作一种束缚，因
为他是人类最坚实、最温暖的港湾，哺育了人的成长。

"水"字智慧

很久以前，某地一个镇子上有几家酒店，无一例外地卖酒掺水。怕卖不完，就当天掺水当天卖光。有个喝酒的人，天没亮就去一家酒店。人来得突然，伙计不好当人面掺水，就吟一句诗问掌柜的："未入蓝溪欲奈何？"蓝溪是当地的主要河流，代表"水"，伙计是问："我还没掺水怎么办？"掌柜的也回了句诗："适逢壬癸已调和。"原来根据天干与五行"甲乙木、丙丁火、戊己土、庚辛金、壬癸水"的关系，这句诗表示掌柜的已把水掺好了。

这位客人知识面很广，听了头两句，便知道酒店里的名堂，气愤地说："有钱不买千山万。"句中隐去"水"字。谁知掌柜的脸皮也厚，接了一句："别处青山绿更多。"也隐去个"水"字，说别的店比我们掺水还多。客人只好无可奈何地走了。

这是一则有关"水"的趣味故事。水对于人类来说，就像性命本身一样重要。万物源起于水，在水的滋润下，再荒芜的星球也会产生生命的奇迹。水无疑是人类生存的命脉。那么，"水"这个字又是如何造出来的呢？

甲骨文、金文中的"水"字，像一条水流。中间的弯曲细线代表河道，两旁的点滴是水花。小篆的"水"字则更有弯弯曲曲的流水之形，显露了水的柔性。所以水的本义指水流或流水；泛指则是表示水域，如江河湖海；后来引申指为汁液，如泪水等。"水"是汉字的一个部首。凡是与"水"有关或者性质能流动的事物，大多都有"水"相伴左右。

《说文解字》中讲："水，准也。""准"的意思就是"平"，因为水处于静态的时候，由于重力因素，它会保持水平的境界，所以人们把某一事物达到一个既定的标准称为"水准"。然而，当水奔流不息的时候，它由静态转为动态，同样有不可阻挡的猛势，洪水就是最好的证明。

汉字智慧

水可静可动的姿态给了人们无限的启示。人们学习水的迂回，懂得了变通的道理；看到了滴水石穿，懂得了什么叫坚持；学习流水不腐的道理，懂得了进取与创新；学习了水狭则不深的道理，懂得了宽容和坦荡；看到了水的奔流不息，懂得了什么叫勇往直前。"水"教会了人们太多，如果能够掌握了"水的智慧"，人在生活中则可以做一尾游鱼，畅游天地。

"火"字智慧

相传，孔子一生发生了三次与"火"有关的故事。一次鲁国的养马场发生火灾，孔子闻讯赶到现场时火已扑灭，满身泥水的救火人员正在外撤，孔子就站在马场门口向这些人一一鞠躬致谢。不久，鲁国国都附近山林失火，迅速向国都方面蔓延。鲁哀公急忙率领孔子等部属前往扑救，但是到现场后却发现有人不救火，却去追逐火场中的野兽。鲁哀公问其故，孔子说，主要原因是赏罚不明。鲁哀公便下令：凡见火不救者以放火罪论处，救火有功者奖，结果大火很快被扑灭。有一天，鲁国一个马棚失火，孔子到火场后，没有问马的损伤情况，而是先问烧着喂马人没有。此事使百姓很受感动。不管是现代还是古代，"火"似乎常常与灾有关，然而，人的生活却从不曾离开过火。

人类的第一把火是上天赐予，它发生于雷电降临大地之际，人们意外地发现了它对人类生存具有重要的作用。火是饮食烹饪之根本，应该说，有了火，才有饮食文化。没有火的原始社会，人们"食草木之实，鸟兽之肉，饮其血，茹其毛"。生食对于人类有极大的害处，还会引起各种恶疾。自有了火之后，才使"炮生为熟，令人无腹疾，有异于禽兽"。火之发明者，中国一致的传说是钻燧取火的燧人氏。考古者从周口店北京猿人所用石器初步推测，中国的原始人很早就开始自觉用火，大约在五十万年以前。下面就来说说这个"火"字是如何造出来的。

　　甲骨文的"火"字像是火焰的形状。这说明"火"必然是一个象形字。"火"字的小篆体将甲骨文的形象化变得线条化，经过隶变后写作"火"。《说文解字》上解释："火，毁也。南方之行，炎而上，象形。""火"字的本义为燃烧时产生的光、焰和热，后来才引申为焚烧、烧毁的意思，这也是《说文》中为何将"火"解释为"毁"。由于火的颜色是红色的，所以还用来指代色彩，例如"火云"，指的是太阳下山前天边红

色的彩云。此外，因为"火"有破坏性，所以它的另一个引申义是战争、枪弹，例如交火、开火、炮火。

"火"的引申义大多与其性质、形态有关。古人造字凡是有"火"字作为偏旁部首的，也几乎都是因为其某种特质与"火"相似。一个"火"字可以看出古人造字是一件多么奇妙和有趣的事情。我国少数民族彝族还有一个传统节日叫火把节，是彝族最重要的节日之一。

汉字智慧

"火"虽然具有破坏性，但却带给了人们生活的希望。毛泽东同志就曾用"星火燎原"来比喻革命的火种虽然暂时弱小，却有伟大的前途。火是激情、热情、敏锐、进取的代表，事业也好、感情也好，对生活中的一切充满了火热的激情，生活才会更加丰富；对生命充满热爱，生命会更加富有希望；对一切看得清晰，人才能更加明智。

"光"字智慧

<big>咣</big>当一声慌闭嘴。这是一个谜语，打一个每天都能见到的东西。从"咣"的字形来看，如果"咣"闭嘴了，那就是"口"字没了，也就是"光"字了。"光"是什么呢？它不能用手抓，也无法挽留，它用眼睛能看见，却不能留在人们的记忆深处，这就是神奇的光。科学上解释，光是太阳、火、电等放射出来耀人眼睛、使人感到明亮，能看见物体的东西。假如没有光，宇宙将一片黑暗死寂，生命也不会存在。可以说，光是地球生命的来源之一，没有它，人们永远也无法认识外面的世界。

甲骨文的"光"字，上半部像火焰，下半部则像一个人跪地的模样。整个字像人头顶上有一团火的样子。"光"字的本义即为光芒、光

亮。一些学者根据"光"的造字法推测，古时取火不易，失火却极容易，为了让火既不熄灭，又不蔓延，便需要专人看守火苗或者保护火种。"光"字的造型就反映了人与火的这种关系，火在人下就是指火种常在，光明永存。《说文解字》云："光，明也。"也就是光亮之意，由此引申出了"荣耀"之意，例如光荣、光辉等词。由于光具有放射性和延续性，所以人们把光作为计量时间的单位，例如"光年"。此外，"光"还有"时光""景物"等义，例如光景。"光"字随着字义的不断扩大，常被用来作比喻。"光风霁月"指雨过天晴时风清月朗的景象，比喻开阔的胸襟和坦荡的胸怀。"光怪陆离"一词还形容现象奇异、色彩复杂。

汉字智慧

古代高堂之上的匾额常常是"正大光明"四字。为何古人对"光"如此钟情，正因为其是正义的象征、希望的代表。人类大多是追求光明、鄙视黑暗的，光与暗就像对与错之间的关系，选择了前者，就与后者无缘。人们在选择自己的人生时，如果心正则前路光明，如果一门心思用在歪处，其人生必然晦暗无光。

"川"字智慧

《说文解字·川部》记录："川，贯穿通流水也。""川"是什么，当然就是流淌不息的水了。我国的著名大川比比皆是。长江、黄河、珠江、淮水，无一不是畅通无阻的川流。关于"川"字，有许多有趣的事情。欧阳修《归田录》中就曾记载了两则。唐代将领高骈镇守成都时，与他的酒佐薛某创制一新酒令，要求先说一字，再说一句话描述这一字形，还须合辙押韵。

高骈先开口："口，有似无梁斗。"薛某立刻接着说："川，有似三条椽。"高将军打趣道："你这三条椽怎么有一条弯的？"薛某诙谐地说："将军是四川节度使，这样

富贵还使用一个没梁的斗，我一个穷的佐，三条橡子中有一条弯一点的，有什么奇怪呢？"

另一则故事是：有个才疏学浅的教书先生只熟悉一个"川"字，上课的时候，只能拿一个"川"字应付。有一次，先生连续翻了许多页，都未寻见，急得满头大汗。忙乱之中，忽然见到一个"三"字，便指着"三"字大声骂道："我到处寻你寻不见，原来你躺在这里睡大觉！""川"由撇、竖等笔画组合，"三"全由横构成，教书先生横竖不辨，指鹿为马，不免叫人捧腹大笑。

从古到今，人类逐水而居已经成了惯常的现象，一些河流常常被人类誉为"母亲河"。"川"字的造字也是基于古人对河流的细致观察。

甲骨文的"川"字像一条弯曲的河流，两边的弯线代表河岸，中间三点是流水。显然，"川"字为象形字。后来，"川"的金文和小篆干脆写成三条流动的曲线，也表示河流的意思。"川"字的字形由此就定下来。它的本义就是河流。

　　一般来说，河水的水面低于河岸，河流水面是平坦的，山间或高原上低而平坦的地带像河川，因此"川"引申为山间或高原上平坦的地带，如"一马平川"。另外，"川"表现了水的流动性，所以它还有流动不止的意思，例如"川流不息"。我国的四川省简称叫作"川"。

汉字智慧

　　中华民族是一个因水而生的民族，它追随者黄河之水的流淌而繁衍生息，就像川水不止一样。"川"字体现了一种民族顽强不息的精神。现代社会讲究拼搏、开创，无不需要顽强不息的"川流"精神，这也是人们应当效仿和学习的。

"州"字智慧

传说禹治水以后，将天下分为九州。也有尧时天下分为十二州之说。州是根据水纹特征而分配的地区。但是州的原意又是什么呢？

从"州"的现代字形来看，其与"川"只差了三滴水珠，而这三滴水珠，恰恰表现了"州""川"二字的区别。

《说文解字》云："州，水中可居曰州。周绕其旁。""州"就是指水中可以登陆的地方，水都得避开它流动。"州"的甲骨文和金文均看起来像在一条奔流不息的河流中，有几个小圆点，小圆点就是河中的小州了。而"州"字的本义即是水中的陆地。"州"的小篆字体已经变得圆润，但是仍然维持着古文字的字形，直到经过隶变，才是我们今天看到的模样。

大禹划分九州之后，"州"字成为古代行政区域的专有名词。作为区划的"九州"历代均有变动，但"九州"一词却成为了中国的代称。

由于"州"引申为行政区域划分名词，为了区分词义，人们在其旁边加了"氵"，作"洲"字，用来表示大海之中的大型陆地或河中的滩涂。

汉字智慧

"州"的出现是我国古代国家管理制度的进步，它体现了一种"分而治之"的理念，通过对地区的划分来达到分别治理，方便控制地域和人口。这种方法可以应用在现代管理学中，也适用于商场，可以应用在企业、人力、资本、资源的拆分和整合上。它既是古代兵法的精髓，也是现代人解决问题广泛应用的方法。

"海"字智慧

海子在《面朝大海，春暖花开》中这样写道："愿你有情人终成眷属，愿你在尘世获得幸福。我只愿面朝大海，春暖花开。"大海的汹涌澎湃、宁静宽容，赋予了人们无限的遐思，从古到今，世界上许多国家的古老神话中，大海都是一个神秘而伟大的意象。我国古代也有很多关于海的传说，例如《山海经》中记录的"精卫填海"这一典故，赞扬了小鸟敢于向大海抗争的战斗精神。

那么，"海"又是什么呢？今人对海的了解，都知道它是大洋靠近大陆的部分水域，但在古人的心目中，大海无穷无尽，达到了天之尽头，地之彼端，它承载着

大地,万川归结。"海"字的造型,就与这种认识有关。《说文解字》云:"海,天池也,以纳百川者。从水,每声。""海"字出现的相对较晚。左边为水的象形字,表示河流,右边为"每"字的象形,"每"字指戴有头饰的妇女。因此,有学者认为,"海"的字形表现了"海"是"水"之母。

　　"海"字由金文演化而来,经过隶变之后作"海",才是我们今天看到的字形。"海"字的本义为靠近大陆比洋小的水域。但在古人的认识里,类似于海的大湖也叫作"海",例如"里海""青海"等。由于海是宽阔的,所以其又可以指代"大""多",例如海量一词,就是指人的气量像海一样宽广。海还象征着多,例如人海茫茫。

　　"海"还曾经是方向的代名词,古书中有"四海犹四方"的说法。我国古人以为自己所居的黄河流域中原一带是天下的中央,故称本国为中国。而中国四周的异族则被认为处于大地周边，近于海边，所以古书中有"九夷、八狄、七戎、六蛮，谓之四海"的说法。这样一来，"海"就很自然成了"中国"的界限。"海内""海外"等一系列词语出现，也就不稀奇了。

汉字智慧

"海"给人们最大的启迪便是其浩瀚无边、宽广无垠所展现出来的气魄。俗话说：忍一时风平浪静，退一步海阔天空。海纳百川是一种气量、一种沉稳的精神。如果人心足够宽广，有海纳百川之势，容纳万物于其中，则必然心宽体胖、宠辱不惊、潇洒自在、人格高尚，并为人所尊重。我们看海、听海、读海，学习的就是海的这种大度和宽容。

"回"字智慧

两口可作"吕"字，自然也可以作"回"字。《说文解字》里解释："回，转也。中像回转形。"回的本意就是旋转、环绕的意思，这一点可以从回的字形上就可以看出。

"回"的甲骨文看起来像是河水中水流回转的漩涡，其金文只不过把旋转的方向调过来。等到演变为小篆，"回"字干脆成了闭合的两个漩涡，其经过隶变之后，小篆的圆润变成了有棱有角，也就成了我们今天看到的"回"字了。水回流是一种常见的自然现象，古人就是根据这种现象造的"回"字。

"回"字的引申义有返回、掉转、旋

转、答复、闪避、改变等意思。有时作量词，例如小说里的"章回"。

苦海无边，回头是岸。这句佛语指掉进苦海的罪人，只要懂得悔改，就可以解脱。其中的"回"字，象征着一种人性中的"悔"。人懂得"回顾"历史，就会找到值得借鉴的事物，对当下的一切看得也就更清楚。"回"并不是让人站在原地不动，无论它的造字和其意思，都是动态的，表示经历过之后再次回到原点。这就告诉人们，当你在人生的路上渐行渐远，发觉自己的路发生偏颇的时候，你可以暂停脚步，回顾过去。也许某一次的"回眸"，就会改变你平凡的一生。

"风"字智慧

宋代大散文家范仲淹在浙江做地方官时，在富春山上的钩台上造了一座严子陵的祠堂。祠堂落成后，范仲淹为之写了《严先生祠堂记》一文。记中写道："云山苍苍，江水泱泱，先生之德，山高水长。"文章写好后，将此文送给友人李泰伯看，李看后赞不绝口，随后对范仲淹说："如果诗中改动一个字，那就更完美了。"范仲淹连忙请教。李泰伯说："诗中写云山江水的话，意境很大，后面用一'德'字来承接，便觉得有些局小，而且太呆板。把'德'字改成'风'字，你看如何？"范仲淹听了，连声说好，马上就把"德"字改成了"风"字，并且尊称李泰伯为一字之师。

"风"字在故事里的意思就是风格和风度。"风"有什么格

调呢？自然就是逍遥且不屈了。这世界上有什么写不出来、画不出来、看不到的东西呢？当然就是风。风无影无形，却有质有量。古人作画，也只能假其他物体来表现风大与风小。那么，"风"字又是如何来的呢？

甲骨文的"风"字是一只大鸟的形状，这其实是古时的"凤"字。上古时期，还没有"风"字。商周卜辞里面，通常都是借"凤"字作为"风"用。例如"大凤"指"大风"。但是古人发现了"风动则虫生"的规律，所以根据这个特点，"风"字的小篆就变成了以"虫"表意，以"凡"表音的形声字，与"凤"字有所区别了。

风是一种自然现象，其本义就是空气流动的自然现象，特指空气与地球表面平行的自然运动。但是古人却赋予了"风"人性的气息，他们把其理解成一种氛围和环境，例如风度、风格、风范、风俗、风波、风声鹤唳等。

风还有表示男女情爱的意思，例如风流、风月。因为"风"这种自然现象也有暴虐放肆的时候，所以其引申义还有放荡、癫狂之意，例如风魔。

汉字智慧

风是一种自然的讯息。从气象学来说，风的强弱、干湿代表了天恩地泽。然而，人类赋予了风一种格调：无法掌握，逍遥自在。风的潇洒和不羁，风的温柔和狂放，皆是那么迷人。人若能把风的神韵把握住，做到来去如风般自在，真就能达到庄子那"逍遥游"的境界了。

"雨"字智慧

66 青箬笠，绿蓑衣，斜风细雨不须归。"这是张志和在《渔歌子》中千古传唱的佳句。淅淅沥沥的小雨铺洒在水面上，一蓑衣，一只小舟，朦胧的细雨，风景美不胜收，其意境无以言表。其实，雨和风一样，都是再自然不过的现象。科学角度讲，雨是天空中的云遇到冷空气之后凝聚成水珠，水珠越聚越大，最后抗拒不了重力因素而落向地面，这种现象就叫作下雨。"雨"与人们的生活及农业生产有密切的关系，古代的自然崇拜中，就有祈雨的祭祀。

"雨"字的甲骨文像是天空中降落的水滴，上面一横代表雨云，下面的点滴或短竖表示雨滴。很明

显，"雨"为象形字。
"雨"的金文和小篆
也是承袭了甲骨文的
造型。"雨"的本义
指雨水，后来用来作
形容词，表示密集，
例如雨注。汉字中凡
从雨的字大都与云雨
等气象有关，如雷、雾、霜、雪等，这些大都是雨水的其
他形态。雨还有丰富的比喻意义，例如"雨过天晴"表示
情况由坏变好。"雨后春笋"本来指大雨后春笋旺盛地生长，
但人们用其来比喻新事物蓬勃出现。"雨露"一词比喻施
以恩惠。"雨迹云踪"比喻男女旧情，已成往事。

　　古往今来有关"雨"的诗词无数，例如"清明时节雨纷纷，
路上行人欲断魂"，"雨"表示悲伤的心情；"夜阑卧听
风吹雨，铁马冰河入梦来"，这里的"雨"表示保家卫国
的情绪；"东边日出西边雨，道是无情却有情"，其中的"雨"
滴滴皆有情；"天街小雨润如酥，草色遥看近却无"，这
里的"雨"却充满新生的喜悦。人们赋予了"雨"各种情感，
雨下落的姿态，凸显了人们各种各样的心情，它成了情感

的代言物。

　　古今人士同是听雨、看雨，感雨，境界不同，自然感受也各异。少年风流，追欢逐笑；壮年坎坷，浪迹天涯；长夜听雨，心如死灰；凭栏倚望，满腹惆怅。雨更像是人生境界的象征。

汉字智慧

　　我国古代诗词歌赋与自然之物的结合，其中所表现出来的人类生存境界和人生态度与中华民族好静的传统性格恰恰相符。西方民族好动，中华民族好静，后者喜欢静观万物，领悟道理，因而对自然物象有了更丰富更细腻的情感体验和感受。中国人这种喜物、爱物的性格恰恰培养了其注重自身心性修养的习惯。而此时的"雨"就是人们培养道德情操的媒介。

"雷电"二字智慧

雷声过后，风雨即至，这是一种自然的现象。雷、雨同风一样，与万物生长有着密切的关系。《周易·说卦》里说："雷以动之，风以散之，雨以润之。"雷鼓动万物，风散布万物，雨滋润万物。上面讲到了"风""雨"，这一节就来谈一谈"雷"和"电"。

甲骨文的"雷"字，中间弯曲线条表示闪电，旁边的圆圈和小点表示雷声。整个字中雷声和闪电就是雷电的组合。"雷"字的金文是由甲骨文衍生而出，然而，其字体演化为小篆之后，却变成了会意字，上面是

雨，下面是雷相连的模样。表示打雷下雨了。《说文解字》理解："靁（雷），阴阳薄动，靁雨生物者也。"在这里指出了"雷"字的本义，即云层放电时发出的巨响。由"雷"的本意引申出了"巨大"的意思，比喻无可抗拒的强大威力；雷还用来指军火炸药，例如手雷、地雷、水雷。

与"雷"这种自然现象伴生的除了"雨"，自然就是"电"了。人们在遇到雷雨天时，常常是先看到闪电，再听到雷声。然而，雷电的产生时间其实是相同的，只不过电产生的"光"传播速度远远快于雷产生的声音。雷电在古人眼中，被蒙上了神秘的色彩。古人认为雷电是雷公、电母制造出来的，如果什么人做了罪大恶极的坏事，就应该"电闪雷劈"，所以人们对雷电怀有敬畏。古人对雷电观察细致入微，从"电"字的造字就能看出。

早期时候，"电"字还没有出现，人们用"申"字表示雷电。"申"的甲骨文看起来就是电闪时的模样，所以它成了"电"的本字。"申"是象形字这是毋庸置疑的。后来人们发现，闪电多在雨天出现，于是在"申"上面加一个"雨"，金文和小篆体的"电"字就这样出现了。"电"的繁体字作"電"，是由其小篆衍生出来，经过现代简化，才是我们今天看到的模样。而"申"字则用作历法，为干支中地支的第九位。

议字智慧

　　"雷电"作为自然现象，展现了一种"速战速决"的气魄，不拖沓，不缠绵，强大而迅捷，人能从"雷电"中学来的，恐怕也就是这种雷霆万钧的气势了。生活中在做有些事情时，需要果断坚决时，不能有丝毫拖沓，否则就会延误事情解决的最佳时期。

"霜雪"二字智慧

李白在《侠客行》里曾写过这样一句诗："赵客缦胡缨，吴钩霜雪明。"兵器如霜雪般明亮刺眼，其锋利可想而知。"霜雪"在诗人的眼中，要么使得"将军角弓不得控，都护铁衣冷犹著"，充分表现塞外那种冰寒彻骨的天气；要么就是两鬓斑白如霜雪的凄凉；要么显现光泽，如李白的"吴钩"那般锋锐；要么就是表现冰清玉洁，白璧无瑕。霜、雪与其他自然现象都成了人们情感的寄托物。那么，究竟"雪""霜"是如何造字的呢？

"雪"字的甲骨文看起来像连绵纠结起来的雨。由于雪是雨的一种形态，雨在一定温度下，凝结成形状各异

的片状固体物，就是雪了。不过"雪"字的小篆却没有继承甲骨文的象形性质，而是从"雨"型，下面的"彗"表示扫帚。一把扫帚和雨在一块儿，雨是没办法扫了，但是雪却可以扫。因此，"雪"字就这样被造了出来，它是个会意字。

而"霜"字的甲骨文，上半部分是"雨"，下半部分却是"木"字的甲骨文，表示雨凝结在木上。雨要想停留在树上，自然就需要凝结成霜了。但是"霜"字演变为小篆却不再是会意字。人们在"雨"下面的木头旁边加了个眼睛，"雨"之下就成了"相"字。"霜"的读音从"相"，它从原来的会意字变成形声字。《说文解字》上讲道："霜，

露所凝也。土气津液从地而生，薄以寒气则结为霜。"这上面解释了"霜"的本义，即在气温降到摄氏零度以下时，近地面空气中水汽的白色结晶。

汉字智慧

由于雪和霜都是寒冷之物，所以二者搭配使用常有严峻、冷酷的意思，例如"雪上加霜"，比喻接连遭受灾难，苦上加苦。不过，这二字皆是玉洁冰清，人们更经常用他们比喻洁白之物，也有的比喻他们坚忍、傲然，其纯净受到许多文人骚客的喜爱。自古以来，以其做的诗句无数，例如"平生所娇儿，颜色白胜雪。""一别高人又十年，霜筋雪骨健依然。""雪""霜"的高洁风骨和精神非常值得现代人效仿。

"冰"字智慧

荀 子曾说:"冰,水为之,而寒于水。""冰"与"水"在化学上属于同一物,在物理上却是两种形态。古人在造"水"字的时候,以流水表示,那么"冰"字又是如何创造出来的呢?

"冰"字由于出现较晚,没有甲骨文,其金文看起来像水旁边有两个块状的水点,这两个水点本来在右侧,但是当"冰"字演变为小篆体时,两个水点到了左边,并且成了两个拱形线条,作"仌"(bīng)状。"仌"字是什么意思呢?原来水凝成冰后,体积增大,其表面呈现了上涨(上拱)形,这就是"仌"了。按照"冰"字的造字结

构，从"仌"从"水"，可以看出它是会意字。《说文解字》上解释"冰"："冰，水坚也。……冻也，像水凝之形。"而它的本义即是水冻结而成的固体。"冰"的物理状态光洁无瑕，所以它的引申义有清白、晶莹的意思，例如"冰清玉洁""一片冰心在玉壶"。此外，冰还比喻高尚的情操，例如"冰操"。

汉字智慧

古语有云："冰冻三尺非一日之寒，滴水石穿非一日之功。"这其中暗含了人们无论是在学习、工作或是在人生的目标追求中，成功并不是一瞬间的功劳，而是一个长期奋斗的过程。做人就当具备这种"冰冻"和"滴水"的锲而不舍精神，一旦确定方向就持之以恒地走下去，为了实现理想而坚持不懈的奋斗。

“东西”二字智慧

人们常常说“这个东西……”。“东西”一词恐怕是日常生活中最常出现的词语。那么到底什么是“东西”呢？关于这个词还有一个有趣的故事。

相传，宋朝，有一位理学家名叫朱熹，他好学多问，爱钻“牛角尖”。有一天，朱熹偶然遇见一个精通天文地理的好友盛温和。朱熹笑问盛温和：“你提着竹篮子干什么去呀？”盛温和见是朱熹，一心想和他开个玩笑，便诙谐地眨着小眼睛说：“我呀，是上街买‘东西’的。”朱熹想来想去不明白他说的是什么意思，于是又问：“‘东西’怎么买法？什么价？买‘东西’，那为何不买‘南北’呢？”盛温和听了不

觉失声笑道："你呀，真是聪明一世，糊涂一时。我问你，与金木水火土相配，统称为五行的是什么？"

朱熹这才恍然大悟，自言自语说："哦，哦……金木水火土，东西南北中，东方属木，西方属金，金木之类的物品，篮子里都能容纳得下，而南方属火，北方属水，这水火类放进篮子不连篮子都没了？"说罢，朱熹高兴地指着盛温和的脑袋说："哎呀，原来你的脑瓜子是转弯的。"两个人都哈哈大笑起来。后来，这个故事流传开来，"东西"逐渐被作为物质的代名词了。那么，东、西二字又是如何来的呢？

相传我国古代有个神话传说叫"日出扶桑"。扶桑是一棵传说中的树，在太阳升起的方向。传说太阳就住在扶桑树上，每天早上拂着树枝升到高处，普照大地。而东就是根据这个传说所造。

"东"字为会意字，看起来像是一个"日"在"木"中，表示"日"从"木"起。

所以它的本义是日出的方向，即东方。

再说"西"字，它的造字比较抽象。夕阳西下，倦鸟归巢，天地一片静谧，什么都没有，古人就是根据这种自然现象造了"西"字。

甲骨文、金文的"西"字，均像一个鸟巢。百鸟归巢栖息，当然是在黄昏，所以人们就把"西"字用作表示与"东"相反的方向。既然主人坐于东，客人当然相对坐在西席。中国人按照太阳东升西落的方向，把自己称为东方，把与自己相对的国家，特别是西面的欧美国家称作西方。

汉字智慧

　　人们把东西二字合起来并用，一方面指方向，一方面指物体。有时候一些人会形容那些行为不检点或者作风、品德不好的人为"不是东西"，正是基于朱熹的解释。作为一个社会分子，修养品德，提高个人素质还是能够做到的，这是既对自己负责，也是对别人负责的行为。

"南北"二字智慧

中国古代的建筑均讲究"坐北朝南",南与北在古人眼中是泾渭分明的两个方向,那么究竟"南""北"二字是如何造就的呢?

相传上古时,黄帝与蚩尤曾在涿鹿之野发生战争,在这场战争中,黄帝发明了指南车,车上有一个木制仙人,仙人的手永远指着南方。适逢大雾,交战双方都迷了路,黄帝凭借指南车引导方向取胜,蚩尤兵败被杀。不过最早的"南"字,却并非来自于指南车。

甲骨文、金文中的"南"字,像是钟一类的悬挂敲击乐器,本义是乐器,后来借指方向。《说文解字》上讲:"南,草木至南

方有枝任也。"因为南方属于阳面，草木生长都有向阳的习惯，所以"南"即是草木生枝发芽的地方。"南"字的小篆是前两者的演化，经过隶变之后，字体定型。再看甲骨文的"北"字，像两个人相背而立的样子。《说文解字》上讲："北，乖也，从二人，相背。"所谓"乖"，在过去指两人之间的关系不协调，本义是"背对背"，即"违背"的意思。徐灏在《说文解字注笺》中曾说"北"与"背"是古今字，后来把"北"借用表示方向，"北"的"背"意渐渐消失了。为了方便使用，人们在"北"下加"月"，"月"表示肉，这便是"背"字的由来。

因为有"坐北朝南"一说，所以南侧为尊，北侧为臣，故有"南面称孤"一词，表示自立为王。南北二字组成的词语不胜枚举。如"南腔北调"指人的语音不纯，夹杂南北方言。"南辕北辙"指欲南行而车向北，比喻行动与目的相反，后人以南辕北辙比喻背道而驰。关于"南"和"北"，还有这样一件有趣的事情。

清朝乾隆五十三年，工部衙门被大火烧光，工部尚书金士松亲自监工，督造新的工部衙门。一天，群臣议事过后，大家闲聊天。

一位说："这工部，所主皆水利工程之事，不妨称为

水部。"

另一位说："其实早有人称水部了。有趣的是，水可以灭火，而这次，却是大火烧掉了水部。"

大才子纪晓岚说："我这里有个出句，请各位大人对。"待他缓缓说出后，众人谁也对不上。

"水部火灾，金司空大兴土木。"司空，本来是汉代官制，与司徒、司马合称"三公"，清代常称工部尚书为司空。因此，出句所说的，全是实事，对句也不能虚构。

其实，纪晓岚本人也正在想下联，对了很久都对不上来。正巧此时进来一位内阁中书，此人是南方人，长得身高体壮，常说自己是"南人北相"。纪晓岚一击掌说："有了。"他走到中书面前，拍拍他的肩膀说："正在对句，只好借你一用，请不要在意。"于是，他吟出下联："南人北相，中书令什么东西。"以"南北中东西"对上联的"水火金土木"，真是天造地设的妙对。

汉字智慧

　　"南北"跟"东西"不一样，"东西"可以并提并用，而"南北"却分得格外分明，从其组成的词语和上述典故就可以看出，二者截然相反，不可相提并论。中国的地理位置决定南为阳面，北为阴面，阴与阳不可同在，南北当然不能共存，选择一方，就无法选择另一方。这就像人们在选择自己的人生之路一样，选择了一条路，就不能回头，中途即使调转方向，只不过是一个新的开始，但并不能抹杀之前的一切经历，也无法回到最初的那一点，从头再来选择。所以每个人都应对自己的人生负责，慎重选择前进的方向。

"上下"二字智慧

《说文解字》上有云:"上,高也。……下,底也。""上"就是指高处,"下"指低矮处,二者是相对的概念,在中国古汉字中,是出了名的指事字。

甲骨文的"上"字,上半部分为短画,下半部分为长画,而"下"则正好将其颠倒过来。这里的长画是一个平面物的抽象概括义,短画则是任何物体的抽象代表。

"上"由本义的"高处"引申指等级或品质高,如上级、上等;又指次序或时间在前的,如上册、上半年。上还可用作动词,有由低处向高处攀登,如上楼;还有由此处向彼处前进的意思,如上街、上班。

"下"的本义指低处;引申义有等级或品质低,时间或次序在后等义,组成词汇大多与"上"

字相反。

　　"上""下"二字经常连用，常用来表示虚数或虚指，例如"50岁上下"。二者还用来形容人不安的心情，例如"七上八下"。有两个字分别是用"上""下"加"心"组成，即是"忐忑"二字。人"心"又上又下，干什么都拿不准，当然就是"忐忑不安"了。

汉字智慧

　　人心神不定，上下不安，恐怕是常有的事儿，谁也无法避免，但是却可以减少这种情况。只要有足够的信心，足够的能力，多数事情皆可迎刃而解；但若不学无术，纵使别人已经为其铺路开道，恐怕也于事无补。人的能与不能，要看其上进还是不上进，跟个人学习处事能力虽然有一定关系，但究其根本还在于其本心。

"中"字智慧

皎然是唐代著名的诗僧，俗姓谢，字清昼，吴兴（今属浙江）人，为南朝谢灵运十世孙。一天，一个书生听说皎然的诗写得很好，便带着自己写的诗作去请皎然指点。皎然看后觉得其中"此波含圣泽"一句欠佳，便对那位书生说："诗中的这个'波'字用得不妥，是否考虑改一下？"书生听了皎然的话，不以为然，拂袖而去。但是皎然料定，那个书生想不通只是暂时的，他必然还会回来找他。于是在自己掌中写了一个"中"字，握之以待。不一会儿，那

个书生果真又回来了，并且高兴地对皎然说："你的意见很好，我考虑再三，'波'字用得不太妥当，我想将它改为'中'字如何？"皎然这时以掌上的"中"字相示，两人都高兴地

笑了起来。

何谓"中"，不偏不倚也。中国为什么把自己的国家叫作"中"呢？皆因古人认为其所处的地点是大地的正中央，不偏也不倚。这个字表达的是抽象的概念，它的字形是如何构造的呢？

《说文解字》中有云："中，内也。从口，上下通。"由"中"的本义引申出有两段之间、四面等心的意思，例如"中心""中等"。由于"中"有不偏于任何一方的意思，所以也有"中庸"等词。

汉字智慧

中庸思想即指古代儒学的中庸之道，它着重在于修养人性：博学之，审问之，慎思之，明辨之，笃行之。所追求的修养最高境界是至诚或称至德。它教育人们自觉地进行自我修养、自我监督、自我教育、自我完善，把自己培养成为具有理想人格，达到至善、至仁、至诚、至道、至德、至圣、合外内之道的理想人物，也就是"天人合一"，人与自然相协调的境界。

"内外"二字智慧

古往今来，国家内部和外部一旦出现祸患，常以"内外交困"来形容。《说文解字》曾解："内，入也。自外而入也。""外，远也。"故而"内""外"相对，本义相反。二者本义即体现了其造字的过程。

内的甲骨文字形看起来像是一个"冂"（jiōng）中有一个"入"（尖锐的器具）。"冂"表示蒙盖，"入"表示进入的东西。这两个字合而表示事物被蒙盖在里面。本义是自外面进入里面。

再看甲骨文的"外"字，从夕，从卜。关于"外"字构架有两种说法，第一种是"卜"代表占卜，"夕"自然指的是晚上，整个字表示在夜间占卜。古代在夜里卜卦表明边疆有事。还有一说就是，人如果要在外过夜，就需要卜问吉凶。"外"字本义就是外面、外边、边上的意思。

有关"内外"二字合用的词语有很多，例如"内忧外患""内柔外刚""内外夹攻"。再如"外宽内忌"，比喻外表宽容忍让，内实猜忌戒备；"外巧内嫉"，比喻"外表乖巧温婉，内心嫉妒怀恨"；"外圆内方"，比喻表面温和，内心强硬的态度。

汉字智慧

　　"内"和"外"就像"表"和"里"的关系一样。事物的内外不一并不可怕，一一拆解就可以见到它的本质和真谛。不过，可怕的却是人的内外不一，表里不同。当面一套，背后一套的人多为卑鄙者，表面示好，暗地里却处处使坏，是人们尤其需要警惕的小人种类。

"左右"二字智慧

很久以前，有个读书人第一次去岳父家，走着走着来到一个岔路口。他不知该走哪一条路才好。他四下一看，见不远处有块石头，有个顽童在石头边玩耍。他连忙向那个顽童问路，那个顽童从石头后边探了一下头，没有说话。读书人以为顽童没有听明白，又问了一遍，那个顽童又从石头后边探了一下头。读书人以为顽童耍他，恼羞成怒，正要发作，忽然领悟到：顽童两次从石头后边探出头来，这不是告诉我，"石"字出头是"右"字，我该走右边这条路吗？他向顽童道了谢，就顺着右边这条路走下去，没走多远果然到了岳父家。这是关于"右"字一个有趣的故事。

甲骨文"右"字像一只向右边伸出的手形，它是一个象形字，而这

个甲骨本来指的是"又"字，后来由于"又"多借用为副词，所以金文就在"又"下增加一个"口"，作为表示"右手"或"左右"的"右"的专字。"口"表示人的嘴巴，也表示方形的器具或建筑的某一部分，例如门槛、供桌之类。古人认为，劳动的时候，大多数人都用右手来拿劳动工具，所以《说文解字》中就云："右，手口相助也。"完全体现了"右"的创造来由。右的本义指右手，后来引申为指示方位，凡在右手一边的皆称"右"。古代尊崇右方，把右方视为较高的位置。

　　而与"右"相对的概念，当然就是"左"字了。

　　甲骨文的"左"字是一个左手的形状，与"右"同为象形字。金文的"左"在手形下多了一"工"。有人认为"工"指斧、锛之类的农耕工具。《说文解字》有云："左，手相左助也。"意思是手辅助工具，即有左辅之意。后来"左"专门用来指"左手"，为了表示佐助之意，人们在"左"字的左边加一个"亻"，成为"佐"。"左"与"右"一样，引申为了方位名词。"左"字还有较低位置或等级的意思，古人常

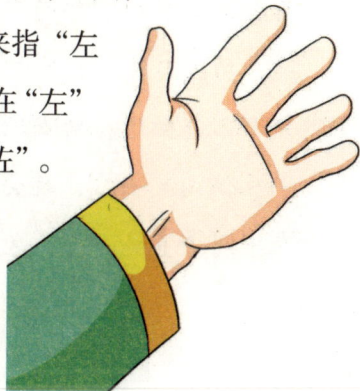

以右为上，以左为下。

"左"和"右"字常能组成词语，如果人们能把二者的关系处理好，就有"左右逢源""左宜右有"（干什么都得心应手）；如果人们把二者的关系处理不好，就有"左顾右盼""左右为难"一词。

汉字智慧

"左右"是事物的两极，偏向哪一边，都会引起不好的后果。老子曾经说过："持而盈之，不如其已；揣而锐之，不可长保。金玉满堂，莫之能守。富贵而骄，自遗咎。功成名遂身退，天之道也。"意思是：贪得无厌的人，不如适可而止。机关算尽、暗藏杀机的人，不能自保。金玉满堂的人，没有守得住的。有钱有势而且骄横跋扈的人，就会种下恶果。功成名就急流勇退的人才合乎正道。生而为人，凡事不能做过，所谓物极必反就是这个道理。与其一味偏向某一方，就会使另一方受到伤害，不如站在中间，不偏不倚，这才是顺应天道的表现。

"春"字智慧

朱自清的散文《春》里有这样一段话："春天像刚落地的娃娃，从头到脚都是新的，它生长着。春天像小姑娘，花枝招展的，笑着，走着。春天像健壮的青年，有铁一般的胳膊和腰脚，他领着我们上前去。"春天是生机萌发的季节，北半球温带的春季，冰雪消融，河流水位上涨，植物开始发芽生长，鲜花开始陆续绽放。冬眠的动物缓缓苏醒，许多以卵过冬的动物孵化出来，候鸟从南方飞回北方。许多动物在这段时间里繁殖，因此中国人，常常称呼春季为"万物复苏"的季节。对农民来说，春季更是播种农作物的最佳季节。春季是一个充满希望的季节，古人在创造"春"字的时候，紧紧抓住了春天的特点。

在甲骨文中的"春"字，形体是两个"木"、

一个"日"、一个"屯"，其中"屯"（tún）既是"春"字的声旁，同时又是草木嫩芽的象形。"春"字表达的意思就是阳光普照，草木萌生，一派生机勃勃的景象，它是个会意字。"春"的金文是由甲骨文演变而来的，两"木"到了上面，下面是左"屯"右"日"；小篆字形则是右"屯"左"日"。"春"字隶变以后，除"日"之外，其他部分都看不出来了。

"春"的本义为"阳光普照、草木丛生"，这种景象只有在一年之首的春天才能看到，所以后来便以"春"作为一年四季第一季节名，大约在农历的正、二、三月。所以，"春"有"生机"和"生意"等意思。

汉字智慧

　　民间有句谚语："一日之计在于晨，一年之计在于春。"春天是万物的生长期，在这个时节，生物都在蓬勃生长，以求将来能够活得更好。人的青春也是人一生中的春天，青春的创造力也是无穷的。珍惜宝贵青春，人就能创造出奇迹，创造出财富；反之，浪费青春年华，虚度青春的人，除了惭愧之外，将一无所得。

"夏"字智慧

       "华夏"一词是中国和汉族的古称，春秋以后，又称诸夏。古人将华夏与蛮夷对称，以文化和族类作为区分的标准。那么，中国人为什么要称本民族自己为"华夏"子民呢？这个"夏"字到底是什么意思呢？

    金文和小篆的"夏"字，从页，从日，从夂。页代表人头，臼代表两手，夂代表两足。整个字形像一个头身手

足俱全的人。这个汉字比起其他表示人的各种形态的汉字，更显得完整和谐。因此，先人借用这个美好的字作为描绘整个民族的用字。

《尔雅》中有云："夏，大也。"由于"夏"的完美，表示仪表堂堂之人，所以"夏"又引申出"大"的意思，这个意象大概形成于春秋战国之交。战国后期，封建大一统观念深入人心，"夏"与"大"的意义日益相合。其实，在此之前禹所开创的"夏朝"就已经是大一统王朝的标志。夏朝是我国第一个王朝，脱离了原始社会的社会体制，阶级社会从此开始，统一的观念令人们钟爱着"大"，所以完美如"夏"，和"大"就有了契合之处。

"夏"由"大"又引申出"华彩"。唐贾公彦解释说："夏谓五色，至秋气凉可以染五色也。"《尚书·孔氏传》中有"冕服采章曰华，大国曰夏"之语。孔颖达为《尚书》作疏时说："中国有礼仪之大，故称'夏'，有服装之美，谓之'华'。""华夏"一词，是中国古代中原地区人的自称，有显现自己为天下中心之意，充满自豪感。后来华夏民族融合了许多少数民族，他们在相互同化中逐步发展成为新的族群。为了体现这种民族大一统，后来"华夏"变成了中国各民族的合称。

　　"夏"被人们视为美的代言，所以用来作为一年四季中第二个季节的名称。因为夏季草木繁盛，为花期旺季，物华天宝，美丽异常，由此，"夏"也就被借用指这个季节了。

汉字智慧

　　民间有句俗语："夏虫不可语冰。"生活在夏天的虫子，寿命何其短暂，必然活不到寒冷的冬天，所以与其说冰雪，仿佛对牛弹琴，夏虫当然不知所云。人们期待夏天的美好，却不可以作一只目光短浅的小小夏虫，当下虽有美好之物，未来却还有冬季严峻的考验。如果沉溺于眼前的，满足于对人生、对社会、对世事的一点认识，那我们就只能拥有夏虫的思维模式：全部的知识仅在壳里，而其认识到壳里的全部知识，一切的知识就尽在掌控之中。这种思想非但是自大的，而且是可笑。

"秋"字智慧

古逢秋悲寂寥，我言秋日胜春朝。

晴空一鹤排云上，便引诗情到碧霄。

　　唐代著名诗人刘禹锡的一首《秋词》，把秋天的景致、心绪表现得淋漓尽致。本诗是作者被贬朗州后写的。历代诗人描写秋景，大都离不开萧瑟空虚、冷落荒凉的感伤情调，此诗却一反常调，热情赞颂秋天的美好。诗人一开始就否定悲秋，认为秋日胜过生机盎然的春天。以一鹤凌云凸现了秋高气爽，万里晴空，白云飘浮的开阔景象。诗人驰骋想象，心念随着凌空的白鹤而飞到"碧霄"。意境开阔，飘洒自然，天地一片美景融融。古人在创造"秋"字的

时候，展现的就是喜秋而不是悲秋。

　　"秋"字在甲骨文中有两种写法，第一种写法的"秋"字，看起来像一只蟋蟀的形状，上面是蟋蟀的触角，背上突出的部分是蟋蟀的翅翼。蟋蟀在秋天鸣叫，所以又叫秋虫，因此，古人把蟋蟀鸣叫的季节叫"秋"。第二种写法的"秋"字是在前一"秋"字下加"火"而成，为会意字。秋天除了秋虫鸣叫之外，也是丰收的季节。由于熟了的禾谷颜色似火，于是古人就在前"秋"字的基础上加上"火"构成另一个"秋"。关于这个结构，也有的学者认为：古人在庄稼收割后，在田间就地焚烧禾草，一方面作为地肥，另一方面可烧杀害虫。在虫下加火，表示烧杀蝗虫之意。所以，篆书的"秋"字简化为从火从禾，突出了庄稼成熟似火或秋天焚烧禾草的意思，而非秋虫。

　　"秋"字从甲骨文到小篆，到隶书再到楷书，其构形几经变化，学者对于"秋"字的解释也各执一词，但始终都是以秋天的特征来对秋天进行描绘。由于秋天清爽温良，人们用"秋天的水波"来形容人的眸子清如秋水。用"秋"字也可以组成许多词语，例如"秋霜"，比喻人的头发白了，如同沾染了秋天的霜气。还有"秋毫"，秋毫是鸟兽在秋天新长的细毛，比喻十分微小的事物。成语"明察秋毫"原形容人目光敏锐，任何细小的事物都能看得很清楚，后多形容人能洞察事理。再如"落叶知秋"，比喻见到一点苗头就能看清事物的发展方向。

汉字智慧

　　"秋"还是古代诗人词家常用的意象，来映射自己的心情及思想。在古文人眼里，秋天常是秋风的萧瑟、草木的枯败，一片肃杀的景象。秋天一是伤别离，二是思乡情切，三是感叹世事，四是睹物思人。这是诗者词者最长表达的情感。然而，今人不似古人那般伤感，而多以"金色"喻"秋"，秋天往往是人们企盼丰收的世界。"秋"是收获的节日，在这种时节，人们才应该保持一个好心情，看看秋叶，赏赏秋景，在一片和谐的秋色当中修身养性。

"冬"字智慧

白雪皑皑，风号雪舞，千里冰封，寒花晚节，天凌地闭，岁暮天寒，雪虐风饕。以上的每一个词，都是描写冬季天寒地冻的情景。温带的一年四季分明，在这里，冬季意味着沉寂和冷清。生物在寒冷来袭时躲进了小窝，大部分植物飘零孤苦，候鸟会飞到较为温暖的地方越冬。冬季往往一片萧条。而古人在造"冬"字的时候，也就是考虑了这一点。

甲骨文的"冬"字不是真正的"冬"，而是"终"字。"冬"与"终"在古语中相同，商周甲骨文卜辞里都将"终"作"冬"使用。甲骨文中的"终"字像一挂丝线已经用

到了尽头，表示终极、终结之意，它是个会意字，表示东西、时序已经终了，继而表示进入一年四季之末——最寒冷的季节。金文的"冬"字，字形像太阳被锁在一间封闭的房子里，表示冬天是寒冷的、阳光都不温暖了。"冬"的本义是寒冷，后来用作最后一个季节的名称，阴历 10 月至 12 月是为冬季。

汉字智慧

　　冬季虽然万物萧条，但是梅花却在冬季开得正旺。古人有云："不经一番寒彻骨，哪得梅花扑鼻香。"经过"冰寒彻骨"的锻炼，人的意志才会变得愈发坚强。再说"天时人事日相催，冬至阳生春又来"。冬季来了，春天也就不远了。人经过"寒冬"般的锤炼，锻造了刚强的意志和筋骨，抖擞了精神，就会奔向一个更好的春色人生。

"历"字智慧

有这样一个谜语："一物生来身穿三百多件衣，每天脱一件，年底剩张皮。"谜底是什么呢？就是"日历"。日历是人们用来计算天数的工具。说起"历"字，与人民的生活实在密切非常。国际上计算年月日的历法叫作公历，而我国还有一种历法，是按照气候和农作物生长期来规划，叫作农历或阴历。而"历"字的古文字字形构造，恰恰与农作物有关。

甲骨文的"历"字上面是两个"禾"字，表示一行行的庄稼，下面是一足，脚趾朝上，脚跟朝下，表示脚从庄稼中走过。金文的"历"字在上面加了一个"厂"字，表示在山崖前种着一行行的庄稼，此后，小篆、隶书和楷书的都沿袭了这种写法。由于"历"字的字形构造表示人在庄稼间穿越，所以它的本义即经过、越过，如经历、游历；由此引申为跨越、度过等义，如历劫、历载；又引申为统指过去的各个或各次，如历年、历代、历次等。

由于"历"表示跨越，可以用作表述时间的过度，所以人们就把时间的整体规划称作历法。历法是推算节候和年、月、日的方法，一般分为三类：阴历、阳历、阴阳历。以月亮圆缺变化的周期为依据的历法为阴历，以太阳的运动作为依据的历法为阳历。阴阳历则同时考虑太阳和月亮的变化。记录年月日、节气的书、表等，也叫"历"，如挂历、日历、黄历。

汉字智慧

　　人们经历的时间越多，被岁月的磨刀留下的痕迹也就越多。看着日历一页页撕过，一面感怀岁月流逝得飞快，年华逐渐老去；同时，也经常庆幸自己经历了这么多的凡尘俗事，看透了世间一切荣辱。经历一方面是人心灵的负担，同时也是人宝贵的财富。经历越多的人，生活的经验就越丰富，往往也懂得避开那些伤害自己的人和事，为自己寻找快乐的出口。

"年"字智慧

过年大概是每一个孩子最期盼的事情，因为这个时候可以拿到很多的压岁钱。什么叫"过年"呢？这里的"年"指的不是一整年，而是所谓的春节。农历正月初一是春节，又叫阴历（农历）年，俗称过年。春节起源于殷商时期的祭神祭祖活动。我国古代先民经过一年辛勤劳动，在岁尾年初之际，便用他们的农、猎收获物来祭祀众神和祖先，以感谢大自然的赐予，这就是"腊祭"。

关于过年的来历，民间还有另外一种传说：古时候，有一种叫作"年"的凶猛怪兽，每到腊月三十，便串村走户，觅食人肉，残害生灵。有一个腊月三十晚上，"年"到了一个村庄，适逢两个牧童在比赛牛鞭子。"年"忽闻半空中响起了啪啪的鞭声，吓得望风而逃。"年"又窜到另一个村庄，迎头看见一家门口晒着件大红衣裳，它不知其为何物，吓得赶紧掉头逃跑。后来，"年"又来到了一个村庄，朝一户人家门里一瞧，只见里面灯火辉煌，刺得它头昏眼花，只好又夹着尾巴溜了。由此，人们摸

准了"年"有怕响、怕红、怕光的弱点，等下一次"年"再来的时候，人们便燃起晒干的竹子，贴上红字。后来，又逐渐演化成放鞭炮、贴对联等过年的风俗。

"年"真的是一种怪兽吗？当然不是，这一点从"年"字的字体构造和历史演变就可以看出。

甲骨文"年"字的上部是"禾"，下部是一个"人"，整个字是一个人的头部顶着"禾"的形状，象征着禾谷丰收的情形。有学者认为，"年"字描绘的是古代人民庆贺丰收的丰收舞。不管怎样，"年"始终与丰收有关，而其本义即是"禾谷丰收"。由于古代北方的农作物多是一年一熟，所以西周中期开始，人们便以"年"纪岁。一年表示地球绕太阳一圈的时间。用"年"作时间单位也是历法中最常见的，由此引申出岁数、年纪等意思，例如"年轻""年龄"等。由于"年"

表示时间，所以人们也用它来表示岁月，例如"豆蔻年华"等。

识字智慧

岁月如梭，经不起蹉跎。年复一年，时间过得迅捷无比。人如果把每一年都紧紧地抓在手里，好好地利用时间，也会如农民收获庄稼一般，有丰盛的收获。

"甲乙丙丁"四字趣解

早在公元前 2697 年，中华始祖黄帝建国时期，命令大挠氏探察天地的气机，研究五行——金木水火土，然后根据天地间万物的运作情况，创立了甲、乙、丙、丁、戊、己、庚、辛、壬、癸等十天干，以及子、丑、寅、卯、辰、巳、午、未、申、酉、戌、亥等十二地支，天干与地支相互配合，循环六十年为一个甲子，用为纪历的符号。这就是我国古老的时间历法。

说起天干，每一个字都与万物生长有关。"甲"像草木破土萌发，阳在内而被阴包裹；另一种说法认为，"甲"为铠甲，表示万物冲破其甲而突出。"乙"指草木初生，枝叶柔软屈曲伸长。"丙"指光明，如赫赫太阳，炎炎火光，万物都暴露在

光明之下。"丁"就是壮，指草木成长壮实，好比人的成丁。"戊"是繁茂，象征大地草木茂盛。"己"代表万物仰屈而起，有形可记录。"庚"就是更新，秋收与春天之间的承接时节。"辛"表示草木作物成熟的味道；另一种说法是指新的事物，表示万物萧条发生变化，果实已经完全成熟。"壬"表示孕育，此时阳气潜伏在地下，万物正在孕育阶段。"癸"表示万物闭藏，等待萌发。

地支与天干一样，讲的都是万物生长伦叙。天干地支皆是我国古代历法的精华，如果一一来说，无法将其所蕴含的智慧一言囊括，所以择取一二，窥其奥妙。

先看"甲"字，根据它的小篆字形来看，像草木生芽后所戴的种皮裂开的形象。"甲"的本义即是种子萌芽后所戴的种壳，所以它是一个象形字。它由植物的外壳引申为盔甲，即行军打仗时战士身上所穿的护铠。由于"甲"字作为天干的第一个，所以人们习惯把排行第一或靠前的东西称

为"甲"。

再看"乙"字，其甲骨文字形，像植物刚刚长出来的小芽。它在天干里代表的意思，就是它的本义。因"乙"在天干中排行第二，所以它也有次等的意思。"丙"字也是象形字，甲骨文看起来想一条鱼的尾巴。在《尔雅·释鱼》曾这样解释："鱼的谓之丁，鱼肠谓之乙，鱼尾谓之丙。"丙的本义就是根据这个说法，即鱼尾。

至于"丁"字的甲骨文和金文，一开始只是一颗钉子的形象，表示的是圆形（或方形）的钉帽；而"丁"的小篆是从侧面看，似一个楔子，所以其本义就是钉子，丁是"钉"的本字。"丁"被借用为天干第四位的名词。《说文解字》中有云："丁，夏时万物皆丁实。象形。"所谓"丁实"，就是健壮结实的意思，这是"丁"的引申义。后来人们称成年强壮的人口体魄"丁实"，因而也称成年男子为"壮丁"，成年的男女则分别称为丁男和丁女。后来"丁"字直接有人口的意思，例如添丁，表示家里生了一个小男孩。后来"丁"

还用来特指从事某种劳役的人，如兵丁、庖丁等，而园丁则是指从事园林培育护理的人，现在常用园丁比喻教师。

汉字智慧

甲、乙、丙、丁等既然在天干里有排序，人们就习惯于用它们来把事物分成等级。例如古代的科举考试，就有"三甲"之说。人们喜欢把事物分成等别，就因为任何东西都有好有坏，人人都追求好的，鄙视坏的，所以到处都有上进者和颓废者，此乃世故常情。现代人追求高质高效的生活，就必须以付出加倍的努力，否则就只能沦为次等，徒增伤悲。

"午"字智慧

"锄禾日当午，汗滴禾下土。"午时农人汗如雨下，自有一番劳苦和辛酸。"午"字在这里指的就是一天当中最热的时间。"午"在地支中排第七位，和天干配合用作纪年，而十二地支又用来计一天当中的时间，"午"字刚刚好排到了白天的正中央，所以人们就把这段时间叫作"午时"了。但是"午"字的来源及其本义，与时间可是一点关系也没有。

"午"的甲骨文像是绳子拧在一块的模样。郭沫若先生在《甲骨文字研究》中曾考证："疑当是索形，殆驭马之辔也。"他认为，"午"很可能是勒马的辔头（绳子）。而其本意就是"御马索"。金文和小篆的字形与甲骨文的区别很大。许慎在《说文解字》里对小篆体的"午"字进行了解释:"午,五月阴气中逆阳,冒地而出。"他认为,"午"是五月阴气上升,从地面升腾而出。也许是因为表示地气,"午"字被借用去表示纪年和纪时。

汉字智慧

　　古语有云,过午不候。可见,古人把"午"视为一个极限,到了这个极限,就不能容忍。其实,任何事物都有它的某种限度,超出这个限度,就会产生相反的效果;人也是一样,人的身体和心理都有一个尺度和标准,破坏了这个标准,人也会失去平衡,所谓"劳逸结合""张弛有度",这才是修养之道,也是处事立身之道。

"未"字智慧

有这样一串谜语，它们的谜底是同一个字：

妹早嫁作西村妇；

宛如土下生根须；

一向上爬忘了本；

午后独自上西楼。

它们的答案是什么呢？现在就来揭开谜底。看第一个谜语"妹早嫁作西村妇"，"妹"的"女"字旁嫁走了，

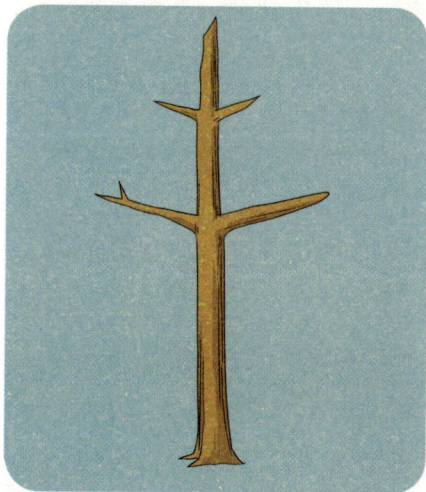

剩下的就只有"未"字了，看来这一连串谜底必然是"未"字了。

"未"排行在"地支"的第八位，五行属土，生肖属羊。人们在否定别人的时候，习惯用"未必"二字，表示不一定的意思，"必"是"一定"

之意，那么"未"就是"不"的意思了。这个词，将"未"字的意思恰到好处地表达出来。

"未"的甲骨文看起来像是一个没有树叶的树干，金文和小篆体都是甲骨文的衍生。而"未"字本义就是没有、不曾的意思。不过，"未"字是否定过去的事物，不否定将来没有发生的事物，与"不"是有所区别的，就像人们用"未"字表现将来，例如"未来"一词，但是没有人把将来称作"不来"。

汉字智慧

　　"未"表示的是对一切的怀疑态度。世间的事物千千万，未知之物到处皆是，人类必须要抱着虚心的态度去探索，整个社会才能进步。而对个人而言，也必须以谦虚的态度拷问生活中的各种事情，凡事求甚解，个人的各方面素质才能大大地提高，因为未来的美好关键在于当下的积累。

"蓝"字智慧

蓝色通常让人联想到海洋、天空、水和宇宙，它表现出一种美丽、冷静、理智、安详与广阔。它是永恒的象征，也是最冷的色彩。站在蔚蓝的大海面前，我们的心瞬间平静了下来，一种前所未有的安详与开阔包围着我们，那种感觉就如同又回到了母亲的怀抱一般，这就是蓝色的魄力。

《说文解字·艹部》："蓝，染青草也。从艹，监声。"

甲骨文和金文中没有"蓝"字，要了解"蓝"的字源就得从其声旁"监"字说起。

甲骨文中的"监"字，是一个跪坐地上的人张着大眼俯视一个盛水的器皿的形状。由于上古时代没有镜子，所以古人想要看到自己的样子，最简单的方法便是俯身低头去看盘中的水，故而"监"的本义是"照影"。周代早期的金文中，

将本来就已经很突出的人的眼睛更加强化了，器皿也由原本的左边换到了下方的位置。周代中期的金文中，字形继续变化，人的眼睛讹变成了"臣"，并且从人的身体上脱离了出来。小篆中的"监"字与金文中的字形形体基本一致。但发展到隶书阶段时，把人和盘上的一点水都缩到"皿"的右上方去了。于是，在隶书的基础上，出现了繁体字中的"监"字。之后，根据唐代的草书"监"字简化成了楷书中的字形。

　　"蓝"是在"监"的基础上，加了一个"艹"的意符。因为上古时用"青""苍""碧"等字表示蓝色，所以，

直到小篆阶段才出现"蓝"字。"蓝"本是一种属于蓼科的草本植物,叶子可以提制蓝色染料,以能制蓝靛、可染青色而得名,也因此而有"青出于蓝"之说。

汉字智慧

荀子《劝学》中有这样一段话:"青,取之于蓝,而青于蓝。"意思是:青色是用蓝色调成的,但比起蓝色来却更悦目。荀子用青与蓝的关系来比喻学生如果能用功研究学问,坚持不懈地努力,就可以比他的老师更有成就。其实这个道理不仅适用于学习,在生活的方方面面,所谓"长江后浪推前浪,一代新人换旧人",只要一直坚持不放弃,学无先后,终有一天会成为"蓝"中之"青"。

汉字的故事

人文历史

谢 普 主编

九州出版社
JIUZHOUPRESS

前　言

　　人类历史仿佛一条涓涓细流，穿越漫长的历史时空，连接着过去、现在和未来。在奔流的过程中，文明产生、发展，并不断地趋于完善。站立起来的人，不再用动物般的方式沟通与交流时，语言产生了，随之而来的便是文字，它可以记录语言，交流信息。语言把人和动物区分开来，文字把人类社会的原始阶段和文明阶段区分开来。文字更打破了语言在时间上和空间上的限制，将语言传送到远方。

　　汉字是世界上最古老的文字之一，是记录汉语的书写符号，是华夏文明的根基，是中华数千年历史文化的载体。在久远悠长的文明中，汉字以它独有的艺术魅力和认识价值赢得了人们的赞赏和喜爱，再现了人类语言中最富有魅力的古典情怀。匀称的结构、简约的形象、美好的音韵、丰富的含义……汉字给人的美感是世界上其他任何的文字都无法比拟的，正如一位伟人说的那样："世界上有一个古老的国家，它的每一个字都是一幅美丽的画，一首优美

的诗……"

关于汉字的书写，历久弥新……汉字体系博大精深，缤纷动人，其所具有的魅力一直吸引着人们去探究、去领会。

在使用汉字的过程中，人们深刻挖掘它瑰丽的美感和深厚的文化内涵，形成了一种中国独有的充满智慧的表达方式。为了让青少年充分体悟汉字的美妙，领悟古人造字的智慧，本书精心选取了二百多个常用汉字，说明它们是如何来的；通过汉字的来龙去脉，具体地解释了每个字的发展历程；以一则则妙趣横生的故事，解析汉字间的异同；用一个个鲜为人知的逸闻趣事，带你领略汉字的瑰丽与神奇；同时，配以形象的图片，与你一同走进汉字的王国，回顾汉字的前世今生，解析汉字故事的背后通道。

本书在编撰过程中，力求避免学术性的枯燥，以故事为线索，充分挖掘汉字所蕴涵的文化信息，将青少年引入一个由汉字所带来的既博大精深又美丽动人的五彩世界。阅读本书，你不仅可以从中了解丰富的汉字知识和文化，而且能够感悟更多的人文关怀和民风民俗，从而丰富自己的知识与生活，做一个充满智慧的人。

目　录

汉字 的故事

"文"字智慧

也许大部分人都不了解，被现代人誉为时尚的文身原本叫作"文身"。是用带有颜色的针刺入皮肤底层而在皮肤上制造一些图案或字眼出来，可永久性保留的花纹。先秦时代以来黥刑就是在犯人脸上刺字作警示。在古代典籍中，曾出现文身、镂身、扎青、点青、雕青等故事，就比如"岳母刺字"。而四大名著之一的《水浒传》中，至少就有三个身满刺青的重要角色：花和尚鲁智深、九纹龙史进与浪子燕青。就连国外，文身也是常见的事情。古埃及更利用刺青来划分社会地位。而最早的"文"字，其实就是根据文身这种风俗习惯创造的。

甲骨文和金文的"文"字均像一个张开双臂、叉开双腿的人，并且胸膛上还刺着倒三角花纹。

说明它是个象形字。"文"字的小篆是由甲骨文和金文演变过来的,隶变之后字体定型。《说文解字》上讲:"文,错画也。象交文。今字作纹。"这里解释"文"是交错的笔画,而"文"字的本义即是"文身"。由"文"字引申出其他的含义,例如,"文"字与花纹有关,花纹是有纹理的,所以,"文"字被用来表示文章,因为"文章"大多是条理性的;又因为花纹赏心悦目,于是就引申出了文采的"文";后来再因文字和文章都承载着一定的文明内涵,后来"文"字用来指代文明和文化。此外,人们形容人和蔼可亲时,还用"温文尔雅"来形容。

汉字智慧

人们只要听到"文",必然认为其表示和谐,与"武"是相对的概念。古语有云:君子动口不动手。以文会友,以武交恶。温和地为人处世,谦逊地待人,当然容易赢得他人的好感,一切则好说好商量,这是因为大多数人吃软不吃硬。不仅如此,和谐宽容的解决问题,能获得更好的效果。

"书"字智慧

书是智慧的钥匙；书是致富的信息；书是进步的阶梯；书是通向彼岸的船。书是人类用来记录一切成就的工具，也是人类交流感情，取得知识，传承经验的重要媒介，是文明和文化的结晶，对人类文明的开展和发展做出了无可比拟的贡献。人类许多伟大的创造，大都经过漫长岁月的发展过程，并聚合无数人的心力，书也不例外。书在中国至少已有三千五百年以上的发展历史。上古时代，有了语言的人类往往借助于记忆把听到的话延续下去。一切的经验、理想都是口承，牢牢记住，再对别人复述出来；或将心中的理想、个人的经验，借语言加以传播。有了文字之后，人们便开始将历史和现实发生的一切记录下来，"书"就这样产生了，而"书"字的造型就反映了人类这种生活背景。

甲骨文的"书"上面是一只手和一支笔，下面是一个口，表示口在说话，拿笔记录。"书"字本义是写，此后"书"字字形变化很大，意义越来越隐晦，繁体的"书"作"書"，其简化字是草书的楷化。"书"字的引申义有书籍、文件、信件、字体、书法等，例如图书、证书、书信、隶书、琴棋书画。

书是人类智慧的结晶，东汉刘向曾说："书犹药也，善读可以医愚。"所谓书读百遍，其义自见，读书读得多了，书中之义就自然出现。而在书中所得的东西，可以开阔人的思维，书就像药能医治身体一般，"治疗"人的头脑。

汉字智慧

"书山有路勤为径，学海无涯苦坐舟。"这是古人留给今人的告诫。世间万物变化无穷无尽，时刻有新事物的产生，若想对世界进行及时的了解，便要不断地学习，这便是学无止境的道理。学习是不能停止的过程，只要开卷观书便能接触新事物，让自己获得益处，只要遇到能够传授自己知识的人，便要虚心求教。

"册"字智慧

现代人拍摄秦汉以前的古装剧，大多注意表现文字是书写在竹板上，然后用绳子编成一捆。原来，在纸还没有发明以前，我国古人是在龟甲、器皿、木片、竹片等物上刻字记事的。龟甲上的文字被称作"甲骨文"；钟鼎器皿上的文字通常叫金文，后来人们发现在竹片上可以刻字，文字的类型也就多了起来。而这些用来写字的竹片就叫作"竹简"。一般情况下，一条竹简只能从上到下写一列字，一篇文章要用多条竹简。文章写完以后，通过"简"上的小缺口，按顺序用绳子或皮条把它们串编在一起，"册"就这样出现了。而"册"字本身体现的就是这种编制法。

甲骨文的"册"字表现了一堆竹片串编起来的样子，

金文、小篆的"册"字字形与甲骨文相似，而"册"的本义就是书简。《说文解字·册部》："册，符命也，诸侯进受于王也。其札一长一短，中有二编。"许慎对"册"的结构分析便是其造字的具体体现。但他说"册"乃"符命"，通常古代王者封赏诸侯之时，先把命辞写在简上，编成"册"的形式，以册书、册命的形式颁布册立、封赠、任命等事，宣读册之后，连同印玺等物一起交与受封者。所以许慎的说法应该指的是这一种，所谓"符命"即为"册"，应是"册"的某个引申义，表示"册封"。其实以册书写东西并不方便，古人一旦写错字，只能先用刀把竹简上的错字刮掉或者削去，然后重写。"删"字是在"册"边加"刀"，记录的正是这种修改的方法。

汉字智慧

　　文天祥一句"留取丹心照汗青"，指的就是把自己的一片爱国之心留入史册，叫后人警醒和继承。一个人要想名垂千古，恐怕不易，被载入史册，也不一定都是好事。不必去苛求载入青史，但求无愧于心，才为做人根本之道。

"经"字智慧

       " 唧唧复唧唧，木兰当户织。"古代的民间有一种说法，家有一女，如得一宝。因为女儿生出来，年纪很小就可以织布赚钱，所以生女儿也是好事。织布是古代妇女最常从事的劳动方式。织布的过程中，经纬线绝对分明，紧密相扣，才能织出又好又美的布匹。那么，什么叫作经线呢？"经"字是如何产生的？人们为什么要用"经"字来形容古代的智慧典籍呢？

    金文的"经"本是"巠"的古体字。巠指的是水脉，一般是地下的水川。而小篆的"经"多了一个"糸（mì）"，表示与线丝有关，其读音随"巠"，所以它是个形声字。"经"的本义是织物的纵

线，与"纬"相对。《说文解字》云："经，织也。"在古代，织布时纵丝为经，衡丝为纬，一般情况下经静而纬动，经正而后纬成。由于"经"有稳定这个特点，有了它，其他的线才能织就，所以人们就把对传统文化起基础和启蒙作用的文学作品称为"经"。

由"经"的本义还引申出经历、经过等意思；因为"经"有条有理，所以也有治理的意思，如"经世之才"；除此之外，"经"还有表示正常、经常的意思，例如"正经"。

汉字智慧

"经"字在人们的日常生活中时常用到，可以说"经久不衰"。大凡著名的文学家、科学家、思想家，他们的文明和文化创造皆是流芳百世。大多数人也许无法成为具有卓越贡献的名人，但却可以保持旺盛的精力和良好的品行，用以影响后人，给予他人鼓励。一个人如果能做到对他人有用，他就已经是一个伟大的人了。

"史"字智慧

世间的万物总是在无休止的运动，而这一切运动和发展的过程，就是我们所说的"历史"。历史对于任何人、任何事物来说，都是公平、公正的，在它的面前，任何真善和丑恶都会被记录下来，没有人能够逃避。人们在造"史"字的时候，就考虑到历史的这种客观性。

甲骨文的"史"字，上面是一个放简策的容器，下面是手，合起来表示掌管文书记录。《说文解字》曾解："史，记事者也。从手持中；中，正也。"而"史"的本义就是史官。从"史"的造字法可以看出它是一个会意字，其金文和小篆是甲骨文的演变，经过隶变之后，"史"字终于定型。

史官是很古老的官职，掌管历法，参加国家重要典礼、记载国家大事、搜集整理文化典籍。史官记事的原则是"君举必书，书法不隐"，意思是君主的言行，不论好坏都如实记录，不隐不瞒。汉代以前，史官虽然大多抱持这种原则，但是仍然略有偏颇，直到汉代司马迁，才真正做到正言。由于史官非常重视历史的真实性，所以历史对后人有很大的参考价值，给人以启发，这也是为什么人们常把历史当作镜子的原因。

后来人们把史官所作的文献称为"史"，即是"史书"，秦汉以前，造纸术未出之前，竹简制作的史书被称作"青史"，前面已经讲到。史书的体例多种多样。我国第一部纪传体通史就是司马迁的《史记》，它不仅仅是史学著作，由于描写历史人物生动形象，在文学史上也有很高的地位。被誉为"史家之绝唱，无韵之离骚"。不过，大多数史书都按照时间编写，人们称之为"编年体"，历史上第一部编年体史书是《春秋》。史书有"正史""野史"之分。"正史"指政府组织编写的史书，"野史"指私人编撰的历史，带有一定传奇色彩和杜撰性质。

汉字智慧

前人有曰：以史为鉴，可以明得失。历史是一面镜子，世事在其中都无法遮掩其真相。与此同时，历史也是后人的借鉴，由于后人所做的事情总是会有某些方面与前人相同，所以看到过去是好的，就可以效仿和学习，看到过去是坏的，就可以摒弃和吸取教训。一个民族不能忘记过去，才能对历史经验去粗取精，在现实的基础上更快更好地发展；一个人不能忘记过去，因为过去的好与坏皆是自己的经验，对于今后的做人处世皆有莫大的益处。

"言"字智慧

可以说，"言"是一个人一天当中必须要做的事情，除非他是个哑巴，否则必然就要说话。"言"字就是根据这个特点而造就的。

甲骨文、金文的"言"字，下面是口舌的象形字，在舌头之上加一短横作为指事符号，表示人张口正在说话的意思，因此言字的本义是说话。金文和小篆的"言"字是甲骨文的进一步演化，隶变后就是我们今日所使用的字了。"言"字本是动词，其引申之后可以作为名词，表示说话的内容。例如"言简意赅"，表示语言凝练，内容扼要。"言"还表示言论、议论，例如"广开言路"。"言"还可以作为量词，用来表示口语或文章中的字数或句子数，如"五言诗""七言绝句"等。

　　"言"字组成的四字词语也有很多，例如"言不及义"，形容只说些无聊的话，没有一句说到正经的道理；"言不由衷"，指所说的话不是发自内心，形容口是心非；"言多必失"，指话说多了就难免有说错的地方；"言简意赅"，指语言虽精练简洁，但已概括要义；"言过其实"，原指言语浮夸，超过实际才能，后亦指说话过分，不符合事实；"言归于好"，指保持友谊，重新成为好朋友。以上每一个与"言"有关的词，都是一种讲话的方式。

汉字智慧

　　很多人都说，说话是一门艺术。善于用语言沟通的人，往往比言辞笨拙的人更容易办成事情；会运用说话方式、观察说话场合的人，则往往能为自己免除很多不必要的麻烦。语言虽然是很好的工具，但也是一柄双刃剑，人言"祸从口出"，嘴巴也是祸患的一个制造点。所以平时人们应多注意谈吐讲话，培养自己的语言沟通能力，无论对自己还是对他人，皆是一件好事。

"美"字智慧

爱美之心，人皆有之。不过，究竟什么叫作"美"？评价美的标准又是什么？恐怕就要因人而异。"美"对于任何人来说，都是一个抽象而无法形容的概念，从最古老的美学观到现今的美学理论，没有人能把这个字解释清楚。不过，古人在造"美"字的时候，有其独特的看法。

甲骨文的"美"字，像一个头戴羽翎的人在手舞足蹈。在原始社会，人们在祭祀、庆功等场合，在头上戴上兽角或羽毛做的装饰，起舞欢歌。后来这种兽角或羽毛逐渐成为装饰品，戴在头上作为美的标志。金文的"美"字字源是根据另一种说法，《说文解字》上解释："美，甘也。从羊，从大。"所谓"羊大为美"，古人以羊为主要副食品，他们认为羊越大，其肉的味道就越可口，"美"是"羊""大"两字会意而成，本义是美味。这两种字源，一指形象美好，所以引

申指人的容貌、声色、才德或品格很好；二是指口感口味，所以引申为指美食。

不管怎样，"美"终归是让人赏心悦目或让人心神俱醉的一种感觉。不过由于人们对于"美"的标准千奇百怪，特别是现代人，对于"美"的追求远不止外表而已，更追求的是内涵。有这样一个故事，也许可以作为对"美"的一种阐释。

从前，古印度拘留国有个叫摩诃密的大财主。尽管富可敌国，却依旧贪得无厌，唯利是图。他有七个女儿，皆花容月貌，美艳无比，摩诃密视如掌上明珠。大凡来了宾客，摩诃密总要把浓妆艳抹的女儿们一个个叫出来，展示一番。一天，一位宾客同摩诃密打了赌："你将女儿披上盛装，去各地街上行走。假如大家都说美丽，我就给你500两黄金；假如有人批评说不美，你就输给我500两黄金，怎么样？"500两黄金是一笔大数目，摩诃密怦然心动，于是答应下来。

摩诃密专门请了人打扮女儿，然后让她们在仆人的引导下招摇过市。90天中，巡游了全国各地，吸引了无数男女，果然人人夸奖摩诃密的女儿美貌绝伦，举世无双。摩诃密非常高兴，他又带了七个女儿来到相邻的舍卫国，拜见释迦牟尼佛祖。摩诃密叫七个女儿站在佛祖面前，搔首弄姿，得意洋洋地对佛祖说："佛陀，您游历各国，可曾见过这样美丽的女郎？"

摩诃密以为佛祖一定会仔细地观赏，哪知佛祖竟露出不屑，道："这七个女人无一可算美丽。"摩诃密愀然不乐地问："我们拘留国中的人，上至国王，下至平民，个个都说我女儿美如天仙，可是到了舍卫国来，为什么你倒说我女儿丑陋呢？"

佛祖回答说："世间的人，都是以面容作为评美的标准的，而我认为，身能不贪钱财，口能不说恶言，意能不起邪念，这样才是美。"摩诃秘闻言哑口无言。

汉字智慧

契诃夫曾说："美不应当只美在天然上，还应该美在灵魂上。"漂亮的外貌，固然令人赏心悦目，但是如果缺乏更丰富更深刻的内涵，也只不过是花瓶，易碎而无用。有些人的外表虽然不一定使人愉快，但其不端正的五官背后却有一颗崇高的心灵，这样的人同样是美的。天生丽质固然是好事，但是大部分人都无法获此"殊荣"，人们应该更注重塑造自己的内在美、人格美，这些同样会使自己变得风采逼人。

"丑"字智慧

自古有美当然就有丑。人们把赏心悦目的事情视为美，而认为这世界上让人最不喜欢看到的就属"鬼"了，所以如果一个人像鬼一样可怕，就是"丑"了。"丑"字来源之一就与鬼有关。

"丑"字的甲骨文像一个爪形，而他的本意就是爪子，所以它是个象形字。金文和小篆都是由甲骨文演化而来，经过隶变之后成为今日人们所用的"丑"字。"丑"处于地支的第二位，表示十二月万物开始萌动，准备待发。这个字本来不是用作形容东西丑恶，其实在古代真正表示丑陋的

是"醜"，与"丑"同音，从鬼型，从酉声。古人以为鬼的面貌最丑，所以"醜"从鬼形。"醜"和"丑"的意义各不相同，除作地支和时辰用"丑"以外，凡是讲容貌或外形难看，都不能写作"丑"，只不过现在"醜"字简化为"丑"而已。

民间有句谚语：丑人多作怪。关于这句话还有一个故事。春秋时代，越国有一位绝色美女名叫西施，无论举手投足，还是音容笑貌，样样都惹人喜爱。西施患有心口疼的毛病。有一天，她的病又犯，只见她手捂胸口，双眉皱起，一副不胜娇媚柔弱的样子。当她从乡间走过的时候，乡里人无不睁大眼睛注视。乡下有一个丑女子，名叫东施，不仅相貌难看，而且没有修养。她平时动作粗俗，说话大声大气，喜爱打扮，却没有人说她漂亮。她看到西施蹙眉时很美，得到许多人青睐，就效仿起来，哪知道样子更难看。结果大家更加厌恶她，每次看到她模仿西施蹙眉捧心时，都像见了瘟神一样，纷纷走避。后来人们说，人丑就应该老实地待在家里，不应出来故意作怪，于是"丑人多作怪"一词由此衍生。

汉字智慧

　　丑人的确让人看了心生不快。不过，一个人的外表固然丑陋，如果内心美好，他依然是美的；如果一个人心如蛇蝎，纵使拥有花容月貌抑或儒雅风流，仍然是金玉其外败絮其中，这样的人丑是源自内心的，迟早有一天会露出恶劣的嘴脸，让人鄙视。

"曲"字智慧

最早的曲调恐怕是原始人随意敲打事物发出不同的声音，然后编制成听起来顺耳的乐谱。但是人们为什么把音乐称为"曲"呢，这从"曲"字本义及其构字中可见一斑。

从"曲"字的甲骨文、金文和小篆字体中，皆可以看出是一种事物弯曲的形状。而"曲"的本义就是弯曲、不直。许慎在《说文解字》中认为："曲，像器曲受物之形。"他的解释是，一种器皿因为受到外力而变得弯折。可见，他的理解与"曲"的本义没有太大的出入。因为"曲"有弯弯曲曲、不直的特点，而音乐本身就是婉转多变，所以人们把"乐"也称作"曲"了。

由"曲"的本义引申出了曲折、

曲解等义，也有迂回等意思，例如"曲径通幽"。"曲径通幽"本来是形容弯曲的小路，通到幽深僻静的地方。后来人们却把它称之为做人处事的方法。

汉字智慧

　　"曲径通幽"是生活中人们处理问题常采用的态度和方式，正是因为"幽"也许在这"曲径"之中，"美"可能源于这回转之间。人们不必非得选择轰轰烈烈的人生，做好本分的事情，又时常关心和帮助别人，你的人生就已经具备了积极的意义。人生就像一次长途旅行，笔直平坦的大道固然风景怡人，但弯弯曲曲的小路更能使你通往风景优美的地方，所谓"平平淡淡才是真"也许就是这个道理。

"乐"字智慧

音乐是一门古老的艺术。我国最早的音乐，大多来自于祭祀时所奏的乐曲，而最早的乐器石哨，大概出现于十几万年以前。中国古代的民族乐器，按照材质可以分为：金（钟）、石（磬）、土（埙）、丝（琴）、革（鼓）、匏（笙）、木（响板）、竹（笛）这样几类。那么，"乐"（yuè）字是怎么产生的呢？

甲骨文、金文的"乐"字，像丝弦绷在木头上的形状，"乐"字本义正是指这种弦乐器，而乐又变成了乐器的总称，后来才泛指音乐。部分学者认为，甲骨文的"乐"字上面部分为乐器，即弦乐，下面的"木"是放乐器的架子。《说文解字·木部》有云："乐，五声八音之总名。"许慎讲的是"乐"的引申义，即"音乐"。"乐"还用于姓氏。

由于乐器可以弹奏出各种各样的音乐。

一些音乐具有愉悦的作用，使人感到快乐，所以"乐"字又可用作动词，有喜悦、快乐、欢喜等义。不过，"乐"字如果作动词用就读"lè"，有一个成语"乐不思蜀"，就是名词动用法。而由音乐使人愉快这一特性，又引申出"喜好""爱好"的意思，例如"仁者乐山"，但这里的"乐"又读"yào"，这个读音很可能与地方话的发音有关。此外，"乐"还有乐观、乐天之意，它也是"乐"本身的引申义，其意义更加抽象化，也是今人最常用的意义之一。

汉字智慧

郭沫若先生曾这样解释"乐"："所谓乐者，乐也。凡是使人快乐、使人感官可以得到享受的东西，都可广泛地称之为乐。"由于中国很早就有音乐文化，而且这种音乐强调的是与自然相和谐，无拘无束，所以它为中国人养成了一种乐观的精神，无论遇到什么事情，即使遭受巨大的痛苦，也能时刻保持乐观，心态保持自在和平和。现代人也常强调保持乐观的心境，而这种心境也有助于帮助人们减缓生活的各种压力，于人于己都有一定的好处。

"和"字智慧

中国古代有一种乐器叫作排箫，在远古时代称作"龠"（yuè）。排箫是把长短不等的竹管按长短顺序排成一列，用绳子、竹篾片编起来或用木框镶起来。排箫在吹奏时，会发出"和和"的声音。而"和"字的产生，便源自于这种编制的乐器。

甲骨文的"龠"字，下面是用绳子扎起三只有吹孔的主管，上面是一个以口朝下吹管的"口口"。金文的"龠"字，吹管变为四个，表示吹孔的"口"字省了一个；小篆则增加到五个吹管，"口"字又变回三个。早期人们为了表达龠发出的声音，就在其右边加了一个"禾"，即"龢"。在"龢"里，"龠"为形旁，"禾"为声旁，"龢"字就是现代"和"的古字。

不过奇怪的是，"和"这个字在先秦时期就已经出现了，金文、小篆的"和"

字，是一个"禾"与一个圈圈，而圈圈在左，"禾"字在右。古人把铜管或木管两头的突出部分叫作"和"，说明"和"为象形字。由于"龢"字非常难写，时常会被丢掉一两画，所以人们就把其简写，与"和"字统一成一个字体，从"龠"字中间抽出一个"口"，放到"禾"的右侧，而非左侧。

因为"和"是表示排箫和众乐器合生而用，所以从其本义引申出了调和、和谐、温和、柔和、唱和等义，继而又引申出跟随、跟、同之义。"和"字还有不同程度的变音，例如读"hè"，表示附和着唱，例如"曲高和寡"；读"huó"或"huò"时，表示搅拌的意思，例如"和面"；读"hú"时，表示打麻将或斗纸牌时某一家的牌合乎规定的要求，取得胜利。

汉字智慧

大多数人听到"和"字，自然联想的几乎都是"和谐""协调"之意。西欧文艺复兴时，许多思想家都把"和谐"视为重要的哲学范畴，而马克思把"和谐"应用到社会性质当中。中国古代也强调和谐理念，特别是天人合一的思想。

"笑"字智慧

笑是人与人交流和沟通最简单也是最有效的方式，人类在没有语言之前，就已经学会了笑，而且以笑容沟通。马克·吐温曾说："人类确有一件有效武器，那就是笑。"

关于"笑"字，还有这样一个故事。王安石是唐宋散文八大家之一。一天，苏东坡来看望他，他拿出自己新著的一部《字说》向苏东坡请教。苏东坡翻了翻，就看出毛病来。王安石的书上解释"笃"字说："'笃'就是用竹竿赶马的意思。"苏东坡开玩笑地说："照你这样解释，那么'笑'就是用竹竿打犬的意思了。"王安石接着问道："那么'鸠'字是'九''鸟'的会意，有没有根据呢？"苏东坡笑了笑，故意说：

"有啊，《诗经》上说'鸤鸠在桑'，有小鸟七只，加上它们的爹娘，不正好是九鸟吗？"说罢哈哈大笑。后来王安石才知道苏东坡其实是跟他开个大玩笑。那么，"笑"字到底是根据什么造出来的呢？

"笑"字出现较晚，从竹，从夭。李阳冰刊定《说文解字》时如此解释："从竹，从夭……竹得风其体夭屈如人之笑。"说明笑是个会意字，由"竹""夭"共同勾勒出她的意义。"笑"的本义是欢笑、快乐，后来才引申为讥笑、嘲笑、玩笑等意思。此外，"笑"还用作敬语，例如"笑纳"。

汉字智慧

人们几乎每一天都会与"笑"发生"碰撞"，笑还能帮助人们保证一个好身体，促进心血管的运动，加强血液循环，使人面色红润，神采奕奕。所以，请人们不要吝啬自己的笑容，因为笑容如阳光，如春风，是开心的钥匙，是美感的媒介，是人与人感情沟通的一座桥梁。人世间因为有了笑容，才变得如此温暖。

"白"字智慧

白色，总是给人以纯洁无瑕之感，故而在西方的许多国家都将白色作为结婚礼服的主要色彩，以表示爱情的纯洁与忠贞。但在东方白色代表的含义却完全相反，尤其是在汉族文化中，白色与死亡、丧事相联系。在中国人的葬礼上，死者的亲朋好友通常都会臂挽黑纱，胸前别着白色的小花，以表达对死者的哀悼和敬意。

白色是一种类似霜或雪的颜色，先民是如何将这种抽象的概念表达出来的呢？"白"其实是个象形字，甲骨文中的"白"字，像一椭圆形的稻米粒，中间的一横表示米粒上的丝疵。在古时的农业活动中，脱去谷壳的米粒纯净莹白，所以用它来代表白色。所以，"白"字的本义是白颜色。"白"字发展到现在，虽然已经不像一颗米粒的形状了，但从金文、小篆和楷书的发展流程看，整个字的字形发展变异不大。

白色既不是冷色，也不是暖色，是没有色彩倾向的。除了其作为颜色的本义外，"白"字还有许多的引申义。由于其类似霜雪，引申出"明亮""清楚"的意思，如"真相大白于天下"；"徒劳"的意思，如"白费力气"；"失败""愚蠢"之义，如"举白旗""白痴"等。古人对高寿的人常给予美称，七十岁为"古稀"，八十、九十岁为"耄耋"，百岁为"期颐"，九十九岁称为"白寿"，即"百里缺一"之义。商代人喜欢白色，所以把"白"引申为美称，用作"伯"字。古代兄弟排辈按

"伯""仲""叔""季"来分长幼次序，"伯"是老大，古也作"白"。在特定的历史时期，"白"还有个特殊的含义：象征反动，如"白区""白军"等。

汉字智慧

　　人生天地间，如"白"驹之过隙，忽然而已。人生在世和世界万物相比不过是短短一瞬间，在还没有来得及好好体会的时候，一切都已经成为过眼云烟了。大多数人都认为，给自己很多很多的时间完成一件事，可以改善工作的品质，但实际情况并非如此。帕金森的结论是："一份工作所需要的资源与工作本身并没有太大的关系，一件事情被膨胀出来的重要性和复杂性，与完成这件事怕花的时间成正比。"大凡做事效率高的人，都会利用或学习利用时间，懂得用同等的时间做更多的事的技巧。

"黑"字智慧

与白色相对的为黑色。与干净纯粹的白色相比，黑色多了几分不可知的因素，故而在西方文化中，黑色一般代表贬义，用来渲染死亡与恐怖的气氛。

"黑"字最早出现在周代初期的金文中，这时的"黑"字像一个头上戴有四只眼睛的假面具的人，正在舞蹈作乐，这个人脖子的两边和左右胳肢窝下，汗滴都飞出来了，完全是一幅大汗淋漓的样子。后来的金文中，四只眼睛的假面具变成了两只眼睛，但那个跳舞的人的形象还在。发展到小篆阶段，把跳舞人的形象讹变成了烟囱，

上部的假面具变为烟囱口，烟囱口分成两格，里面的两点是煤烟，代表黑的颜色。烟囱口的下面，是相叠的二火即"炎"，原本大汗淋漓的跳舞人变成了熊熊燃烧的大火烈焰。在接下来的隶书中，"黑"字又发生了进一步的变化，"炎"上半部分的火变成了与烟囱相连的"土"，"炎"下半部分的火变成了横四点的"火"（在古时的汉语中，一点为主，两点为冰即"冫"，三点为水，四点为火）。此后的楷书便是在隶书的基础上发展而来的。

《说文解字·黑部》："火所熏之色也。凡黑之属皆从黑。""黑"的本义，是煤炭般的墨样的颜色。后来才引申出一系列的贬义，如"黑色星期五"表示凄惨、悲伤、忧愁的日子；"黑市"表示"私下的""非法的"。但黑色有时也有褒义，在时装界，黑色代表稳定、庄重的样式；

口语中，"新黑色"代表最新时尚潮流。在不同的文化中，黑色代表着不同的意义：在肯尼亚的马塞人心目中，黑色象征繁荣和生命；在中国彝族人中，黑色代表高贵；在德国，黑色代表保守派的党派等。

汉字智慧

"黑"这种不太讨人喜欢的颜色，也总是会带给人一些不好的遭遇。人生中也总是会遇到一些恶劣的境况，如"黑"风孽海一般。处于绝境中的人，总是为了求生，会爆发出一种出人意料的潜力。如果你正面临困境而手足无措，不妨静下心来，试着找找出口，或许它隐藏在一个被你忽视了的地方。

"黄"字智慧

中国因地域广泛而产生了许多的方言，在南方的方言中，由于"黄""王"同音，所以人们在初次见面互通姓名时，总会做一点特别的补充。姓"黄"的人，为了使对方弄清楚自己的姓氏，总是会在介绍完之后加上一句"是大肚黄"，以区别于"王"姓。但这个"大肚黄"却是来源于一种古代的疾病，这与"黄"字的起源有关。

甲骨文的"黄"字，外部是个"大"字，即正面站立的人形，在这个人的腹部有一个圆圈或圆圈里加一横，

像腹部膨胀如球的样子。之所以会有如此的造型，主要源于古人不懂得讲究卫生，所以经常生蛊。人得了这种病后，腹部积水，肚子膨大，颜容憔悴，肤黄如蜡。于是，先民们便以这种生水蛊的人的形象和肤黄如蜡的颜色创造了"黄"字。到了金文阶段，在"黄"字的顶上加了个向天哀叹的"口"作为头形。小篆中的"黄"开始出现线条化的趋势，原本表示人头的"口"字讹变成了"廿"，原本位于身体两侧的手也脱离了躯干，变成了脖子旁边的两点。在接下来的隶书中，"黄"字进一步变化，头和两只断手连接起来，变成了"共字头"，腹部变成了"由"，双脚变为断离肢体的两点。沿着隶书的形体，逐渐发展成了现代楷书中的字。

《说文解字·黄部》云："黄，地之色也。"因为它是大地之色，中和之色，所以，在古代社会里，黄是尊严崇高的颜色，只有统治者才能使用。从汉代到清代，只有皇族（皇帝、皇后、太子、公主）才能穿黄色衣服，才能用黄色。宋代王楙的《野客丛书·禁用黄》云："自唐高祖武德初，用隋制，天子常服黄袍，士庶不得服，而服黄有禁自此始。"古代帝王所穿的袍服，叫"黄袍"；皇帝出的文告，要用黄纸书写，叫"黄榜"；皇室直辖的衙门，叫"黄门"；皇帝助手"丞相"办公的地方，叫"黄阁"。古代的建筑物，只有帝王的宫殿才能用金黄色的琉璃瓦。

汉字智慧

　　中国封建社会中，帝王专用的"黄"色，无疑是一种梦想的颜色。每一个人都有追求自己梦想的权力，但却决不能整日沉迷于梦想之中，不问世事。正确的人生观主宰着人生的方向和命运，它是战胜人性弱点、克服心理障碍的灵丹妙药。将梦想与现实明确地区分开来，从"黄"粱美梦中跳脱出来，将其作为人生奋斗的方向，这才是正确的人生观，才能在现实的世界中成就真正的美好。

"赤"字智慧

红色，一个鲜艳夺目的颜色，一个振奋人心的颜色，一个特立独行的颜色。红色中也有很多的类型，"赤"便是其中之一。

甲骨文和金文的"赤"字结构基本相同，上部为一个"大"字，下部为燃烧的火焰的形状，即为"火"，整个合起来就是大火之义。发展到小篆时期，上部的"大"开始向"土"字变化，但其"大火"之形仍然很明显。在此基础上，逐渐发展成了如今楷书中的"赤"字。

《说文解字·赤部》："赤，南方色也。从大，从火。""赤"字从大从火，会意，以大火之色表示红色，这是"赤"字的本义。许慎将"赤"解释为"南方之色"，显然

是受古代五行思想的影响。五行家们以五方（东南西北中）配五色（即正色，指青、赤、白、黑、黄），南方为"赤"，这是"赤"的引申义。古代的"赤"色就是今之朱红色，即比大红色要淡一点的红色。

汉字智慧

　　古人认为人的心脏的颜色是赤色，因此将"赤"看作是心脏之色。陈其猷集释："古人谓空尽无物曰赤。"古代称出生的婴儿为"赤子"，一说为小孩挣脱母腹来到人间时，身上一丝不挂；二说为婴儿出世时，全身皮肤呈红色。无论究竟为何意，拥有一颗婴儿般的"赤"子之心，是所有人共同的心愿。

"李"字智慧

传说中，舜帝之所以能得天下，是因为有几个得力的助手，"禹"为"司空"；"契"为"司徒"；"皋陶"为"李"。"李"是法官、狱官，专门治理司法的。在甲骨文里，目前尚未发现"李"字，据现有的资料来看，最早的"李"字当推战国印里的古金文，是上"木"下"子"的结构。但是在战国时代的"李"字却是左"子"右"木"，不是今天的形体。"李"字在中国文化中简直可以称之为一种姓氏文化现象。它在古人看来是"十""八"和"子"构成，简称"十八子"，所以李唐王朝的皇帝有时候会被叫作"十八叶天子"。

"李"与"理"同音，

在上古通用，据说老子的祖先因为做理官，所以便以官位氏，姓"理"了。至于"理"氏怎样改为"李"氏，流传着两种说法。其一是，商纣时，皋陶的后裔理徵因直谏获罪，被纣王处死，其妻契和氏带着儿子利贞逃难，因食木子充饥，才得以活命。一是为感救命之恩，二来为逃避追杀，遂改理姓为李氏。另一种说法是：老子为利贞的后裔，因祖上世代为理官，理、李两字古音相通，便以李为氏，叫做李耳。周之前没有李氏，自从老子改姓，这才有了李姓。按照这个说法，李氏是始于李耳称姓的。传说老子为李姓的始祖，因为他出生在李树下，所以姓李，子孙后代就沿用李姓。这是另一种说法。

汉字智慧

　　"李"的前身是"理"，"李"从理来。俗话说：有理走遍天下，无理寸步难行。这里说的"理"，既指为人处世的道理，又指宇宙自然的规律。不但要在为人处世上通情达理，这样处处受人欢迎，还应该掌握一定的自然科学知识，了解事物运行的规律，掌握了这样两种"理"，无论做什么，都会无往而不利。

"秦"字智慧

古人有诗说："人从宋后羞名桧，我到坟前愧姓秦。"这是说大奸臣秦桧。秦桧以一句"莫须有"害死了岳飞，几百年来人们对他恨之入骨，将他铸成铁像，跪在岳飞的坟前。而自从秦桧以后，人们就很少用"桧"字命名，甚至有姓秦的人到了岳飞的坟前，也会因为自己的姓氏而愧疚了。——因一人之罪而使天下同姓者垂头丧气，秦桧可谓千古一人。

秦，是个会意字，由"午""双手""二禾"三部分组成，它的意思是有这样一块地方，很适合农作物生长。如《说文解字》里说："伯益之后，所封国

地，宜禾。"说明在很早以前，秦川古地，农业就已经相当发达，以种植"秦"这种农作物为主。

作为姓氏，秦姓源自嬴姓。据说皋陶的后裔非子善于驯马，周孝王封其为秦地首领。后来，非子后裔秦庄公自立大功，其子秦襄公又因讨伐西戎、保护周平王东迁洛邑有功，被封诸侯。到了襄公的时候，东迁，正式建立秦国。之后秦孝公任用商鞅变法，国力大增，一跃而成为战国最有实力的诸侯国"战国七雄"之一，并开始了对外扩张侵略的道路。到了嬴政时，秦终于统一六国，建立秦朝。秦亡后，其王族子孙后来都以国名为姓。这是秦姓的最大一支。

据说，秦国的秦原写作"琹"。秦始皇统一六国后，车同轨书同文，进行了一系列的改革。他甚至改革到自己的国号上，认为原来的国名很别扭，因此想造出一个独一无二的字来作为国名，就像后来的武则天那样。他问部下，自有生民以来，谁的功绩最大，大臣答曰：自开天辟地，古人的功过是非都记载在《春秋》一书里。秦始皇听后，认为自己德比三皇，功过五帝，于是称自己为"皇帝"。还认为自己是千古一帝，就定《春秋》各一半为国号——于是新帝国便以"秦"字作为国号。

汉字智慧

　　秦始皇建国后，刑法苛酷，民怨沸腾，终于二世而亡。将秦朝推翻的项羽，仍然崇尚武力，不实行仁政，又很快灭亡。杜牧针对这一事件进行了总结："秦人不暇自哀而后人哀之，后人哀之而不鉴之，又使后人而复哀后人也。"以一句"当局者迷，旁观者清"来解释，便是身处其中的人们，很容易重蹈覆辙，重犯前人犯过的错误。这要求我们多了解历史，多总结历史经验教训，避免重演前人的悲剧，不做悲剧性的"秦人"。

"吴"字智慧

"吴",据学者说,金文里的"吴"字,左边是"大"字,也就是"人"的意思,右边的部分很像陶器,像一个人肩扛着陶器的形状,实为表示制作陶器的意思。"吴"字的小篆是承金文而来。按照许慎的观点,"吴"是姓氏,但又有"大言"的意思。所谓"大言",就是一个人在那里大声喧哗。《诗经》里有"不吴不扬"的句子,意思是不喧哗不傲慢。简化后的"吴"字,上面是"口",下面是"天",体现了中国人的雄心壮志:由过去的臣服自然,到如今的敢于正视"天",尝试解决人类与"天"的问题,

而不是一味地逃避。

关于吴姓的起源，有说是以吴国号为姓，出自姬姓，是黄帝轩辕氏的直系后裔。黄帝的 12 世孙古公亶父带领族人迁徙，到了周原，建立了周部落，他也就被称为周太王。太王有三个儿子，"谢公最小偏怜女"，太王也一样，偏爱小儿子季历，非常想将位子传给他。他的两个大儿太伯和仲雍子知道了他的心思，就决定让贤，并一同南下荆楚。他们给当时还比较落后的江南带去了先进的文化，受到当地人民的爱戴，被推为君长，号称句吴。周武王灭商后，仲雍的三世孙周章为诸侯，国号改称为吴。此后一路发展，到吴王梦寿时，后裔分化为两支，一支继续有志于当世，出现了不少有名的国君；另一支布在草野，子嗣繁盛，构成了吴姓的绝大部分。后来越王勾践卧薪尝胆，灭掉了吴国，周太王的子孙们便以吴为姓。就像周朝后来被秦灭后，姬姓子孙的一部就以周为姓一样。

"吴"字作为一个姓氏，是一部"字史"，记录了从黄帝到吴国灭亡的历史。由于偶然的机缘，太伯和仲雍从中原南下荆楚，将黄帝的骨血洒到了南方。华夏民族就像蒲公英一般，飘落各处，就地开花。谁能想到，在中原的一些公子王孙，与南方的诸多庶人平民，体内共同拥有着一条来自黄帝的染色体呢？偶然的因素，有时在历史中竟然有这么大的作用。

汉字智慧

　　"吴"字的本意是：口出狂言——将嘴巴搁置在"天"之上，这是一种不折不扣的狂妄。人类可以认识自然、顺应自然，在某种程度上利用自然。但是试图呼风唤雨，对自然发号施令，却是不合情理的。人要正确处理与"天"的关系，不是逆来顺受地接受自然的压迫，也不是狂妄自大地以"口"灭"天"，而是要与自然交流，与自然和谐相处。

"刘"字智慧

　　"刘"字出现的比较晚，甲骨文里未见，金文里的"刘"字大概是一种古代的兵器。《说文》里以"金"为意，以"留"为音，本来的意思是斧钺一类的兵器，"刘，刀也"（《说文解字》）。因此派生出"杀""征服""凋残"等意思。

　　这个形声字以后不断演化，到了西汉初期，在"临沂刘疵墓玉印"里，是一个小篆的"刘"字，右边已经从最初的"又"变为立刀旁了。到

了东汉，"刘"字隶变，从此以"卯""金""刀"三个部件组合成了繁体的"刘"字。但是笔画繁复，书写不方便，所以宋代以后民间出现了简体的"刘"字，为今天的简化汉字所采用。

刘姓主要有两支，一支是陕西刘姓，一支是河南刘姓。陕西的一支是来自祁姓，相传祁姓是黄帝的后裔所分得的姓氏之一，后来被分到刘国，其后代的子孙便以国为氏，史称刘氏正宗，这就是陕西刘氏。河南刘氏出自姬姓，相传周武王去世后，周成王继位，封王季的儿子于刘邑，其后裔以邑为氏，世代相传姓刘，这就是河南刘氏。

"刘"字的演化过程体现了两个特点，一是各个汉字演化的共同特点：向"简约而不简单"的方向进化。所以，"刘"字由最初的非常繁复的结构，逐渐简化，成为了如今的"刘"字。第二个特点是"刘"字本身独有的演化特点：它的构成里本来含有"金""刀"，本是一种兵器，充满杀伐之气，演化成简体的"刘"后，虽然还有个立刀，但一个"文"字却将其杀伐之气冲淡许多，这个"刘"字，倒成了"文武全才"的字眼了。

汉字智慧

　　"文武双全"，文者可如诸葛孔明一般舌战群儒，武者可如关羽温酒斩华雄，这是无数人心中的梦想与追求。当今的世间已无须人们如诸葛孔明与关羽一般，于乱世中尽显英雄本色了。但想要在自己的人生舞台上，成为一颗耀眼的明星，仍需"文武双全"之人，既有文化人的文心，又有战士的剑气，唯有这样的人方能成就大业，才能将自己的人生活得精彩纷呈。

"郑"字智慧

汉朝时有一位大学者，他家里的奴婢都读书。有一次，一个婢女犯了错，惹得大学者发怒，便训斥了她几句。但是她却为自己辩解，惹得大学者更加愤怒，就把她拖到了泥中。这时另外一个婢女走了过来，看见这一幕，就问泥中婢女："胡为乎泥中？"答曰："薄言往诉，逢彼之怒。"——这位大学者，就是郑玄。郑玄可称为郑姓中最大的学问家。

因为这个含有"耳朵"的姓，还有了一个笑话。说有个文书，写字时常混淆结构，把字写错。有一次把陈字的"阝"写在右边，被长官打了二十大板。于是文书误以为凡是"阝"都应当在左边，书写的字时就将"阝"放在左边，不料又被责打二十大板。后来，有个姓聂（聂）的托他写张状词，文书大声叫苦："我因写

两个'耳'字（偏旁'阝'），一连被打了四十大板，你有三个耳，若是给你写状词，岂不是送掉我的性命？"

作为一个"有耳朵"的字——郑，耳朵在右边，表示国家；在左边，表示城邑。作为姓氏，其来源据说是出于姬姓。周宣王姬静封他的弟弟姬友于"郑"，建立了三等诸侯国。姬友即是郑桓公。郑桓公在"犬戎之难"中被杀害，他的儿子郑武公在周平王东迁之后，帮助其巩固了东周政权，因此被封赏了一块新的土地，建立了新的郑国。从此，郑氏子孙便在这里发展繁衍起来，世袭郑公称号。后来郑国被韩国所灭，郑国遗族散落在河南诸地，为了纪念故国，纷纷改姓为郑。

汉字智慧

　　"郑"人买履这个成语，讲的是一个郑人买到的鞋太小，于是就把自己的脚削小，这故事让人忍俊不禁，却也让人看到了一个死板的人。《易经》中有："穷则变，变则通，通则久。"人生必须要有一定的灵活性，突破定势思维，才能让一切都变得更容易、更简单。

"朱"字智慧

朱，《说文解字》中，解释"朱"说："朱，赤心木，松柏属。从木，一在其中。"即是说，朱字的本来意义并非是红色，而是一种树心为红色的树木，即是赤心木。据古文字学家解释，有一种"合体指事"的文字，兼有象形和指物的特点。从朱字的构成中可以看到，朱字由一个"一"字与一个"木"字组成，"木"是象形，像树木；而"一"则是象征树心。

在图腾崇拜时代，先民中的一支曾把赤心木作为氏族的象征，他们把自己的氏族叫作"朱"氏族，并得到了后代的继承以及周围氏族的承认，于是"朱"姓就此产生。

据考证，古代的朱人把自己生活的地方称为

"朱",或者"朱方",由于我国盛产松柏类赤心木的地方是华北地区,所以有人推测,最早的朱方应该在我国的华北地区。而根据后来的一些史料,如《路史·后纪》、《续汉书·郡国志》,以及甲骨文的一些材料,可以推知远古朱人直至商代仍有一部分居住在河南境内,于是河南便成为朱姓的一大郡望。

"朱",原本是一种红心的木头,大概后来那颗"红心"越来越被关注,所以"朱"字就衍生出"红色"的意思。由于古代的朱砂一类的颜料很贵重,一般人家不准使用,所以有时叫富贵之门为"朱门"。这个字到了明朝,就达到了无比宠荣的地步,"朱"字成为国姓,成为"天下第一姓"。

汉字智慧

　　最初的"朱"姓,只是人与"赤心木"的亲密关系。因为这种怀揣着红心的树木在此地人的生活中有着十分重要的影响,所以人们就以这种树木的名字作为自己的姓氏,反映了人和自然的和谐关系。植物是人类的好朋友,人类完全可以、也十分有必要与之建立起"和睦相处"的关系。

"季"字智慧

传说中季姓本来自李姓，说是不知道何年何月，一个姓李的人在朝廷上得罪了皇帝，要将天下李姓满门抄斩。当一对官兵来到一个李姓乡村，将全村的男女老少都集中起来，准备斩尽杀绝的时候，一个人突然说：这个村子里的人不姓"李"，而是姓"季"，你们杀错了，我们要告你们。那些官兵半信半疑，于是挨家挨户去看各家的祖宗牌位，上面果然都是姓"季"的，他们只好释放了这个村子里的人，全部撤走了。这是怎么回事呢？原来这里的人听说皇帝要抄斩天下姓李的人，就在头天晚上将所有的祖宗牌位上的"李"字上加一撇，"李"姓就成了"季"姓。"季"字和"李"字

长得太像了，所以后人才编造出了这样的故事。

"季"在古代，有一个排序的功能，就是以伯、仲、叔、季指兄弟之间的排行，其中"伯仲"指排行在前的，"叔季"指排行在后的，而"季"又是指排行第四或年纪最小的、最年轻的。

"季"字最早出现在甲骨文中，是一个会意字，上部是"禾"，指禾苗，下部是"子"，本指婴儿，这里是幼小的意思。"季"由"禾"和"子"两字构成，是会意字，本义当然是幼禾，即幼嫩的禾苗。金文与小篆跟甲骨文的形状基本相同。《说文解字》认为："季，少称也。从子，从报省，稚亦声。"这里的"少称"就是年纪最小者的称呼，自然不是本义，而是引申义。

汉字智慧

古语有云：得黄金千两，不如得季布一诺。一句话，让我们看到了诚信的价值。在中国几千年的文明史中，人们不但为诚实守信的美德大唱颂歌，而且努力地身体力行。诚实守信、信守诺言是为人处世的一种美德，更是为人处世之本。

"尹"字智慧

相传，远古帝王少昊金天氏有子名殷，担任工正官（掌管百工技巧），被封于尹城（今山西隰县东北）。后来，殷的子孙便以封邑名称为姓氏，姓尹。

"尹"，关于这个字的含义，可以说是众说纷纭，莫衷一是。一说是甲骨文的"尹"由手和一竖组成，这一竖表示"事情"，手与事结合便是"掌握事情"，表示"治理"的意思。又说是"尹"字左边的竖是一管笔，以手（又）拿笔表示以文治事，还是"治理"之意。又说"尹"边的一竖是上古用来作针刺疗法的"针"字，"尹"便是用手拿针作刺疗的形状。由于是治病，于是引申出"治疗""管

理"之意。而用针者就成为后来的治理者——"尹"。

上面三种说法，虽然有些差异，但都以"治理"为基本含义，所以古籍上说："周公尹天下者，治天下也。"古代对官统称为"尹"，商周时代辅助君王的官叫"尹"，春秋时楚国的长官多叫"尹"，汉代也称"尹"，元朝的州县官也称"尹"，就是辛亥革命后，北洋军阀统治时期还有"道尹"这种官呢。

汉字智慧

古代读书人都有个追求：不为良臣，就为良医。总之目的都在一个"治"字，要么谋划庙堂，为治世之能臣；要么悬壶济世，为救人之良医。太史公说：人穷则返本，如果在仕途上穷途末路，就"眼前无路想回头"，还是返回到"治病"的"本"上来。中国的文化讲究系统、全面地看待问题，治国与治病有很多相通之处，因此古代很多学识渊博的儒士同时也是一位名医。

"沈"字智慧

史载，明太祖朱元璋定都南京后，准备修城门，这时有一个富商来拍马屁，声称愿意助修城墙，皇帝准奏后，此富商便修筑了南京城墙的三分之一。修好后，此富商提出，因为自己助修了三分之一的城墙，所以作为荣耀，希望可以由自己犒劳三军，没想到朱元璋却动了怒，说：此人匹夫一个，竟敢犒劳天下军民，杀。幸亏大脚马皇后求情，才免于一死，将他远远地发配到云南了事。这个人，就是明初巨富沈万三，他应该是沈姓名人中最富有的一个。

"沈"，看这个字的甲骨文，它是个象形字，左右两边是河道，中间是戴着枷锁的人，还有水花——意思是将戴着枷锁的人扔到河里。做什么呢？沉水祭神。这个字在甲骨文里有一番演化，河道中间先是牛，后来变成羊，最后成了人。这个字形的演化也反映了历史的演变。这个字的右边部分——戴着枷锁的人，后来便演变成"沈"字的右半部分，"沈"字由此产生。

作为一个姓，沈姓来源于姬姓。西周初期，大行封建，分封的诸侯国中有沈国，最初受封的国君是周文王的孙子季载。其后世子孙便以国为氏，产生了沈氏。

汉字智慧

一个"沈"字，形象地展示了中国历史上曾经存在的一个历史阶段——将人当作祭品，扔到河里去祭所谓神。不尊重生命，不重视人的价值，视人命如草芥，视杀人如儿戏。这个历史阶段，已经渐行渐远了。生命是最宝贵的，如果没有生命，一切都会丧失意义。我们不但要尊重别人的生命，也要尊重自己的生命，积极生活，热爱生命，努力在为社会做贡献的过程中体现生命的价值。

"吕"字智慧

战国末期，有个吕不韦，是个非常成功的人，经商而至巨富，并且慧眼识货，一见异人而留下千古名句：奇货可居。后来做了秦朝宰相，在政治上又爬到顶峰。不仅如此，他门下有食客三千，集合他们的力量编成《吕氏春秋》一书，在文化上又做出巨大贡献。然而他又是一个极度失败的人，最终落得个异域赐死，不得善终。

"吕"，甲骨文是由两个方块形的"口"组成，表示人或动物的脊椎骨一块接一块地连成一串。金文由甲骨文的方块变成了准圆形，这样一变更像脊椎骨的形体。小篆是在甲骨文和金文的两块脊骨之间加上一条短竖线，使一块一块的脊骨紧密相连，看上去更像一串脊骨。

许慎根据小篆的形体，认为"吕"的本意是一串脊椎骨，脊椎骨贯穿脊背，是身体的"顶梁柱"，所以说吕侯太岳是大禹的"心吕之臣"，所以被封为吕侯，其子孙也以吕为氏，世代繁衍下来。（见《说文解字·吕部》："吕，脊骨也。象形。昔太岳为吕心腹之臣，故封吕侯。"）另有一些学者认为，"吕"字的意思来源于一种图腾信仰，这种图腾物就是一种形似鹿驴的黑羊，在魏晋的时候被称为"山驴"，在先秦时被称为"闾"或"闾侯"。

汉字智慧

　　中国的历史上，载入史册的吕姓人物为数不少，有吕布、吕洞冰、吕留良等人，但能与之齐名的女性中，却不得不提吕雉，这个一直以来被人看作是残忍至极的人物。我们对别人的评价应该更客观、更全面一些，应该从个人好恶跳出来，知世才能论人，而不是像那些摸象的盲人一般，只道出其中的一部分。

"唐"字智慧

甲骨文的"唐"，是个会意字，上面是"庚"，是扬谷出糠的风柜，下面的"口"，是放在庚下承接谷米的盛器。这个字，古音读"汤"，商代的甲骨文卜辞里，多用来作地名，也用作商王的先王"成汤"的"汤"。商代之前有"夏"代，"夏"代之前的新石器时代里，还有个尧舜之世。这个字，被汉朝的儒生们赋以"大言"的意思，也就是"吹牛皮"。为什么"唐"会成了"吹牛皮"呢？

大概是由于"唐"是扬风吹糠的意思，由此引申出"吹"意。

唐这个姓，据说是出自"祁"姓，以国名为氏。据《通志·氏族略·以国为氏》所载，唐氏，祁姓，亦曰伊祁，尧初陶唐之后。

"唐"字在初造的时

候，只是个简单的会意字，后来李世民辅佐父亲李渊建立了唐朝，自己当上皇帝之后，文治武功，无与伦比，至今仍为人称道。所以国外华侨常常把自己叫作"唐人"，华人聚居之处，叫作"唐人街"，穿的衣服叫作"唐装"等等。一个"唐"字，几乎成了中华民族的"姓氏"。

汉字智慧

这个让所有华人引以为傲的"唐"字，也有令人不敢苟同的另一面，诸如荒"唐"。曹雪芹曾自评《红楼梦》为："满纸荒唐言，一把辛酸泪。"人世间总是会有些令人啼笑皆非的荒"唐"之事，如古人相信有长生不老之术，而历尽千辛万苦想要得偿所愿，到最后还是一场空。这些无稽之谈多数来自人的美好愿望，当这种愿望成为一种强烈的要求时，人们便相信其可以梦想成真，于是便有了一些荒"唐"的举动。赶紧从荒唐美梦中醒来，正视现实，认真地过生活，才能让有限的人生活得更充实。

"孔"字智慧

"孔",学者认为,"孔"字的金文意思是:小儿头上的囟门。由于小儿的囟门还没有合拢,即头上像是有个洞,所以,"孔"引申指"洞穴""孔穴"。

小篆对金文进行了一些改动。《说文解字》认为:"孔,通也。"这里所谓的"通",也就是"通达"的意思,是"孔"的引申义。

郭沫若认为,金文的"孔"字"乃指小孩头上有孔也。故孔之本义当为囟,囟者象形文。孔则指事字。引申之,则凡空皆曰孔,有空则可通,故有通义"。如王念孙云："孔道，犹言大道，谓其国辟在西南，不当孔道也。"所谓大道，也就是通达之道。

有的学者则认为金文的"孔"字实际上是由甲骨文的"乳"字简化而来，其中的"乳"的对象被保留下来了，作为哺乳主体的母的形象则被减掉了，只剩下象征母亲隆起的乳房的一条线，与"子"的头上一侧相连。这种"子"与曲线的位置关系相当重要，根据它可以获得对"孔"的意思的正确理解，即哺乳婴儿。

但是有的学者对"孔"字的结构作了与上述几种说法完全不同的解释。《说文解字》认为："'孔'，通也。从乙从子。乙请子之候鸟也，乙至而得子嘉美之夜。"这就是说，"孔"字由"乙"和"子"构成。"乙"是一种鸟，古称玄鸟，也就是燕子。这句话的意思是：乙鸟所生之子，也就是燕子繁衍的后代。因此，它的后代以孔为姓。据说，孔姓出自殷商的子姓。商代的开国之君商汤是帝喾之后，传说帝喾的次妃兰狄吞乙鸟的卵，生子契，并赐姓子，传至成汤之时，因他的祖上吞乙鸟卵而生后代，故取字太乙，以示纪念。其后，汤的后代又在"乙"旁加"子"而为"孔"字，自此以"孔"为姓，其意思是乙鸟之子孙。

汉字智慧

　　"孔"字的本来含义是"洞穴"，后来引申为"通达"的意思。在儒学的意义上，我们的先师孔子实在是很配这个姓。儒生说：天不生仲尼，万古长如夜，孔子简直是天幕上的一个"孔"，给人间带来了真理和光明。在儒家学说里，确实体现了"通达"二字，比如孔子既不赞成"狂"，也不提倡"狷"，因为这二者都执迷于一种美德，而不懂得变通。我们应该尊奉这个思想，通达机变，灵活地处理事情。

"飞"字智慧

"飞",从近年出土的楚国篆文中可以看出来,这个字的字形很像一种鸟,有冠毛,有躯体,有双翼,还有尾巴,惟妙惟肖。战国以后,有了小篆,还是鸟儿向上振翅奋飞的形象。经过隶变和楷化,字的形体便从回转的线条变成由固定的基本的笔画构成,逐渐失去鸟的额鼓翼翱翔的姿态了。如今,根据"局部删除"法把鸟的头、体、尾、左翼都删去,只剩下右边一个展开的翅膀,便成了一个简化的"飞"字。所以说,"飞"字就是一只翅膀。

据说岳飞出生的时候,"有大禽若鹄,飞鸣室上,因以为名"。他字鹏举,取大鹏远骞而高飞之意。后来在民间,人们附会说,岳

飞的前世是一只金翅大鹏鸟。这种附会符合岳飞的"飞"字，又符合他字里的"鹏"。

汉字智慧

　　《庄子·逍遥游》形容大鹏的飞翔："抟扶摇而上者九万里"，后来李白又有诗云："大鹏一日同风起，扶摇直上九万里"，后人又有成语云：鹏程万里，将"飞"字彻底理想化了。大概"飞"字之中寄托着人们超尘出世的理想，又包含着人们意欲一日千里、尽快尽好地做好事情，以及做好事情、出人头地的愿望。这样的愿望是良好的愿望，我们要飞得更高，我们应该具有鸿鹄之志，而不应只满足于做一只"贴地争飞"的燕雀。

"玉"字智慧

周瑜字公瑾，《说文解字》曰："瑾瑜，美玉也。"所以"瑾"就是美玉的意思。

甲骨文中的"玉"，是一根绳子上穿着几块玉的形状，一竖表示中间的绳子，三横或四横表示三块或四块玉，两端的绳子露在外面。到了金文和小篆中，外露的绳子不再出现，字形与"王"字相似。但实际还是有区别的，"玉"字三横间的距离是相等的，而"王"字三横间的距离不等，上小下大。但为了方便区分，到了隶书阶段，便加了一点，后来的楷书也是此字形。

《说文解字·玉部》云："玉，石之美。""玉"的早期不过是漂亮的石头而已，只是一种小小的装饰品。但春秋战国以后，人们渐渐把"玉"看成是

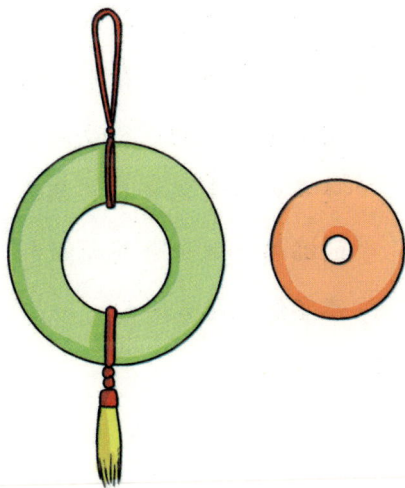

大自然的精灵，相信它具有一种超自然的力量，人们只要佩戴玉器，便可以驱灾避祸。《红楼梦》中的贾宝玉便是衔着"通灵宝玉"而生，这块宝玉又伴着他消灾化疾。由此而引申出"玉"有"精美""贵重"之义，如历史上有记载的和氏璧便是一块价值连城的美玉。此外，《五经通义》："玉有五德：温润而泽有似于智；锐而不害有似于仁；抑而不挠有似于义；有瑕必见于外有似于信；垂之如坠有似于礼。"古人把玉看作是品德的象征。

汉字智慧

著名作家金庸在《书剑恩仇录》里有两句话："谦谦君子，温润如玉。"就是将人的品德的极致比拟为"玉"。在中国的成语里也有"怀瑾握瑜"用来形容人的道德高尚，"瑾"和"瑜"都是玉，还是以玉来比喻人的品德。我们要追求"玉"一样的品格，做一个高尚的人，一个纯粹的人，一个脱离了低级趣味的人。

"岳"字智慧

"岳",由"丘"和"山"两部分组成。"丘",甲骨文看上去像并峙的山峰,即"两丘突兀之形"。其本义就是指"小土山"或"小土堆"。"山"的甲骨文是截取群峰的部分而成。"岳"字是"山"上加"丘",会意字,山上有峰,比山与丘都大。事实上,"岳"在古代不仅指又高又大的山,而且还要有名的山才称"岳"。中国有"五岳",就是东南西北中五个方位的五座高峻的山峰。分别是东岳泰山、南岳衡山、

西岳华山、北岳恒山、中岳嵩山。《论语·雍也》有"仁者乐山"的说法。又《里仁》曰："仁者安仁。"岳即山，乐山者为仁者，仁者安仁。

　　古人把妻子的父亲称为"岳父"，母亲称为"岳母"。后来又把岳父叫作"泰山"，这里有一个有趣的故事。说唐明皇李隆基要封禅泰山，命宰相张说为封禅使，张说的女婿郑镒本是九品官。按照老规矩，封禅以后，自三公以下都能迁升一级。但是郑镒靠了丈人，连跳几级，一下子升到五品官，又赐了绯服。李隆基看到郑镒一下子升了几级，又穿

了绯服走来走去，感到很奇怪，就询问原因，郑镒一时无话可答。这时一个叫黄幡绰的人调侃道："此泰山之力也。"泰山是东岳，而张说又是郑镒的岳父，黄幡绰的调侃，可谓一语双关，绝妙好辞。这个故事流传开来，人们就把岳父叫作"泰山"了。

汉字智慧

　　"岳"本来是一般的高山，后来仅指寥寥可数的几座山。在古代，科技发展水平不高，封建迷信大行其道，人们讲究"天人感应"，尤其是封建统治者，将自己的位置看成是上天所授，动辄就要祭祷上天以示感谢，而山顶，被认为是离"天"最近的地方，"五岳"被认为是最高的几座山，在"岳"（尤其是东岳）上封禅，就成了皇帝的一件大事，而"五岳"也就成了一种独特的地理人文现象。

"休"字智慧

66休",甲骨文中,左边是一个人,右边是一棵树,这是个象形字,意思是背靠着一棵树乘凉休息。金文和小篆都是古人根据人们为躲避烈日晒烤而在树下憩息的事实造出来的。休字的产生,说明了树木与人们生活的密切关系,它不但能给人制造氧气,净化空气,提供食物,而且能给人们提供荫凉——别忘了,人类最早就是住在树上的。《说文解字》在解释这个"休"字时说:"休,息止也。"累了,热了,就在一棵大树的荫凉下休息一会儿,美何如之。于是"休"引申为"美""美好""喜悦"等等,就是自然而然的了。《尔雅·释诂》说:"休,喜也。"又说:"休,美也。"成语"休戚与共"中的"休"就

是"喜""高兴"的意思，戚，就是悲哀的意思。

　　关于"休"，有一句"一不做二不休"的典故。说的是唐德宗时的将领张光晟，先是跟随另一个叛将朱泚叛变，后来心生悔意，决定向朝廷投诚。负责谈判的将领李晟接受了他的投诚，但是唐德宗认为张光晟罪不可赦，还是决定将其处斩。张光晟临死时这样说："传话后人，第一莫做，第二莫休。"意思就是：要么不做，做了就索性做到底。

汉字智慧

　　"休"的最初来源是人倚靠在树上休息，含有停止、止息的意思。后来休字引申为"美好"意，"止息"的意思应该就包含在了其中。曹雪芹在《红楼梦》里有一首著名的《好了歌》，说好便是了，了便是好，若要好，便需了，若得了，便是好。刨去它的悲观消极的成分，在某些意义上，确实"休"，便是"美好"。比如工作太累，神经绷得太紧，这时候"休"一下，便很好。

"寿" 字智慧

陈寿，字承祚，祚是有福的意思，要想有福，必须长寿，所以名与字相得益彰。关于这个寿字，文字学家们在此多有聚讼。对于甲骨文的最初的"寿"字，有人认为是一个古"畴"字，《说文解字》说："畴，耕治之田也，从田，象耕屈之形。"更有的人直截了当地认为，"寿"在甲骨文里就是更多的土地。为何最初的"寿"字与"畴"字十分形似、起码与土地大有关系呢？有人推测，可能这体现了我们的祖先最早的"生命在于运动"的理念，即认为只有在耕种中，人们才能长寿。还有人认为，这可能体现了土地对于人类的重要性，所谓民以食为天，有了土地才有了生存下去的保障，才有可能长寿。

"寿"字的金文与甲骨文相比，在形体上发生了较大的变化。其中含有了"老"字的意符。古人说，"七十曰老""人生七十古来稀"，可见"老"字是有长寿之意的。"寿"字的小篆，有人认为是手举酒杯向人敬酒的意思。总之，"寿"具有"长久""长寿"之意，还由"长寿"之义引申为"敬酒祝人长寿"的意思。如古人有云："阖不起为寡人寿乎？"意思是何不起身举起酒杯祝我长寿呢？

汉字智慧

自古至今，一个"寿"字是人们孜孜追求的永恒目标之一。秦始皇为了追求长生不老，派遣方士徐福带领童男童女到海外寻找仙人。后世皇帝为追求长生不老，大炼丹药，耗费人力财力，有的还因为吃丹药中毒而死。不管怎么样，"寿比南山不老松"几乎是全人类的美好愿望。其实长寿的秘诀，还在于先民造字时的智慧：劳动、运动。生命在于运动。所谓流水不腐，户枢不蠹，只有多劳动，多运动，才能使筋骨强壮，抵抗力强，百病不侵，健康长寿。

"圣"字智慧

金人瑞，字圣叹，以批点才子书闻名。顺治十八年，顺治驾崩，有诏到达吴县，要求哭灵三日。而当时的吴县县令任维初，私取公粮三千余石，又逮捕交不出补仓粮的老百姓，金圣叹看不过去，就联合一些文人，到哭灵处

人文历史

哭灵抗议，结果被官府定为"惊动先帝，倡民作乱"，杀头之罪。古代帝王被称为"圣上"，他本是去"哭圣"，没想到因此而死，真可为之一声长叹。

"圣"，甲骨文和小篆的结构大致相同，均为"耳""口""人"三字组成。而且在两种字体中，"耳"字特别突出，好像在圣人的脸上，耳朵盘踞三分之二之多。其中的"口"字，表明圣人会说话，善言谈。其中还有个"人"字。所以这个字是个会意字，意思是听觉灵敏、口才不凡的人。

李孝定《甲骨文字集释》中说："'圣'字的甲骨文像人长着大耳，从口，会意。圣之初意为官能之敏锐，故引申训通。"这就是说，这个"圣"字刚造出来的时候，所表示的意义既没有宗教成分，也没有政治色彩，所谓圣人，也就是用耳朵了解情况，用嘴巴陈说道理的人。这种人，显然是普通人。

许慎在《说文解字》中说："圣，通也。从耳，呈声。"所谓"通"，即无所不通的意思。这是讲的引申义，由"圣"的听觉聪敏以及口齿伶俐引申出来的。可见，最初的"圣"人其实很普通，与后来的圣人大异其趣。后来的圣人乃是超凡入圣，无论在道德上、功业上，常人难以望其项背。

比如儒家认为的圣人，也不过是尧、舜、禹、商汤、文王、周公、孔子、孟子，几个人而已。

汉字智慧

　　最初的"圣"人，人们对他的要求并不高，只不过希望他能够耳聪目明，能够倾听人民的需要和呼声，然后采取人们所需要的行动，或者能用言语告诉人们应该怎么做，这就是圣人了。而今的社会中，无论在怎样的团体里，领导者都应该及时地了解各方面的情况，善于倾听大家的困难和要求，并根据不同的情况，说出不同的解决方法，这样才能促进事情的发展，而领导者自身才能做到先民们所向往的"圣"的境界。

"永"字智慧

柳永，字耆卿，北宋年间著名词人。其人与传统知识分子并无两样，都想通过科举考试进入官场，以求名留史册，永垂不朽。其结果也与历史上绝大多数的诗人一样，官场上并没有留下名声，诗词倒是永垂不朽，真所谓"有心栽花花不开，无心插柳柳成荫"也。

北宋著名书法家米芾年少的时候，书法并不是很好。他在私塾里学书法，学了三年也没有成就。后来听说有一位书法很好的秀才路过他的家乡，他就前去请求指点。秀才看了米芾写的字，有心指点，就对他说，学自己的字要买自己的纸，五两银子一张。

米芾被这个天价吓得目瞪口呆，但为了学习书法，还是忍痛买了秀才的纸。将纸买回去

之后，他舍不得用，而只是用心研究法帖，在桌子上划来划去。等第三天秀才前来查看的时候，他已经将书法的精髓完全体会到了。他在纸上写了一个"永"字，秀才一看，完全是绝妙好字。秀才问他为什么三年没有学好，这三天却学好了。米芾说因为纸贵，舍不得用，所以用心研究法帖，就领会到了书法的真谛。

秀才哈哈大笑，在米芾所写的"永"字上加了两句"永志不忘，纹银五两"，就把五两银子还给了米芾，进京赶考去了。米芾牢记秀才的教诲，终于成为一代书法家。

有人认为"永"的形状很像一条河，这条河有主流和支流，说明这条河很长，所以"永"字的本意是长长的流水。也有人认为，"永"字的字形是由一个人和一条河构成，整个的意思是人在水里游泳，所以"永"的本意是"泳"。

汉字智慧

"永"，与水有关，生命起源于水，人类是由大海中的最简单的单细胞生物进化而来，水是生命之源。有水，生命才能延续，才能长久。

"疾"字智慧

辛弃疾，字幼安，祛除疾病，自然安康，不过一定要在"安"前加个"幼"字，可能是辛弃疾的长辈希望他幼年安康之意。

"疾"字的甲骨文和金文，其中有一个两臂张开的人的形状；还有一个"矢"的形状，所以这是个会意字，意思是一支箭刚好射中了一个人的腋下，也即一个人被箭射伤的情形。于是有人认为古人是用箭伤来指代疾病，因此"疾"的本意就"病"。从这个字的产生来看，古代的战争中弓箭具有非常重要的作用，人们经常在作战中

受箭伤，所以干脆用箭伤来指代"疾"，后来才引申为"病，疾病"。

"疾"字的小篆，其形体结构与甲骨文和金文发生了很大的改变，文字学家段玉裁为《说文解字》作注时说："矢能伤人，矢之去也甚速，故从矢会意。"这也就是说，小篆的"疾"字仍然是会意字。字中的病字旁，很像一个人病后躺在床上的形状，于是学者们认为，疾，就是由箭伤而产生的疾病。

由这个意思，又引申出其他的意思，比如人受箭伤后是一件十分痛苦的事情，所以"疾"字又引申出"痛苦"的意思。再由于"疾"字中含有"矢"字，箭离弦后，给人以迅速、飞速的感觉，所以"疾"就引申出"快""急速"的意思。"疾"是一件不好的事情，由此引申出"憎恨"之意。如清·梁绍壬《两般秋雨庵随笔·蔡木龛》："嫉恶如仇，有所白眼者，出一语必刺入骨。"意思是痛恨恶人如痛恨仇人那样，见到讨厌的人，说一句话必然能伤人至骨。

由"疾"的产生和演化过程可以看出来，除了由箭的飞行引申出"快速"的意思，"疾"基本上都是不好的意思。所以由战争产生弓箭，由弓箭产生"疾"，战争之为物，可谓流毒无穷。单单分析一个"疾"字，就应该反对战争。

汉字智慧

当今之世，和平与发展已经成为时代主题，一切争端，都应该用和平的方式加以解决，人们应该一心一意谋发展，而不应该处心积虑地互相争斗。和平，不应只是一句口头上的呼吁，而应成为一种行动中的指导，让我们的生活中，少一些尔虞我诈，将身外之物看淡些，自然就可以省去很多的争端，生活也就多了一分安宁。

"道"字智慧

冯道，字可道，大概是根据《老子》得名：道可道。关于他的名字，还流传着一个"避讳"的笑话，因为"道"是冯道的名，"可道"是冯道的字，他的学生不敢直接叫老师的名字，所以碰到"道"和"可道"，就念成"不敢

说"，而把这两句《老子》，念成了："不敢说""不敢说"，非常"不敢说"。让冯道哭笑不得。

"道"字在已知的甲骨文里不曾得见，最早的"道"字是在金文里，是个会意字，字形里含有"道路"和"人"的意思，所以整个的意思是：人走在道路上。如《说文》里就说："道，所行道也。"

在古代，在某一个历史阶段，官方对道路的规格有了明确的规定，即道路要"能容二轨"，所谓"轨"是指一辆车的两个轮子之间的距离，即一车宽。"二轨"自然就是两车宽了，即是说道路的宽度必须能让两辆马车并行。所以对"道"字，有人认为是形声字。

对于金文的"道"字，有人又进行了截然不同的解释，他认为其中含有"行"的元素，还有"首"字的元素，学者们认为这是人或兽类的头部形象。这说明这里的"道"字与"人在路上走"有完全不同的意思。所以，这个"道"字就包含了两方面的意思：一为动词，就是"导引"的意思；一为名词，就是女性和雌性动物的生殖器。所以老子说："道生一，一生二，二生三，三生万物。"这里的"道"，就有名词的意思，也有动词的意思。这个"道"字，也就是"玄牝之门"，也就是"天地根"。"道"，就是天地万物的源头。

汉字智慧

　　"道"字的第一种意义——人走在路上，可以引申出"水流的途径"，即"水道""河道"。又因为人走道必须遵循一定的路线途径进行，办任何事情也要遵循一定的规律，才能把事情办好，因此，"道"就引申为"道理""学说"等。俗话说：误人者多方，而成功之道只有一条，所以要办好事情，找到那一条正确的"道"是非常重要的。如果行不由"道"，则有可能南辕北辙，越努力，越失败。在老子那里，"道"既是天地之根，又是为人处世的方法，也就是柔弱处下，不与人争。在孔子那里，"道"是一种达到"仁"的路径，也就是"义"。一个"道"字，具有文化上和哲理上的深厚内涵。我们应该寻找人生的康庄大道，坚定不移地走下去，而不要误入歧途，走上歪门邪道。

"半"字智慧

王安石号半山，因为他晚年罢相后隐居在江宁半山园。关于这个"半"字，其上为"八"字，但这里的"八"字不是表示数量，而是"八"字的本义，即"分""分开"的意思。下面是个"牛"字，在中国古代，"牛"是家庭财产的象征之一。这个"半"字由"八"和"牛"组合而成，一望而知是个会意字，意思是分牛。辛弃疾说"八百里分麾下炙"，意思是在大旗下宰杀肥牛，烤熟，分了，这就是"半"的原意。创造一个字，竟然以分牛来指代，说明在古人那里分牛的活动很流行。可能是因为在货币产生以前，商品的交换常常是物物交换，而牛羊几乎起着一般等价物的作用，所以分牛之举就所在多是了。

如果仔细观察，就可以看

到，在"半"字中，"八"字总在牛的头顶上，这就意味着要将牛从中间分开，即中分。"半"是将一头牛从中间等分，那就是半头牛。后来由"牛的一半"，引申为"物的一半"，"半"字就这样具有了普遍的意义。

汉字智慧

无论做什么，都应该坚持到底，不到最后绝不放弃。因为坚持到底虽不一定成功，但是半途而废一定会失败。那个感动天地的愚公曾明确地告诉我们：只要有恒心、有毅力一直地做下去，无论是什么样的困难都可以闯得过去，即使没有天帝的帮助，世世代代的子子孙孙一样可以战胜太行和王屋两座大山。